PöS
Personalmanagement
im öffentlichen Sektor

Prof. Dr. Andreas Gourmelon (Hrsg.)
Band 10
Konfliktmanagement für Führungskräfte
Dr. Karl Heinz Blasweiler

PÖS

Personalmanagement
im öffentlichen Sektor

herausgegeben von
Dr. Andreas Gourmelon
Professor an der Fachhochschule für
öffentliche Verwaltung Nordrhein-Westfalen,
Abteilung Gelsenkirchen

Band 10

Konfliktmanagement für Führungskräfte

Grundlagen, Startegien und Konzepte für die Praxis

von
Dr. Karl Heinz Blasweiler

1. Auflage 2014

::rehm

Bibliografische Informationen der Deutschen Nationalbibliothek

Die Deutsche Nationalbibliothek verzeichnet diese Publikation in der Deutschen Nationalbibliografie; detaillierte bibliografische Daten sind im Internet über <http://dnb.d-nb.de> abrufbar.

Bei der Herstellung des Werkes haben wir uns zukunftsbewusst für umweltverträgliche und wiederverwendbare Materialien entschieden.
Der Inhalt ist auf elementar chlorfreiem Papier gedruckt.

ISBN 978-3-8073-0408-3

E-Mail: kundenbetreuung@hjr-verlag.de

Telefon: +49 89/2183-7928
Telefax: +49 89/2183-7620

www.rehmnetz.de

Lektorat/Redaktion: Rita Cornmark

Satz: preXtension GbR, Grafrath
Druck: Kessler Druck & Medien, Bobingen

Eine Gebrauchsanweisung

Konflikte sind im menschlichen Zusammenleben alltäglich. Niemand kann sich auf Dauer davor schützen, selbst in einen Konflikt verwickelt zu werden oder in unmittelbarer Lebensumgebung einen Konflikt mitzuerleben. Konflikte treten in sämtlichen Lebensbereichen auf, dementsprechend auch am Arbeitsplatz in der Öffentlichen Verwaltung.

Obwohl Konflikte zur Lebensnormalität gehören, begegnen ihnen nur wenige Menschen mit freudigem Optimismus. Vielmehr werden Konflikte regelmäßig als unangenehm, lästig, störend oder sogar schädlich empfunden. Auch aus organisatorischer Sicht erscheinen Konflikte unerwünscht, indem sie beispielsweise

- zu Reibungsverlusten in den Geschäftsprozessen führen,
- Krankheits- und sonstige Ausfallzeiten verursachen,
- Arbeitszufriedenheit und Arbeitsmotivation belasten,
- in der Außendarstellung negative Image-Effekte auslösen,

insgesamt also die Erreichung der Verwaltungsziele beeinträchtigen.

Angesichts dieser Ausgangslage stellt sich die Frage: Was tun?

In den letzten Jahren haben sich immer mehr Unternehmen und Behörden entschieden, einerseits Konflikte als natürlichen Bestandteil des menschlichen Zusammenlebens anzuerkennen, andererseits aber den negativen Auswirkungen und Begleitumständen durch die Einrichtung Betrieblicher Konfliktmanagementsysteme offensiv und gestaltend entgegenzutreten. Allerdings treten in der praktischen Umsetzung zwei zentrale Probleme auf:

- Konfliktmanagement gehört zu den eher jüngeren Themengebieten der arbeits- und organisationspsychologischen Forschung, die theoretische und empirische Fundierung steckt noch in den Anfängen. Umsetzungsreife Konzepte finden dementsprechend erst nach und nach den Weg in die Praxis.
- Effektive und effiziente Konfliktmanagementsysteme können nicht einfach als „Blaupause" von anderen Organisationen (Behörden, Unternehmen) übernommen werden. Vielmehr sind bei der Planung und Gestaltung solcher Systeme die speziellen Gegebenheiten in der jeweiligen Verwaltung angemessen zu berücksichtigen. Hierzu gehören beispielsweise die Verwaltungsgröße, die spezifische Aufgabenstruktur, örtliche Beteiligte mit ihren Erfahrungen und Erwartungen sowie die zur Verfügung stehenden Ressourcen finanzieller und personeller Art.

Dieser Ausgangslage wird in diesem Buch dadurch Rechnung getragen, dass wir einen „weiten Anlauf“ nehmen:

- Zunächst werden zentrale Grundlagen aus der allgemeinen Konfliktforschung vermittelt, etwa was einen Konflikt ausmacht und wie Konflikte anhand bedeutsamer Kategorisierungen analysiert werden können.
- Im zweiten Schritt werden dann Strategien zum Umgang mit Konflikten sowie konkrete Verfahren der Konfliktbearbeitung vorgestellt und mit ihren jeweiligen Vor- und Nachteilen diskutiert.
- Erst im dritten Schritt wird gezeigt, wie das Grundlagenwissen über Konflikte und den Umgang mit ihnen zur Gestaltung eines eigenen Betrieblichen Konfliktmanagementsystems eingesetzt werden kann.

Mit dieser Vorgehensweise ist – gegenüber einer reinen Beschreibung eines idealtypischen Konfliktmanagementsystems („Blaupause“) – ein doppelter Mehrwert verbunden:

- Zum einen erwerben Sie umfangreiches Grundlagenwissen über Konflikte, deren Verlauf und den Umgang mit ihnen. Auf dieser Grundlage können Sie Ihr eigenes Konfliktverhalten analysieren und weiterentwickeln und stärken damit Ihre persönliche Konfliktkompetenz (was auch in Ihrem Privatleben für eine echte Bereicherung sorgen dürfte).
- Zum anderen können Sie die spezifischen Besonderheiten in Ihrer Organisation beim Aufbau des eigenen Konfliktmanagementsystems besser berücksichtigen und darüber hinaus – falls nicht alles wie erwartet läuft oder sich die örtlichen Rahmenbedingungen verändern – Optimierungsmöglichkeiten selbstständig erkennen und umsetzen.

Dieses Buch soll übrigens keine „letzten Wahrheiten“ und keine „Patentrezepte“ zum Konfliktmanagement vermitteln, sondern Ihnen eine Anregung zur eigenständigen Auseinandersetzung mit diesem Themengebiet sein. Gerade dann, wenn Sie mit hier vorgestellten Konzepten, Definitionen und Anregungen *nicht* übereinstimmen, ist es interessant, dem *Warum* nachzuspüren – dies ermöglicht Ihnen in der Regel eine qualifizierte Reflexion Ihres eigenen Denkens und Verhaltens.

Bevor es gleich losgeht, ist noch auf dreierlei hinzuweisen:

- Innerhalb des Gesamtkomplexes „Öffentliche Verwaltung“ bestehen sehr unterschiedliche Strukturen und Organisationsformen; zur Vermeidung von Irritationen werden einheitliche Funktionsbezeichnungen verwendet, die folgendermaßen zu beschreiben sind:

- Als *Verwaltungsleitung* wird die oberste Führungsebene bezeichnet, die die Personalgesamtverantwortung trägt und zu strategischen Entscheidungen befugt ist, die die gesamte Verwaltung betreffen. Dabei wollen wir nicht unterscheiden, ob diese Kompetenzen lediglich einer Person obliegen oder mehreren Personen gemeinsam zukommen.
- Unter dem Begriff *Führungskräfte* werden alle Personen zusammengefasst, die Personalverantwortung tragen; sofern keine ausdrückliche Differenzierung erfolgt, wird die Verwaltungsleitung den Führungskräften zugerechnet.
- Als *Beschäftigte* werden die übrigen Personen bezeichnet, denen gemein ist, dass sie sämtlich keine Personalverantwortung tragen.

- Zur Verbesserung der Lesbarkeit werden Funktionsbezeichnungen grundsätzlich nur in männlicher Form ausgewiesen. In Beispielen erfolgt bei Einzelpersonen eine geschlechtsentsprechende Bezeichnung.
- Die Beispiele beruhen teilweise auf Schilderungen aus unterschiedlichen Verwaltungen und wurden zum Schutz der betroffenen Personen deutlich verfremdet. Die verwendeten Namen sind frei erfunden. Eine Übereinstimmung mit realen Personen ist nicht beabsichtigt und wäre rein zufällig.

Übrigens: Die Befassung mit betrieblichen Konflikten ist eine wichtige Führungsaufgabe. Schön, dass Sie sich dieser Herausforderung stellen!

Lüdenscheid, im August 2014

Dr. Karl Heinz Blasweiler

Der Herausgeber

Prof. Dr. Andreas Gourmelon hat Psychologie und Wirtschaftswissenschaften studiert. Er ist hauptamtlich Lehrender an der Fachhochschule für öffentliche Verwaltung Nordrhein-Westfalen (FHöV NRW) am Studienort Gelsenkirchen. Seine Lehr- und Forschungsschwerpunkte sind Personal- und Verwaltungsmanagement. Hier ist er auch seit vielen Jahren beratend für die Praxis tätig. Prof. Gourmelon ist Autor und Herausgeber mehrerer Bücher. Er veröffentlicht regelmäßig in Fachzeitschriften. Viele seiner Veröffentlichungen befassen sich mit aktuellen Themen des Personalmanagements. Unter seiner wissenschaftlichen Leitung findet seit 2002 jährlich das „Symposium für Personalmanagement im öffentlichen Sektor" der FHöV NRW statt. Durch vielfältige Aktivitäten hält er einen intensiven Kontakt zu zahlreichen Institutionen des öffentlichen Sektors. Sein Interesse liegt darin, zu einer weiteren Optimierung und Professionalisierung des Personalmanagements im öffentlichen Sektor beizutragen.

Kontakt:
dr.andreas.gourmelon@arcor.de

Der Autor

Dr. phil. Karl Heinz Blasweiler, Master of Mediation, ist ausgewiesener Experte im Bereich des Betrieblichen Konfliktmanagements in der Öffentlichen Verwaltung. Im Anschluss an seine Ausbildung zum Diplom-Verwaltungswirt (FH) hat er parallel zu seiner beruflichen Tätigkeit Wirtschaftswissenschaften, Rechtswissenschaften und Soziale Verhaltenswissenschaften studiert. Nach ersten beruflichen Stationen in der Öffentlichen Verwaltung und der Privatwirtschaft sowie bei einer großen Industriegewerkschaft ist er seit 1997 Beigeordneter der Stadt Lüdenscheid und verantwortet dort unter anderem den Personalbereich.

Dr. Blasweiler ist Autor zahlreicher Beiträge in Fachzeitschriften zu vorwiegend betriebs- und personalwirtschaftlichen Fragestellungen. Als Dozent im Studiengang *mediation kompakt* an der FernUniversität in Hagen gilt sein Interesse vor allem den psychologischen Aspekten von Konfliktentstehung und Konfliktlösung.

Kontakt:
Karl Heinz Blasweiler
Reinerzer Ring 78
58511 Lüdenscheid
karlheinz.blasweiler@gmx.de

Inhalt

[1] **Hinweis:**
Die zusätzlich online verfügbaren Arbeitshilfen sind im Inhaltsverzeichnis kursiv dargestellt.

[1] **Hinweis:**
Die zusätzlich online verfügbaren Arbeitshilfen sind im Inhaltsverzeichnis kursiv dargestellt.

[1] **Hinweis:**
Die zusätzlich online verfügbaren Arbeitshilfen sind im Inhaltsverzeichnis kursiv dargestellt.

1 Grundlagen aus der Konfliktforschung

Zu Beginn wollen wir uns mit wichtigen Erkenntnissen aus der Konfliktforschung vertraut machen. Hierdurch wird einerseits die Vielschichtigkeit und Komplexität deutlich, mit der wir es bei Konflikten zu tun haben; zum anderen kommen wir zu einem gemeinsamen „Wörterbuch" wichtiger Fachbegriffe, auf die wir immer wieder zurückgreifen werden.

In diesem Sinne beschreiben wir zunächst, was überhaupt unter einem „Konflikt" verstanden werden soll. Eine solche **Definition** dient einerseits der positiven Beschreibung des eigenen Konfliktverständnisses, andererseits der Abgrenzung gegenüber verwandten Phänomenen, auf die im Folgenden dann nicht weiter einzugehen sein wird.

Jeder Konflikt ist einzigartig und wird durch das spezifische Zusammentreffen von Beteiligten, Inhalten und Rahmenbedingungen bestimmt. Gleichwohl genügt es in der Regel zur Beschreibung und Analyse von Konflikten auf der Grundlage einer **Konfliktkategorisierung** auf wenige ausgewählte Merkmale zurückzugreifen.

Viele Führungskräfte machen ihre Entscheidung, ob und in welcher Form sie bei einem Konflikt intervenieren, davon abhängig, in welcher Form und Heftigkeit die Auseinandersetzung geführt wird. Zur Beschreibung der unterschiedlichen Stufen der **Konflikteskalation** wird im deutschsprachigen Raum vor allem auf ein Modell des Konfliktforschers Friedrich Glasl zurückgegriffen, das vorgestellt und erläutert werden soll.

Konfliktentstehung und Konfliktverlauf können im Allgemeinen durch Außenstehende nicht zuverlässig vorausgesagt werden; vergleichbare Situationen führen – selbst bei den gleichen Beteiligten – mal zu massiven Auseinandersetzungen, mal zu einem eher versteckten Grummeln. Eine große und oft unterschätzte Bedeutung für die jeweilige Entwicklung kommt den **Begleitumständen** des Konfliktes zu, auf die ebenfalls einzugehen ist.

Menschen sind keine „Konfliktautomaten".

Manche Menschen reagieren recht vorhersehbar auf Situationen mit Konfliktpotenzial; hier genügt teilweise das viel zitierte „falsche Wort zum falschen Zeitpunkt", um für lautstarke und hitzige Tumulte zu sorgen. Allerdings sind Menschen keine „Konflikt-Automaten", bei denen nur ein bestimmter „Knopf" gedrückt werden muss, um ein vorhersehbares „Konfliktprogramm" abzurufen. Stattdessen stehen ihnen unterschiedliche Möglichkeiten zum **Konfliktverhalten** zur Verfügung, die in einer mehrstufigen Klassifikation vorgestellt und hinsichtlich ihrer Auswirkungen für den Konfliktverlauf beschrieben werden.

Konfliktanalyse ist für eine qualifizierte Einschätzung notwendig.

Danach wollen wir uns mit der systematischen **Konfliktanalyse** befassen, bei der es darum geht, auf der Grundlage ausgewählter Informationen zu einer qualifizierten Einschätzung eines konkreten Konfliktes zu gelangen. Hierbei kommt der Konfliktkategorisierung, der Feststellung der erreichten Eskalationsstufe, der Untersuchung der Konfliktbegleitumstände sowie der Bestimmung des von den Konfliktparteien gezeigten Konfliktverhaltens eine entscheidende Bedeutung zu.

Die Ergebnisse einer solchen systematischen Konfliktanalyse können in mehrfacher Hinsicht zweckdienlich sein:

- zur Reflexion des eigenen Konfliktverhaltens durch die Konfliktbeteiligten,
- als Entscheidungsgrundlage, ob und in welcher Form eine Konfliktintervention angebracht ist sowie
- zur Vorbereitung und Umsetzung der konkreten Intervention.

1.1 Was ist ein Konflikt? – Definition und Abgrenzung

Wenn wir unsere Ausführungen zu den Grundlagen der Konfliktforschung mit einer Definition des Begriffes „Konflikt" beginnen, mag dies zunächst vielleicht etwas irritieren: Ist dieser Begriff nicht schon lange ein fester Bestandteil der Alltagssprache? Hören und lesen wir nicht tagtäglich von irgendwelchen Konflikten?

Der Konfliktbegriff wird in unterschiedlichen Zusammenhängen verwendet.

Tatsächlich begegnen wir diesem Wort immer wieder in den unterschiedlichsten Zusammenhängen:

- Bei den sogenannten **inneren Konflikten** kann sich eine Person nicht zwischen Handlungsalternativen entscheiden;
- bei **Ehe- bzw. Partnerschaftskonflikten** setzen sich zwei Menschen über höchst persönliche und intime Angelegenheiten auseinander;
- bei **Nachbarschaftskonflikten** geht es regelmäßig darum, im engsten Lebensumfeld die eigenen Vorstellungen vom rechten Umgang miteinander durchzusetzen;
- bei **Tarifkonflikten** versuchen Arbeitgeber und Gewerkschaften – teilweise unter Einsatz massiver Machtmittel wie Streik und Aussperrung – Verteilungsfragen von erheblicher wirtschaftlicher und wirtschaftspolitischer Bedeutung zu beantworten;
- als **Generationenkonflikte** werden gesellschaftspolitische Auseinandersetzungen um Werte und Ressourcen zwischen Jung und Alt bezeichnet;
- **bewaffnete Konflikte** schließlich stellen die höchste Eskalationsstufe der Auseinandersetzung zwischen Staaten oder Volksgruppen dar;

- orientieren wir uns weniger an den Konfliktparteien, sondern an den Konfliktinhalten, kann unter anderem zwischen **Interessen-, Meinungs-, Rollen-, Zielkonflikten** unterschieden werden (Montada, 2013).

Eine so vielfältige Begriffsverwendung kann zunächst als Indiz dafür gewertet werden, dass die meisten Menschen diesen Begriff kennen und eine zumindest im Groben übereinstimmende Vorstellung von dessen Bedeutung haben. Anderseits aber begründet die Verwendung eines Begriffes in sehr unterschiedlichen Zusammenhängen auch die Gefahr, dass der eigentliche Begriffsinhalt mehr und mehr verschwimmt und an Erklärungskraft verliert, was wiederum zu Missverständnissen und Irritationen Anlass geben kann. Um den hiermit verbundenen Problemen zu entgehen, wollen wir zunächst eine Definition des Begriffes „Konflikt" als Grundlage für unsere weiteren Ausführungen entwickeln.

Zum Nachdenken

Wie definieren *Sie* den Begriff Konflikt?

Bitte unternehmen Sie – bevor Sie weiterlesen – einen eigenen Definitionsversuch. Fragen Sie Menschen in Ihrem privaten und beruflichen Umfeld, was diese unter dem Begriff „Konflikt" verstehen. Welche Gemeinsamkeiten sehen Sie, welche Unterschiede fallen Ihnen auf?

Was wir aus dem Wortursprung ableiten können ...

Der Ursprung des Wortes „Konflikt" erlaubt eine erste Zuordnung.

Einen ersten Ansatzpunkt für unsere Begriffsdefinition bietet der lateinische Wortursprung *conflictus* (= Zusammenstoß) bzw. *confligere* (= schlagen, zusammenstoßen, aufeinanderprallen, kämpfen). Vermutlich kommen die sprachlichen Entsprechungen des Wortursprungs dem allgemeinen Alltagsverständnis dessen, was mit Konflikt gemeint ist, bereits sehr nahe; vielleicht sind Sie bei Ihren eigenen Überlegungen zu vergleichbaren Ergebnissen gelangt. Auf jeden Fall lassen sich diese Wortbedeutungen überaus sinnvoll auf die oben beispielhaft dargestellten Begriffsverknüpfungen anwenden: Tatsächlich kommt es in allen Fällen zum Zusammenstoß von Meinungen, Auffassungen, Zielen und Wünschen, im Fall des bewaffneten Konfliktes sogar zum Kampf auf körperlicher Ebene.

Auch wenn dieser erste Ansatz zunächst überzeugend und nachvollziehbar erscheint, zeigen sich insbesondere in der Negativabgrenzung, beispielsweise gegenüber Kabbeleien, Meinungsverschiedenheiten und sportlichen Wettbewerben, erhebliche Unschärfen (vgl. etwa: Jiranek & Edmüller, 2007).

Beispiel

Eine unpassende Definition

In einem Box-Kampf – das Wort zeigt es selbst an – wird eben auch gekämpft, kommt es zum Schlagabtausch, versucht jeder den anderen zu besiegen. Allerdings käme kaum jemand auf die Idee, diesen sportlichen Wettbewerb als Konflikt zu bezeichnen.

Mit dem ersten Ansatz, eine Definition des Begriffes „Konflikt" allein aus dem Wortursprung abzuleiten, gelingt also eine durchaus beachtliche thematische Eingrenzung, allerdings ohne dass diese restlos zu überzeugen vermag. Unternehmen wir also einen zweiten, etwas theoretischer angelegten Versuch:

Konfliktforschung ist ein interdisziplinäres Thema.

Bei Durchsicht der Fachliteratur ist festzustellen, dass in der Konfliktforschung (trotz zahlreicher Versuche) eine eindeutige und allseits anerkannte Definition bisher nicht erarbeitet werden konnte (so auch: Sturm, Opterbeck & Gurt, 2011). Dies dürfte einerseits darauf zurückzuführen sein, dass die Konfliktforschung interdisziplinär betrieben wird – beispielsweise in den Bereichen Psychologie, Soziologie, Theologie, Naturwissenschaften, Rechtswissenschaften – und die jeweiligen Forschungsrichtungen unterschiedliche Interessenschwerpunkte verfolgen; zudem wird aber auch innerhalb der einzelnen Forschungsbereiche bestimmten Aspekten mal mehr, mal weniger Bedeutung beigemessen, was sich in den jeweiligen Definitionen entsprechend niederschlägt (Duve, Eidenmüller & Hacke, 2011).

Den einzelnen Definitionsansätzen, ihren Besonderheiten, ihren Vor- und Nachteilen nachzuspüren, würde den Rahmen dieses Buches sprengen und dem eigenen Anliegen zu einer Verständigung zu kommen, was im Folgenden unter „Konflikt" verstanden werden soll, nur bedingt Rechnung tragen. Beschränken wir uns darauf, das im Weiteren vertretene Konfliktverständnis zu definieren und ausführlich zu begründen.

Tipp

Definitionsfalle vermeiden!

Sofern Sie sich mit weiterer Literatur aus der Konfliktforschung befassen wollen, sollten Sie dem Fehlen einer einheitlichen Konflikt-Definition unbedingt Rechnung tragen: Versuchen Sie jeweils, zunächst das zugrunde liegende Konfliktverständnis zu identifizieren und eventuelle Besonderheiten aufzuklären. Ein wichtiger Aspekt hierbei ist beispielsweise die Prüfung, inwieweit innere Konflikte von der jeweiligen Konfliktdefinition erfasst werden.

Unser Konfliktverständnis in diesem Buch

Wir wollen unseren weiteren Ausführungen – einem Ansatz von de Dreu und Gelfand (2008) entsprechend – folgende Definition des Begriffes „Konflikt" zugrunde legen:

Konflikt-Definition

Unter Konflikt wird

- ein Prozess verstanden, der beginnt, wenn
- eine Person oder eine Gruppe gegenüber mindestens einer anderen Person oder Gruppe
- bedeutsame und
- nicht über Spielregeln herbeigeführte Gegensätze oder Unvereinbarkeiten
- in Bezug auf Interessen, Überzeugungen oder Werte, Verhaltensweisen oder hinsichtlich der Verteilung von Ressourcen
- feststellt.

Diese auf den ersten Blick vielleicht etwas sperrig anmutende Definition erweist sich bei näherer Analyse durchaus als hilfreich, um die unterschiedlichen Komponenten eines Konflikts zu beschreiben und zugleich eine Abgrenzung gegenüber anderen Phänomenen, die dann auch nicht mehr Gegenstand der weiteren Ausführungen sein sollen, herbeizuführen. Schauen wir uns die Definition also etwas genauer an.

Konflikte sind Prozesse

Konflikte sind Prozesse.

Beginnen wir mit der Prozesshaftigkeit der Konflikte und machen wir uns dabei zunächst wieder auf die Suche nach dem Ursprung des Wortes „Prozess". Prozess leitet sich aus dem lateinischen *processus* (= Fortgang bzw. Fortschreiten) ab. Tatsächlich kann ein Konflikt derart beschrieben werden, dass zu Beginn mindestens eine Konfliktpartei versucht, die bestehenden Verhältnisse zu verändern, und sich der weitere Fortgang des Konfliktes aus Aktion und Reaktion der Konfliktbeteiligten ergibt. Dementsprechend endet ein Konflikt, wenn alle Konfliktparteien von weiteren Aktionen bzw. Reaktionen dauerhaft absehen; einer ausdrücklichen Erklärung der Konfliktbeendigung oder gar einer inhaltlichen Klärung der dem Konflikt zugrunde liegenden Thematik bedarf es also nicht.

Vertiefen wir unser bisheriges Verständnis von Konflikten an dieser Stelle durch zwei Überlegungen:

Konflikte werden von den Konfliktparteien geführt; sie sind nicht einfach „da".

- Im allgemeinen Sprachgebrauch findet man regelmäßig Formulierungen der Art: „A und B haben einen Konflikt." Solche Formulierungen führen in die Irre: Ein Konflikt existiert nicht aus sich heraus, er ist nicht einfach da, sondern ein Konflikt setzt ein konflikthaftes Tun oder Unterlassen der Konfliktparteien voraus. Jede Konfliktpartei entscheidet immer wieder neu, ob sie mit einer weiteren Aktion/Reaktion zum Fortgang der Auseinandersetzung beitragen will. Hieraus folgt, dass ausschließlich die Konfliktparteien über die Entstehung, den Fortgang und die Beendigung eines Konfliktes entscheiden. Die logische Konsequenz dieser Feststellung besteht darin, dass der Erfolg einer Konfliktintervention durch Außenstehende, beispielsweise Vorgesetzte, immer davon abhängt, inwieweit sich die Konfliktparteien tatsächlich darauf einlassen!

Konflikte folgen keinen Zwangsläufigkeiten.

- Im Gegensatz etwa zu chemischen Reaktionsprozessen, bei denen Anfang, Verlauf und Ende präzise vorausgesagt werden können, dürfen mit der Beschreibung eines Konfliktes als Prozess keine Annahmen über irgendwelche Zwangsläufigkeiten oder gar Gesetzmäßigkeiten im Konfliktverlauf verbunden werden. Wie bereits dargestellt, werden Konfliktanfang, Konfliktverlauf und Konfliktende von den Konfliktparteien bestimmt – dies bedeutet zugleich, dass zu jedem Zeitpunkt eine Weiterführung des Konfliktes in unterschiedliche Richtungen möglich ist.

Wichtig

Konflikt-„Eigentum" anerkennen!

Führungskräfte sollten bei allen Konflikt-Interventionen beachten, dass sie eine Konfliktlösung nicht erzwingen können! Der Konflikt gehört den Konfliktparteien, nur diese entscheiden über Verlauf und Beendigung (so auch Grosser, 2012). Selbst wenn den Konfliktparteien die weitere Austragung des Konfliktes untersagt werden soll, bleibt diesen unbenommen, ein entsprechendes Verbot offen zu ignorieren oder die Austragungsebene in den Hintergrund zu verlegen.

Auswirkungen der Prozesshaftigkeit von Konflikten

Konfliktanalyse muss Prozesshaftigkeit berücksichtigen.

Fassen wir Konflikte als Prozesse auf, ergeben sich für die in Abschnitt 1.6 noch eingehend zu behandelnde Konfliktanalyse erhebliche Auswirkungen: Konflikte können nicht „auf Vorrat" analysiert werden; es besteht vielmehr stets das Risiko, dass eine ursprünglich korrekte Einschätzung der Konfliktlage infolge des weiteren Fortgangs zu einem späteren Zeitpunkt kein zutreffendes Bild mehr vermittelt. Diesem Risiko kommt insbesondere dann erhebliche Bedeutung zu, wenn die Konfliktanalyse als Entscheidungsgrundlage dient, ob und in welcher Weise durch Führungskräfte oder Dritte interveniert werden soll: eine der ursprünglichen Konfliktlage entsprechende Maßnahme kann sich nach einer Veränderung der Konfliktlage plötzlich als völlig unangemessen oder ungeeignet darstellen.

Beispiel

Veränderung der Konfliktlage bedenken

Abteilungsleiterin Ute Brenker hatte am Montagmorgen mitbekommen, dass sich die beiden Sachbearbeiter Stefan Laux und Alexander Schumacher wegen der versäumten Abgabe eines Förderantrags aufs heftigste stritten und dabei auch mit Schimpfwörtern bedachten. Da sie dringend zu einem auswärtigen Termin musste, wollte sie am Mittwoch mit den beiden „ein ernstes Wort" reden, die Verantwortlichkeiten klären und damit den – aus ihrer Sicht – massiven Konflikt beenden.

Nachdem sie in dem Mittwochtermin den beiden einen umfassenden Vortrag über kollegiale Umgangsformen gehalten hat, schauen diese sie völlig entgeistert an und erklären übereinstimmend, dass sie selbst schon am Montagnachmittag alle Unstimmigkeiten ausgeräumt hatten und sie dementsprechend Sinn und Inhalt des „Festvortrags der Chefin" überhaupt nicht nachvollziehen können.

Folgen der Prozesshaftigkeit für Konfliktinterventionen beachten.

Tatsächlich besteht ein gewisses Spannungsfeld darin, einer Interventionsentscheidung in einem als dynamischen Prozess verstandenen Konflikt eine „Momentaufnahme" in Form der Konfliktanalyse vorzuschalten. Als „Radikallösung" dieser Problematik auf eine Konfliktanalyse gänzlich zu verzichten, greift zu kurz: Einerseits würde damit auf wichtige Informationen über Konflikt und Konflikthintergründe verzichtet, die durchaus bedeutsame Hinweise zur Konfliktintervention bieten können; andererseits ist eine solch grundsätzliche Veränderung der Konfliktlage wie im vorstehenden Beispiel auch nicht in jedem Fall anzunehmen.

Konfliktanalyse gegen Veränderungen absichern.

Für eine Konfliktanalyse erscheint daher folgende Vorgehensweise als geeignet:

- **Zeitfaktor beachten:** Konfliktanalyse und Konfliktintervention sollten in enger zeitlicher Verbindung stehen; hierdurch erhöht sich die Wahrscheinlichkeit erheblich, dass die Intervention zur in der Analyse untersuchten Konfliktlage noch „passt".
- **Veränderungen erkennen:** Mit kurzfristigen Veränderungen muss dennoch immer gerechnet werden; zu Beginn der Intervention sollte dementsprechend nochmals eine kurze Überprüfung der Konfliktlage erfolgen. Im Beispiel hätte die Abteilungsleiterin beispielsweise zunächst ihre Wahrnehmung von Montag schildern können, um dann nachzufragen, ob der von ihr beobachtete Konflikt noch besteht.
- **Plan B vorbereiten:** Da kurzfristige Veränderungen nicht auszuschließen sind und gleichzeitig eine eigenständige Konfliktbeendigung durch die Konfliktparteien nicht vorausgesetzt werden kann, empfiehlt sich die Vorbereitung von zwei Alternativstrategien. Dabei basiert die eine Strategie auf der Annahme einer weiteren Konflikteskalation, wohingegen die zweite Strategie eine Konfliktentspannung zugrunde legt, die allerdings nicht ausreichend erscheint, um auf eine Konfliktintervention verzichten zu können.

Wichtig

Aggression und Vandalismus richtig einordnen!

Rein *aggressives Handeln* (dem also vorher keine inhaltliche Auseinandersetzung vorausging) und Vandalismus – im Volksmund oft als *„sinnlose Gewalt"* beschrieben – werden von unserer Konfliktdefinition nicht erfasst.

Es handelt sich hierbei nicht um Handlungen innerhalb eines Prozesses, sondern um isoliert zu bewertende, einseitige Attacken. Entsprechende Fälle sind grundsätzlich einer strafrechtlichen bzw. dienstrechtlichen Ahndung zugänglich zu machen und stellen kein Betätigungsfeld für das Betriebliche Konfliktmanagement dar.

Konfliktbeteiligte

Abgrenzung gegenüber „inneren Konflikten".

Nach unserer Definition ist es zur Annahme eines Konfliktes erforderlich, dass sich dabei eine Person bzw. eine Gruppe einerseits und mindestens eine Person bzw. Gruppe andererseits gegenüberstehen. Dies erlaubt die bedeutsame Abgrenzung gegenüber den inneren Konflikten, oft auch als intrapersonale bzw. intrapsychische Konflikte bezeichnet, bei denen es an einem Gegenüber eben fehlt.

Beispiel

Intrapersonaler Konflikt – „Konflikt mit sich selbst"

Gernot Essler ist Sachbearbeiter in der Leistungsabteilung. Ihm ist die Versetzung in die Planungsabteilung angeboten worden, in der er deutlich bessere Aufstiegschancen hat. Andererseits liebt er an seiner bisherigen Arbeit den Bürgerkontakt und das hervorragende Arbeitsklima. Er kann sich nicht entscheiden, ob er bleiben oder wechseln soll.

Intrapersonale Konflikte erfordern spezifische Bearbeitung.

Intrapersonale Konflikte unterscheiden sich von Konflikten zwischen mehreren Personen und oder Gruppen vor allem in Bezug auf Konfliktanalyse und Konfliktintervention so erheblich, dass eine zusammenfassende Behandlung unangebracht erscheint. In diesem Sinne konzentrieren wir uns im Folgenden ausschließlich auf Konflikte zwischen mehreren Personen bzw. Gruppen. Für weitere Einzelheiten zur Beschreibung der Beteiligtenstruktur eines Konfliktes sei auf Abschnitt 1.2.2 verwiesen.

Gut zu wissen

Funktionsträger sind auch Menschen ...

In der Konfliktdefinition wird allgemein auf die Konfliktbeteiligung von Personen und Gruppen abgestellt, ohne explizit auf Personen als Funktionsträger und Gruppen als Organisationseinheiten einzugehen. Eine entsprechende Unterscheidung bietet jedoch im Rahmen der hier zu diskutierenden Definition keinen Zusatznutzen, sodass darauf verzichtet wird.

Anders ausgedrückt: Die Beurteilung, ob zwischen zwei Personen ein Konflikt besteht, hängt nicht davon ab, ob diese als „Privatpersonen" oder als „Funktionsträger" aneinandergeraten sind.

Gegensätze und Unvereinbarkeiten

Als nächstes wird in unserer Definition gefordert, dass bedeutsame und nicht über Spielregeln herbeigeführte Gegensätze und Unvereinbarkeiten vorliegen. Beginnen wir mit den Gegensätzen und Unvereinbarkeiten.

Zahlreiche Anknüpfungspunkte für Gegensätze und Unvereinbarkeiten.

Gegensätze und Unvereinbarkeiten können an eine Vielzahl unterschiedlicher Aspekte anknüpfen; sie können sich auf eher abstrakte Vorstellungen und Wünsche, wie die Dinge so sein sollen, beziehen (z. B. Ideen, Vorstellungen, Meinungen, Ziele, Interessen, Normen), es können aber auch konkrete Handlungsoptionen bzw. Handlungsabsichten gegeneinander stehen.

Das Konfliktpotenzial gegensätzlicher oder unvereinbarer Handlungsoptionen bzw. Handlungsabsichten ist offenkundig: hier steht das eine gegen das andere, eine Verwirklichung beider Alternativen ist ausgeschlossen.

Beispiel

Unvereinbare Handlungsoptionen

Das Investitionsbudget in einer Gemeinde ist aufgrund der angespannten Haushaltslage auf 5 Mio. Euro für das kommende Jahr gedeckelt. Seitens des Tiefbauamtes wurde eine umfangreiche Straßensanierung für 4 Mio. Euro zum Haushalt angemeldet, wohingegen seitens des Hochbauamtes der Neubau eines Feuerwehrgerätehauses mit einem Umfang von 5 Mio. Euro für den ersten Bauabschnitt favorisiert wird. Aufgrund der Deckelung sind die beiden Handlungsoptionen unvereinbar.

Abgenzung gegenüber Differenzen

Differenzen sind keine Konflikte.

Etwas komplizierter stellt sich die Einschätzung des Konfliktpotenzials unterschiedlicher Ideen, Vorstellungen, Meinungen, Ziele, Interessen, Normen usw. dar. Hier kann es nämlich dazu kommen, dass zwar – gegebenenfalls sogar gravierende – Unterschiede zwischen den Beteiligten festzustellen sind, diese Unterschiede aber keine weitergehende Relevanz entfalten. Unterschiede ohne weitere Relevanz für die Beteiligten bezeichnet Glasl (2013, S. 67) in ausdrücklicher Abgrenzung gegenüber Konflikten als **Differenzen**.

Beispiel

Differenzen

Der Leiter des Bürgeramtes ist der Auffassung, dass Beschäftigte der Öffentlichen Verwaltung auch im Sommer bei mehr als 25 Grad immer in „Anzug und Krawatte" zum Dienst erscheinen sollten, um der Öffentlichkeit den Eindruck von Seriosität und Professionalität zu vermitteln. Demgegenüber vertritt die Leiterin der Finanzbuchhaltung die Auffassung, dass eine bequeme und luftige Kleidung für mehr Arbeitsfreude sorgt.

Hier liegen durchaus unvereinbare Vorstellungen von der korrekten Arbeitskleidung vor, die aber aufgrund der unterschiedlichen Arbeitsbereiche keine Relevanz entfalten (zumindest solange die Beteiligten nicht versuchen, die jeweils andere Seite zu einer anderen Vorgehensweise zu veranlassen).

Abgrenzung gegenüber Konkurrenz- und Wettbewerbsituationen

Die Forderung, dass die Gegensätze bzw. Unvereinbarkeiten nicht über Spielregeln herbeigeführt wurden, erlaubt die sehr bedeutsame, von vielen anderen Definitionen aber nur unzureichend sichergestellt, Abgrenzung von Konflikten gegenüber Konkurrenz- und Wettbewerbsituationen. Diese beruhen auf Spielregeln und entzünden sich nicht an den genannten Gegensätzen und Unvereinbarkeiten, sondern setzen diese geradezu voraus.

Kein Konflikt, wenn nach festgelegten „Spielregeln" vorgegangen wird.

Beispiel

Konkurrenzsituation ist kein Konflikt ...

Gerda Müller und Ernst Mittermann haben sich um eine Stelle beworben. Sie befinden sich damit in einer Konkurrenzsituation. Das Stellenausschreibungsverfahren normiert die Rahmenbedingungen, unter denen die beiden gegeneinander „antreten". Hier löst also das Stellenausschreibungsverfahren den Gegensatz bzw. die Unvereinbarkeit des Willens und Wollens der beiden aus. Durch die Stellenbesetzungsentscheidung wird die Konkurrenzsituation wieder beendet.

Allerdings ist zu beachten, dass Konkurrenz- und Wettbewerbsituationen ein hohes Potenzial bergen, in Konflikte umzuschlagen. Dies ist insbesondere dann anzunehmen, wenn die ursprünglichen Spielregeln verletzt wurden oder deren Verletzung zumindest angenommen wird.

Konkurrenz- und Wettbewerbsituationen können in Konflikte umschlagen.

... Konkurrenzsituation kann zum Konflikt werden

Gerda Müller erfährt während des Bewerbungsverfahrens, dass Ernst Mittermann mit unwahren Äußerungen über ihr Privatleben versucht, sie gegenüber der entscheidungsbefugten Bereichsleiterin zu diskreditieren. Nachdem sie Ernst Mittermann zur Rede gestellt und ihn als „charakterlosen Streber" bezeichnet hat, kommt es in der Folgezeit immer wieder zu heftigen Disputen und gegenseitigen Beschimpfungen im Beisein von Kolleginnen und Kollegen.

Bedeutsamkeit – Kleinigkeiten zählen nicht

Der Gegensatz bzw. die Unvereinbarkeit muss des Weiteren mindestens für eine der Konfliktparteien „bedeutsam" sein. Auch wenn dieses Wort leicht überlesen wird, gelingt damit die Abgrenzung gegenüber Kabbeleien, Reibereien und Spannungen, die gelegentlich auftreten und denen niemand eine weitergehende Bedeutung beimisst. Im Alltag werden solche Situationen oft als „Formschwankungen", „schlechter Tag" oder „kleiner Ausrutscher" qualifiziert.

Konflikt setzt die subjektive Bedeutsamkeit einer Angelegenheit voraus.

Gut zu wissen

Quantität als Hinweis auf Qualität – Wann ist das Maß voll?

Bei Kabbeleien, Reibereien und Spannungen ist darauf zu achten, dass diese wirklich nur gelegentlich auftreten und von allen Beteiligten übereinstimmend als „im Weiteren bedeutungslos" angesehen werden.

Kommt es immer wieder zu Kabbeleien, Reibereien und Spannungen, die jeweils für sich betrachtet als unbedeutende Vorfälle einzustufen sind, liegen diesen meistens doch bedeutsamere Gegensätze und Unvereinbarkeiten zugrunde.

Die Qualifikation eines Gegensatzes oder einer Unvereinbarkeit als „bedeutsam" obliegt den beteiligten Personen bzw. Gruppen und kann in äußerlich vergleichbaren Situationen durchaus unterschiedlich ausfallen.

Zum Nachdenken

Ein Beispiel aus dem Alltag – Der Tritt gegen das Schienbein

Auch wenn dieses Beispiel nicht unmittelbar zum täglichen Verwaltungsgeschehen passt – es ist so schön anschaulich:

Stellen Sie sich vor, Sie sitzen mit ihrem besten Freund am Biertresen. Ihr Freund muss zur Toilette, gerät beim Verlassen des Barhockers ins Straucheln und tritt Ihnen infolgedessen heftig gegen das Schienbein. Schmerzverzerrt werden Sie vermutlich ein „ist nicht so schlimm" herausbringen.

Stellen Sie sich nunmehr die Situation vor, dass anstelle Ihres besten Freundes ihr heimlicher Intimfeind neben Ihnen Platz gefunden hat. Auch hier der Weg zur Toilette, Straucheln und kerniger Tritt gegen das Schienbein...

Wie reagieren Sie? Hat der gleich schmerzhafte Tritt nun eine andere Bedeutung?

Explizite Feststellung eines Konflikts erforderlich?

Konflikte werden in der Regel nicht ausdrücklich „erklärt".

Kommen wir zum letzten Merkmal unserer Definition, das ein wenig ausführlicher behandelt werden soll: Zur Annahme eines Konfliktes ist es erforderlich, dass mindestens eine der Konfliktparteien das Vorliegen eines bedeutsamen Gegensatzes bzw. einer bedeutsamen Unvereinbarkeit überhaupt feststellt; eine explizite Erklärung, etwa in dem Sinne „Jetzt gibt es einen Konflikt", ist hierfür allerdings nicht erforderlich.

Mit diesem Definitionsmerkmal gelingt die Abgrenzung von manifesten, also tatsächlich bestehenden, Konflikten gegenüber potenziellen Konflikten. Potenzielle Konflikte repräsentieren Sachverhalte, die über oft sogar beträchtlichen „Zündstoff" verfügen, ohne dass es bisher zu Auseinandersetzungen gekommen ist.

Beispiel

Was ein Konflikt werden könnte, aber noch nicht ist

Bereichsleiter Klaus Marquardt hatte in der Vergangenheit mehrfach freie Planstellen ausgeschrieben und an männliche Bewerber vergeben, obwohl jeweils Bewerberinnen über bessere Ausbildungsabschlüsse und Beurteilungen verfügten. Verwaltungsintern ist bekannt, dass Klaus Marquardt die Einstellung von Frauen vermeidet, weil er im Fall einer Schwangerschaft mit längeren Ausfallzeiten rechnet.

Sobald eine Bewerberin erstmals einfordert, dass eine Auswahlentscheidung ausschließlich nach dem Leistungsprinzip zu erfolgen hat und Klaus Marquardt sich weigert, dem zu folgen, ist mit dem offenen Ausbruch eines Konfliktes zu rechnen.

Management potenzieller Konflikte schwierig

Präventiver Umgang mit potenziellen Konflikten ist schwierig.

Versuche, potenziellen Konflikten im Rahmen des Betrieblichen Konfliktmanagements entgegenzutreten, um damit manifeste Konflikte zu verhindern, erweisen sich aus drei Gründen regelmäßig als problematisch:

- Erstens sind potenzielle Konflikte für Außenstehende in vielen Fällen unsichtbar, da jeder (potenzielle) Konflikt an subjektive Einschätzungen, Vorstellungen, Wertungen usw. der Beteiligten anknüpft.
- Zweitens können aufgrund der Vielzahl möglicher Konfliktursachen, auf die im folgenden Abschnitt noch umfassend einzugehen ist, jederzeit und überall Konflikte entstehen. Anders ausgedrückt: Jede Situation menschlichen Miteinanders birgt mehr oder weniger ausgeprägte Konfliktpotenziale. Jeder Versuch, sämtliche Konfliktpotenziale im Rahmen des Betrieblichen Konfliktmanagements zu berücksichtigen, führt unweigerlich zu einer völligen Überforderung.

Konflikte können überall entstehen.

- Drittens ist auch eine Beschränkung auf ausgewählte potenzielle Konflikte nicht möglich, da keine zuverlässigen Aussagen gemacht werden können, wie groß bei einem konkret bezeichneten Konfliktpotenzial die Wahrscheinlichkeit des tatsächlichen Konfliktausbruchs ist. Dies entspricht durchaus unseren Alltagserfahrungen: in manchen Situationen genügt „ein falsches Wort“, um einen heftigen Konflikt zu entzünden, in anderen Situationen zeigen alle Beteiligten eine bemerkenswerte Langmut bei der Bewältigung schwierigster Situationen.

Schließlich ist noch kurz darauf einzugehen, dass zur Annahme eines Konfliktes bereits die Einschätzung einer Partei genügt, dass bedeutsame Gegensätze bzw. Unvereinbarkeiten bestehen; unsere Definition setzt eine übereinstimmende Beurteilung einer Situation durch alle Beteiligten also nicht voraus.

Die subjektive Komponente der Konfliktdefinition

Konflikt – ja oder nein? Subjektive Einschätzungen sind entscheidend.

Jeder Mensch verfügt über eigene Einschätzungen, wann Gegensätze bzw. Unvereinbarkeiten bedeutsam sind. Allerdings sind diese Einschätzungen nicht als unverrückbare Festlegungen zu verstehen, vielmehr ist davon auszugehen, dass sie situativ modifiziert werden. Dies bedeutet: was zu einem bestimmten Thema an einem bestimmten Tag bei einem bestimmten Gegenüber in einem bestimmten Rahmen (usw.) akzeptabel erscheint, kann bei einem anderen Thema oder an einem anderen Tag oder bei einem anderen Gegenüber oder bei einem veränderten Rahmen (usw.) nicht mehr akzeptabel erscheinen. Dementsprechend können insbesondere für gering eskalierte Auseinandersetzungen weder objektive Maßstäbe zur Feststellung, ob ein Konflikt besteht, gefunden werden noch kann angenommen werden, dass immer alle beteiligten Personen zu einer übereinstimmenden Einschätzung kommen.

Die Festlegung, dass bereits die Einschätzung einer Partei zur Annahme eines Konfliktes genügt, kann – ausgehend davon, dass Konflikte (trotz ihrer Alltäglichkeit) nicht als „Regelzustand“ menschlichen Miteinanders einzuschätzen sind – unter anderem wie folgt begründet werden:

Gute Gründe: die Einschätzung eines Einzelnen kann entscheidend sein.

- Die Einschätzung einer Partei, dass bedeutsame Gegensätze bzw. Unvereinbarkeiten vorliegen, weist auf eine Einschränkung ihrer Entscheidungs- und Handlungsoptionen hin. Es wird eine „rote Linie“ erkennbar, die nach subjektiver Einschätzung nicht beliebig überschritten werden kann. Eine solche Feststellung geht mit einer deutlichen Veränderung des Kommunikations- und Entscheidungsverhaltens einher. Erkennt also eine Partei solche bedeutsamen Gegensätze bzw. Unvereinbarkeiten, wird damit das Feld des „freien Aushandelns“ verlassen, die Verhandlungslage verändert sich deutlich.

- Menschen, die Auseinandersetzungen gegenüber etwas „robust" eingestellt sind, nehmen Konflikte oft erst dann bewusst war, wenn deutliche Eskalationen in der Auseinandersetzung eingetreten sind. In diesen Fällen können aber bereits erhebliche Belastungen bzw. Schäden für die übrigen Konfliktparteien, Personen des Umfelds oder gar die gesamte Verwaltung eingetreten sein. Solche Konstellationen sind als „Regelfall" auf Dauer nicht hinnehmbar.
- Schließlich manifestieren sich in den unterschiedlichen Bewertungen einer Situation oft auch Machtstrukturen: Wer in einer Machtposition ist, kann Auseinandersetzungen sehr entspannt angehen. Die Feststellung eines Konfliktes durch die machtschwächere Partei kann ein Signal dafür sein, dass an die Stelle einer inhaltlichen Auseinandersetzung „auf Augenhöhe" eine nicht unbedingt sachgerechte Machtentscheidung tritt. Im Sinne einer effektiven und effizienten Verwaltung sollten Entscheidungen aber inhaltlich begründet und nicht nur auf Machtstrukturen gestützt werden.

Gut zu wissen

Ein Problem – unterschiedliche subjektive Messlatten

So nachvollziehbar also die Anknüpfung an die Einschätzung bereits einer Partei ist, handelt man sich damit gleichwohl ein Problem ein:

Manche Menschen legen ihre persönliche Messlatte zur Annahme eines Konfliktes außerordentlich niedrig an. Dann wird beispielsweise ein völlig angemessenes Kritikgespräch mit einer Führungskraft gleich als „Mobbing" interpretiert. Die Bezugnahme der Konfliktdefinition auf das subjektive Empfinden der Beteiligten mag in solchen Fällen für Außenstehende zu befremdlichen Ergebnissen führen. Dieser Problematik kann jedoch nicht mit einer vermeintlichen Objektivierung der Definition abgeholfen werden; vielmehr sollte entsprechenden Personen ermöglicht werden, ihre Fähigkeit zum Umgang mit Kritik weiterzuentwickeln.

Mit dem hier vertretenen Ansatz, die Annahme eines Konfliktes von subjektiven Einschätzungen der Beteiligten abhängig zu machen, ist insbesondere für Führungskräfte ein beachtenswertes Problem verbunden: die Möglichkeit der Konfliktleugnung. Schauen wir uns dieses Problem in einem kurzen Exkurs etwas näher an:

Exkurs zur Konfliktleugnung

Konfliktleugnung – wenn ein Konflikt nicht sein soll.

Bei der Konfliktleugnung geht es darum, dass von den Konfliktparteien zwar ein Konflikt gesehen, gegenüber Dritten, beispielsweise Führungskräften, aber geleugnet wird.

Für ein solches Verhalten können recht unterschiedliche Gründe angeführt werden, beispielshaft sind zu nennen:

- Konflikte sind in der Verwaltung generell verpönt und werden als Zeichen unzureichender kommunikativer Kompetenzen der Beteiligten (miss-)verstanden.
- Der Konflikt besteht schon länger und wurde durch Führungskräfte unterdrückt (vgl. Abschnitt 2.2), woran sich die Konfliktparteien aber nicht halten.
- Das Konfliktthema wird von anderen als völlig belanglos eingestuft oder birgt – insbesondere bei Beziehungskonflikten (vgl. Abschnitt 1.2.3) – inhaltliche Brisanz, die vor anderen verborgen werden soll.
- Eine Intervention durch Führungskräfte soll unbedingt vermieden werden, um der damit verbundenen Fremdbestimmung zu entgehen.

Konfliktleugnung ist mit negativen Folgen verbunden.

Verleugnete Konflikte können für die zuständigen Führungskräfte mit erheblichen Problemen und Risiken verbunden sein:

- Zunächst verleugnete Konflikte werden oft erst dann erkennbar und damit einer Intervention zugänglich, wenn ein hoher Eskalationsgrad erreicht ist. Dies birgt einerseits die Gefahr, dass es für die Beteiligten oder die Verwaltung zu massiven Schädigungen kommt, andererseits ist eine Konfliktintervention tendenziell umso schwieriger, je länger und weiter der Konflikt eskaliert ist.
- Im Fall der Konflikteskalation wird den zuständigen Führungskräften unter Umständen vorgeworfen, nicht frühzeitig auf mögliche Warnsignale aufmerksam geworden zu sein und die Lage falsch eingeschätzt zu haben.
- Die Konfliktleugnung kann als Indiz für eine geschwächte Vertrauensbasis zwischen Konfliktparteien und zuständigen Führungskräften interpretiert werden.
- Aufgedeckte Konfliktleugnungen können in der Zukunft zu einer von Misstrauen und Übersensibilität belasteten Zusammenarbeit zwischen den Konfliktbeteiligten und ihrer Führungskraft führen. In der Folge interveniert die Führungskraft unter Umständen in der fehlerhaften Annahme einer erneuten Konfliktleugnung, obwohl hierfür keinerlei Anlass besteht.

Konflikte „von außen" erkennen

Typische Konfliktsymptome.

Da es insbesondere in der Phase der Konfliktentstehung an objektiven Merkmalen zur Konflikterkennung fehlt, sind Führungskräfte bei einer vermuteten Konfliktleugnung auf typische Konfliktsymptome zu verweisen, die im Allgemeinen eine recht gute Einschätzung erlauben, ob ein Konflikt vorliegt. Mit Wenninger (1999, S. 560), Spisak (2003, S. 329) und Werkmann-Karcher (2010, S. 380) ist von einem Konflikt umso eher auszugehen, je mehr

- körperliche Signale des Desinteresses gezeigt werden (z. B. Vermeidung Augenkontakt, abweisende Körperhaltung, verächtlicher Blick nach oben),
- die Kommunikation auf das Nötigste beschränkt wird,
- die zwischenmenschliche Kommunikation förmlicher wird,
- Regeln und Anweisungen als Argumente aktiv angeführt werden,
- Eifersüchteleien auftreten, aus kollegialen Frotzeleien Sticheleien werden oder sogar Feindseligkeiten stattfinden,
- das Verhalten der Beteiligten durch Resignation und Rückzug geprägt ist,
- Kleinigkeiten in ihrer Bedeutung aufgebauscht werden,
- bereits erledigte Standpunkte immer wieder aufgegriffen werden,
- übliche Verhaltensweisen des sozialen Umgangs entfallen, z. B. Entgegenkommen und Hilfsbereitschaft nicht angemerkt oder honoriert werden,
- die Suche nach dem Schuldigen die gemeinsame Suche nach Lösungen verdrängt,
- Entscheidungen, auch in Bagatellangelegenheiten, an Führungskräfte herangetragen werden.

Ergeben sich anhand einer Prüfung der Konfliktsymptome deutliche Anhaltspunkte für einen (verleugneten) Konflikt, sollten – mit der gebotenen Vorsicht, dass Anhaltspunkte eben keine Beweise sind – Führungskräfte prüfen, ob eine Konfliktintervention erforderlich erscheint. Mit der nachfolgenden Checkliste (Abb. 1.1) mit Bewertungsskala können Sie dies ermitteln.

Q04083

Download Checkliste Konfliktsymptome erkennen mit Bewertungsskala

Checkliste – Konfliktsymptome erkennen (Abb. 1.1)

Bewerten Sie den Ausprägungsgrad der jeweiligen Aspekte auf einer Skala von 0 (kommt nicht vor) bis 5 (deutlich und dauerhaft feststellbar), die Ziwischenwerte stellen Abstufungen nach Intensität und Häufigkeit dar.

Kriterium	0	1	2	3	4	5
Es werden körperliche Signale des Desinteresses gezeigt (Vermeidung Augenkontakt, abweisende Körperhaltung, verächtlicher Blick)						
Die Kommunikation wird auf das Nötigste beschränkt						
Die zwischenmenschliche Kommunikation wird förmlicher.						
Regel und Anweisungen werden als Argumente aktiv angeführt.						
Eifersüchteleien treten auf, aus Frotzeleien werden Sticheleien oder sogar Feindseligkeiten.						
Das Verhalten der Beteiligten ist durch Resignation und Rückzug geprägt.						
Kleinigkeiten werden in ihrer Bedeutung aufgebauscht.						
Bereits erledigte Standpunkte werden immer wieder aufgegriffen.						
Übliche Verhaltensweisen des sozialen Umgangs entfallen (Entgegenkommen und Hilfsbereitschaft werden nicht angemerkt oder honoriert).						
Die Suche nach Schuldigen verdrängt die gemeinsame Suche nach Lösungen.						
Entscheidungen, auch in Bagatellfällen, werden an Führungskräfte herangetragen.						
Nennungen insgesamt						
Punktwert gesamt (Nennungen × Punktwert)						

<u>Vorschlag zur Auswertung:</u>
Insgesamt sind bei elf Kriterien maximal 55 Punkte zu erreichen. Von einem Konflikt kann grundsätzlich ausgegangen werden, wenn

- der Punktwert gesamt > 25 ist oder
- der Punktwert 5 mindestens dreimal vergeben wurde oder
- der Punktwert 4 mindestens fünfmal vergeben wurde.

Wichtig

Klartext reden – Unergiebige Diskussionen vermeiden!

Konflikte können nicht „verordnet" werden. Dies bedeutet konkret, dass die Diskussion, ob in einer konkreten Situation ein Konflikt vorliegt oder nicht, im Zweifelsfall keinen Nutzen erwarten lässt. Insbesondere dann, wenn das Verhalten der an einer Auseinandersetzung beteiligten Personen oder Gruppen schädigende Wirkungen mit sich bringt, sollten Führungskräfte unverzüglich reagieren. Dabei ist zur Begründung der Intervention an das schädigende Verhalten anzuknüpfen.

Theoretische Diskussionen, ob ein Konflikt vorliegt, vermeiden.

Soweit dieser **Exkurs.**

Mit diesen Ausführungen können wir unsere Bemühungen um eine Definition des Begriffes „Konflikt" und seiner Abgrenzung gegenüber anderen Situationen zwischenmenschlichen Miteinanders abschließen. Wenden wir uns nunmehr den Ansätzen zur Beschreibung konkreter Konfliktsituationen zu.

1.2 Welche Konflikttypen gibt es? – Konfliktkategorisierungen

1.2.1 Grundidee

Jeder Konflikt ist einzigartig – einzigartig hinsichtlich der Beteiligten, des konkreten Konfliktthemas, des Konfliktverlaufs, der Rahmenumstände des Konfliktes. Allerdings führt eine Fokussierung auf die Einzigartigkeit jedes Konfliktes dazu, dass aus der Analyse dieses Konfliktes kaum Erkenntnisse ableitbar sind, die bei anderen Konflikten nutzenbringend eingesetzt werden können – schließlich wird jeder Konflikt durch ein einzigartiges Zusammenspiel zahlreicher Faktoren bestimmt, sodass jede Änderung dieser Faktoren grundsätzlich auch geeignet ist, Veränderungen der konkreten Konfliktaustragung auszulösen.

Gleichwohl wurden in der Konfliktforschung zahlreiche Ansätze zur Konfliktkategorisierung entwickelt, die eine zusammenfassende Charakterisierung und Analyse zahlreicher Konflikte auf der Grundlage zentraler Merkmale erlauben.

Kategorisierungen erlauben eine zusammenfassende Charakterisierung von Konflikten.

Die Bereitstellung solcher Kategorien erweist sich im Rahmen der praktischen Auseinandersetzung mit Konflikten als überaus hilfreich: Zum einen kann hieraus ein standardisiertes Grundgerüst zur systematischen Konfliktanalyse abgeleitet werden; zum anderen können aus den Konfliktkategorisierungen bedeutsame Hinweise zur weiteren Konfliktbearbeitung abgeleitet werden (so z. B. Duve, Eidenmüller & Hacke, 2011, S. 16). Auch wenn die Kategorisierungen naturgemäß für die Besonderheiten eines konkreten Konfliktes „blind" sind und dies im Einzelfall vielleicht sogar zu falschen Einschätzungen und Schlussfolgerungen führen kann, können dennoch in einer Vielzahl von Fällen auf der Grundlage der Kategorisierungen durchaus belastbare und überzeugende Aussagen gemacht werden.

Beispiel

Machtverhältnisse

In hierarchisch strukturierten Organisationen ist grundsätzlich davon auszugehen, dass bei Konflikten zwischen Angehörigen unterschiedlicher Hierarchieebenen Machtaspekte zum Tragen kommen. Dementsprechend kann eine Kategorisierung zweckmäßig sein, die Über-/Unterordnungsverhältnisse thematisiert.

Im Einzelfall ist aber auch denkbar, dass eine Führungskraft aufgrund ihres ausgeprägten Harmoniestrebens und ungeachtet ihrer höheren hierarchischen Stellung in die Defensive gerät.

Viele Kategorisierungen sind möglich, nur wenige sinnvoll.

Bei der Entwicklung von Konfliktkategorien besteht zunächst einmal eine große Wahlfreiheit: im Prinzip kann jedes Merkmal, das im Zusammenhang mit einem Konflikt beobachtbar ist, zur Kategorienbildung herangezogen werden. Andererseits ist aber zu beachten, dass die Konfliktkategorisierung kein Selbstzweck ist, sondern hiermit insbesondere im Hinblick auf die Konfliktanalyse konkrete Zielsetzungen verbunden sind, die es zu erfüllen gilt.

Beispiel

Irrelevante Merkmale

Eine Kategorisierung nach der Haarfarbe der Konfliktbeteiligten oder ihrer Sternzeichen ist zwar theoretisch möglich, mit einer Konfliktanalyse, die Hinweise zur weiteren Konfliktbearbeitung liefern soll, aber kaum in Verbindung zu bringen.

Eigene Kategorien entwickeln? Ja, aber ...

Voraussetzungen für eigene Kategorisierungen.

Unter den angeführten Rahmenumständen erscheint es also zunächst sinnvoll, auf in Literatur und Praxis bewährte Konfliktkategorisierungen zurückzugreifen; eigene Kategorisierungen sollten dementsprechend nur entwickelt werden, sofern hieraus ein gesicherter Erkenntnisgewinn und ein Zusatznutzen für die Konfliktanalyse erwartet werden kann. Dies setzt unter anderem voraus, dass die eigene Kategorisierung einen inhaltlichen Bezug zu örtlichen Besonderheiten aufweist, die mit anderen Kategorien nicht überzeugend beschrieben bzw. erklärt werden können.

Beispiel

Entwicklung eigener Konfliktkategorisierungen

Vorstellbar ist eine Kategorisierung nach Standorten, sofern die Gesamtverwaltung auf mehrere Standorte verteilt ist und sich bestimmte Konflikte auf die Zugehörigkeit der Konfliktbeteiligten zu unterschiedlichen Standorten zurückführen lassen.

Kategorisierungen richtig einsetzen

Rahmenbedingungen des Umgangs mit Kategorisierungen.

Bevor wir uns einigen in der Praxis bewährten Kategorisierungsansätzen zuwenden, sollten wir uns vorab Klarheit über einige Fallstricke des allzu sorglosen Umgangs mit Konfliktkategorisierungen verschaffen:

- **Besonderheiten werden nicht berücksichtigt:** Zunächst ist zu beachten, dass Konfliktkategorisierungen dazu führen, die komplexe Lebenswirklichkeit auf einige ausgewählte Aspekte zu reduzieren und dementsprechend anderen Aspekten weniger bzw. keine Aufmerksamkeit zu widmen. Zwar können Konfliktkategorisierungen als standardisiertes Grundgerüst der Konfliktanalyse sinnvoll eingesetzt werden und hilfreiche Einblicke in das Konfliktgeschehen erlauben; es muss aber immer damit gerechnet werden, dass im konkreten Einzelfall Besonderheiten, die von den in der Konfliktanalyse verwendeten Kategorien nicht erfasst werden, eine zentrale Rolle zukommt.
- **Konflikt wird nur „in eine Schublade gepackt":** Des Weiteren ist es nicht immer möglich, einen Konflikt den gebildeten Kategorien eindeutig zuzuordnen; so kommen insbesondere bei zahlreichen Konflikten mehrere Konfliktursachen – Näheres hierzu diskutieren wir in Abschnitt 1.2.3 – in Betracht. In solchen Fällen kann der konkrete Konflikt eben nicht nur „in eine Schublade gepackt" werden, son-

dern gehört gleichzeitig in mehrere. Ist eine eindeutige Zuordnung nicht möglich, müssen wir uns fragen, welche Folgerungen hieraus für den konkreten Konflikt zu ziehen sind.

Konfliktkategorisierungen erlauben keine „Patentrezepte".

- **Beschränkung auf bestimmte Vorgehensweisen:** Schließlich liefert die Analyse eines Konfliktes nach bestimmten Kategorien kein Patentrezept zum Umgang mit diesem Konflikt. Zwar legen einige Kategorisierungen bestimmte Vorgehensweisen nahe; diese sind aber immer noch am konkreten Einzelfall auf ihre Eignung hin zu überprüfen.

Beispiel

Zuordnungsprobleme bei der Kategorisierung aufmerksam prüfen

Angenommen wir kategorisieren verwaltungsinterne Konflikte nach der hierarchischen Stellung der Beteiligten und unterscheiden dabei lediglich zwischen „Vorgesetzten" und „Mitarbeitern". Gehen wir weiter davon aus, dass aus der Vorgesetzten-Eigenschaft eine grundsätzliche Orientierung an machtbasierten Lösungsansätzen und aus der Mitarbeiter-Eigenschaft eine grundsätzliche Orientierung an interessenbasierten Lösungsansätzen abgeleitet wird (nähere Einzelheiten zur Bedeutung von Macht und Interessen werden wir in Kapitel 2 ausführlich erörtern).

Welche Folgerungen ergeben sich dann bei einem Drei-Personen-Konflikt zwischen einer Fachbereichsleiterin, einem ihr nachgeordneten Fachdienstleiter und einem Sachbearbeiter hinsichtlich der Erwartungen an den Fachdienstleiter? Stufen wir ihn als Vorgesetzten ein, hätten wir eine machtbasierte Verhaltensweise zu erwarten; bei der Einstufung als Mitarbeiter hätten wir stattdessen eine interessenbasierte Verhaltensweise zu erwarten.

Die Aufspaltung des Konfliktes in zwei Teilkonflikte (Fachbereichsleiterin mit Fachdienstleiter einerseits, Fachdienstleiter mit Sachbearbeiter andererseits) könnte die Konfliktanalyse in beiden Fällen erleichtern.

Konfliktkategorisierungen liefern erste Anregungen zum Konfliktumgang.

Lassen wir uns aber von im Einzelfall auftretenden Schwierigkeiten bei der Konfliktkategorisierung nicht erschrecken und ziehen den richtigen Schluss: In der Praxis können anhand der Konfliktkategorien ein erster Eindruck von der Konfliktlage vermittelt und unter Umständen auch Ideen und Anregungen zum Umgang mit dem konkreten Konflikt entwickelt werden.

1.2.2 Konfliktkategorisierungen nach Beteiligten

Die ersten beiden Kategorisierungen, mit denen wir uns befassen wollen, fokussieren auf die Konfliktbeteiligten im Hinblick auf deren Zahl und auf eventuelle Machtpositionen. Die Untersuchung der Beteiligtenstruktur stellt sich in den meisten Fällen als relativ einfach bis geradezu trivial dar; dies sollte uns aber nicht zu einer allzu leichtfertigen Vorgehensweise verführen, denn nicht immer offenbart sich alles Relevante in dem Offenkundigen. Unterlaufen bei der Analyse der Beteiligtenstruktur infolge einer allzu unbefangenen Vorgehensweise Fehleinschätzungen, kann es auch bei den weiteren Kategorien zu Fehleinschätzungen kommen. Werden aus einer mit Folgefehlern belasteten Konfliktanalyse Interventionsentscheidungen abgeleitet, muss mit hoher Wahrscheinlichkeit damit gerechnet werden, dass diese nicht den gewünschten Erfolg erbringen.

Schauen wir uns – nach diesem kurzen Warnhinweis – die beiden Kategorisierungen nun etwas genauer an.

Wie viele Konfliktbeteiligte gibt es?

Kategorisierung nach der Zahl der Konfliktbeteiligten.

Die erste Kategorisierung knüpft an die **Zahl** der Konfliktbeteiligten an. Jede Konfliktpartei kann durch eine Einzelperson (1) oder durch eine Personengruppe (n) repräsentiert sein. Für eine erste Einschätzung der Konfliktlage genügt es in der Regel, mit dieser groben Einteilung (1 oder n) zu arbeiten. Konfliktsituationen zwischen zwei Einzelpersonen werden dementsprechend als 1:1-Konflikt bezeichnet.

Beispiel

1:1-Konflikt

Ingo Bertram ist sauer auf Joachim Küntrop, weil dieser ihn beim gemeinsamen Vorgesetzten angeschwärzt hatte. Aus diesem Grund verweigert Ingo Bertram seinem Kontrahenten seit Tagen den ansonsten üblichen Handschlag bei der Begrüßung am Morgen, was dieser ihm sehr krumm nimmt.

Stehen sich eine Einzelperson und eine Personengruppe als Konfliktparteien gegenüber (1:n), ist dies vor allem unter zweierlei Gesichtspunkten bedeutsam: Einerseits kann aus der Gruppensituation heraus eine faktische Machtposition entstehen.

Beispiel

1:n-Konflikt: Personenmehrheiten können faktische Machtpositionen schaffen

Der Vorgesetzte in der Wohngeldstelle hat nach einer Überarbeitung seiner Dienstplanung die ursprüngliche Vertretungsregelung (von einem Zweier-Team muss immer eine Person anwesend sein; planbare Abwesenheiten werden wechselseitig vertreten aufgrund einer autonomen Absprache innerhalb des Teams) durch eine Vierer-Team-Regelung ersetzt; nach der Neuregelung müssen jeweils drei Personen anwesend sein, was die individuellen Gestaltungsmöglichkeiten in Bezug auf Urlaub, Gleitzeit und Anwesenheitspflichten verschlechtert. Wegen der neuen Regelung wird der Vorgesetzte (1) von den Betroffenen (n) massiv attackiert, beispielsweise mit der Drohung, nur noch „Dienst nach Vorschrift" tun zu wollen. Er denkt daraufhin ernsthaft darüber nach, die neu eingeführte Regelung wieder zurückzunehmen.

Andererseits kann die Gruppensituation bei interner Uneinigkeit aber auch dazu führen, dass das Gruppenverhalten unkalkulierbar wird.

Beispiel

1:n-Konflikt: Uneinige Gruppen können problematische Gruppen sein

Der Behördenleiter einerseits und zahlreiche im Schichtdienst tätige Hausmeister andererseits streiten seit Monaten über ein neues Schichtmodell, da das bisherige Schichtmodell im Rahmen einer gerichtlichen Auseinandersetzung als unzulässig verworfen worden war. Die Auseinandersetzung wird erheblich dadurch belastet, dass die Hausmeister untereinander über das zu favorisierende Modell uneinig sind. Mehrere Einigungsvorschläge eines externen Beraters, die der Behördenleiter seinerseits akzeptiert hätte, scheiterten an der Uneinigkeit der Hausmeister, da der Behördenleiter zur Vermeidung weiterer gerichtlicher Auseinandersetzungen auf einer einvernehmlichen Regelung besteht.

Konflikte zwischen Gruppen weisen in der Regel eine hohe Komplexität auf.

Konflikte, bei denen sich auf beiden Seiten Gruppen gegenüberstehen (n:n), stellen sich meist bereits aufgrund der Beteiligtenstruktur als sehr unübersichtlich und komplex dar. Neben den schon bei den 1:n-Konflikten beschriebenen besonderen Schwierigkeiten kommt es bei n:n-Konflikten oft noch zu Identifikationsphänomenen: Der Konflikt mit einer anderen Gruppe führt in der Regel zu einer Stärkung des inneren Zusammenhalts der eigenen Gruppe mit deutlicher Abgrenzung gegenüber der anderen Gruppe. Hierdurch wird die Kontaktaufnahme zwischen einzelnen Gruppenmitgliedern, die als Grundlage für Einigungsversuche bedeutsam sein könnten, erheblich erschwert.

Dennoch können n:n-Konflikte nicht generell als besonders schwierig eingestuft werden: immer wieder kommt es bei n:n-Auseinandersetzungen dazu, dass innerhalb der Gruppen hierarchische Strukturen ausgebildet werden, sodass Konfliktinterventionen unter Umständen auf die „Gruppenköpfe" beschränkt werden können.

„Gruppenköpfe" erleichtern den Konfliktumgang.

Beispiel

Der angeführte Gruppenkonflikt

In der Kantine einer Verwaltungsaußenstelle stehen zu wenig Sitzplätze zur Verfügung; Spätankommende haben mit Wartezeiten bei der Essensausgabe und einem Platz an den Stehtischen zu rechnen. In einer internen Dienstbesprechung wurde im Personal- und Organisationsamt vereinbart, dass eigene Termine so gelegt werden, dass alle Mitarbeiterinnen und Mitarbeiter die Möglichkeit haben, bereits zur Kantinenöffnung anwesend zu sein. Hierüber sind die Beschäftigten und die Amtsleiterin der Wohngeldstelle sehr erbost, da hier zum Ende der morgendlichen Sprechstunde noch anwesende Antragsteller nicht abgewiesen werden dürfen. In den letzten Wochen ist es, insbesondere nach einer lustig gemeinten Bemerkung eines Mitarbeiters aus dem Personal- und Organisationsamt, immer wieder zu teilweise lautstarken Auseinandersetzungen zwischen den Angehörigen der beiden Ämter gekommen; auch die Amtsleiterinnen sind in dieser Angelegenheit bereits zweimal heftig aneinander geraten.

Hier kann der Konflikt zwischen den Angehörigen der beiden Ämter (n:n-Konflikt) unter Umständen stellvertretend mit den beiden Amtsleiterinnen (1:1-Konflikt) erörtert werden.

Stille Konfliktbeteiligte

In der Praxis ist es hilfreich, die zunächst ermittelte Beteiligtenstruktur nochmals kritisch zu hinterfragen: Unabhängig davon, ob ein 1:1-, ein 1:n- oder ein n:n-Konflikt angenommen wird, ist unbedingt darauf zu achten, nicht nur die im Vordergrund agierenden „Wortführer" zu berücksichtigen, sondern auch genau zu prüfen, ob und inwieweit andere Personen am Konflikt beteiligt sind, ohne bisher durch offene Aktionen in Erscheinung getreten zu sein. Die Identifikation solcher „stiller Konfliktbeteiligter" gestaltet sich in manchen Fällen äußerst schwierig, sollte aber bei entsprechenden Anhaltspunkten trotzdem versucht werden, weil ansonsten wohlerwogene Interventionen aus zunächst nicht nachvollziehbaren Gründen scheitern können.

Die Möglichkeit, dass stille Konfliktbeteiligte Einfluss nehmen, muss beachtet werden.

Anhaltspunkte für „stille Konfliktbeteiligte" erkennen.

Anhaltspunkte (aber auch nicht mehr) zur Annahme „stiller Konfliktbeteiligter" liegen vor, wenn eine Konfliktpartei

- sich im Konfliktverlauf wechselhaft verhält bzw. äußert,
- bereits skizzierte Lösungsansätze überraschend wieder verwirft,
- sich in einem Konflikt ganz anders als in früheren vergleichbaren Fällen verhält,
- eine umfassende Erörterung der Angelegenheit mit Festlegungen zur weiteren Vorgehensweise generell ablehnt,
- ihre eigene Position nur bruchstückhaft darlegen kann und Fragen nach den damit verfolgten Zielen nicht beantwortet werden.

„Stille Konfliktbeteiligte" müssen nicht unbedingt zur Verwaltung gehören.

Als „stille Konfliktbeteiligte" kommen sowohl Interne (z. B. Kolleginnen/Kollegen des Arbeitsbereiches, Führungskräfte) als auch Externe (z. B. Familienmitglieder der Konfliktparteien) in Betracht.

Beispiel

Bedeutung „stiller Konfliktbeteiligter" nicht unterschätzen

In einem größeren Arbeitsbereich mit Publikumsverkehr kommt es immer wieder zu heftigen Auseinandersetzungen mit der Mitarbeiterin Erna Kowalski; die Kolleginnen und Kollegen werfen ihr vor, ihre Aufgaben nicht ordnungsgemäß zu erledigen und immer wieder mit Kurzzeiterkrankungen auszufallen. Im Verlauf der Auseinandersetzungen wird deutlich, dass Erna Kowalski an einer psychischen Erkrankung leidet, die für ihr Verhalten von erheblicher Bedeutung ist. Allerdings scheitern alle Versuche, die Aufnahme einer stationären Therapie zu erreichen: in Gesprächen mit einem Mitarbeiter des Betrieblichen Eingliederungsmanagements sagt sie mehrfach zu, sich um einen Therapieplatz zu bemühen, setzt dies aber nicht um.

Wie sich in späteren Wochen herausstellt, gehört sie einer religiösen Wohngemeinschaft an, die psychotherapeutische Behandlungen generell ablehnt und von der sie erheblich unter Druck gesetzt wird. In diesem Fall erweist sich die Wohngemeinschaft als „stiller Konfliktbeteiligter", der massiv auf das Verhalten von Erna Kowalski in diesem Konflikt einwirkt.

So zweckmäßig die Prüfung, ob „stille Konfliktbeteiligte" zu berücksichtigen sind, grundsätzlich auch ist, darf die Klärung, wer als am Konflikt beteiligt anzusehen ist, aus Praktikabilitäts- und Effizienzgründen nicht ausufern.

Sind Machtunterschiede relevant?

Machtunterschiede zwischen den Konfliktparteien können sehr bedeutsam sein.

Wenden wir uns nun der zweiten Kategorisierung zu, die an die Machtpositionen der Konfliktparteien anknüpft. Wie wir bei der Erarbeitung unserer Konfliktdefinition gesehen haben, geht es bei Konflikten immer um Unvereinbarkeiten und Gegensätze zwischen den Konfliktparteien. Verfügt nunmehr eine Konfliktpartei gegenüber der anderen über eine Machtposition, ist sie eher in der Lage, ihre Auffassungen, Ziele, Pläne und Wünsche durchzusetzen, als wenn sich die Konfliktparteien „auf Augenhöhe“ begegnen (Regnet, 2007).

Machtunterschiede sollten in einer Konfliktanalyse auf jeden Fall berücksichtigt werden: Sie können einerseits erhebliche Auswirkungen auf die Art der Konfliktaustragung entfalten und andererseits die Möglichkeiten zur Erreichung einer einvernehmlichen und von allen Beteiligten als gerecht empfundenen Verhandlungslösung nachhaltig beeinflussen.

Machtunterschiede sind in der öffentlichen Verwaltung häufig anzunehmen.

In der Öffentlichen Verwaltung ist es zunächst naheliegend, von einem Konflikt mit Machteinsatz auszugehen, wenn zwischen den Konfliktparteien ein hierarchiebedingtes Über-/Unterordnungsverhältnis besteht. In diesen Fällen steht der ranghöheren Konfliktpartei in der Regel eine exklusive Option im Konfliktverhalten zur Verfügung: gehen die geforderten Zugeständnisse über den selbst gesetzten Rahmen hinaus, tritt an die Stelle einer Verhandlungslösung eine Machtentscheidung.

Im Fall einer Machtentscheidung stehen der rangniedrigeren Konfliktpartei drei grundlegende Vorgehensweisen zur Verfügung:

- Sie akzeptiert die Entscheidung; der Konflikt wird beendet.
- Sie bemüht ihrerseits Machtmittel (z. B. höhere Vorgesetzte), was zu einer personellen Konfliktausweitung führen kann.
- Sie versucht, die Machtposition zu unterlaufen, etwa durch passiven Widerstand (z. B. „Dienst nach Vorschrift“), Flucht aus der Situation (z. B. Krankmeldung) oder Sabotageakte, was eine erhebliche Änderung der Form, wie der Konflikt ausgetragen wird, zur Folge haben kann.

Bei der Konfliktanalyse ist darauf zu achten, nicht aus jeder Rangunterschiedlichkeit der Konfliktparteien unmittelbar auf Machtunterschiede zu schließen; dementsprechend ist stets zu prüfen, ob Rangunterschiede im aktuellen Konfliktfall tatsächlich ein Machtgefälle begründen.

Beispiel

Nicht jeder Rangunterschied führt zu einem Machtgefälle:
Die Unterstützung durch den Vorgesetzten

Ein gesamter Fachbereich einer großen Behörde befindet sich in einem ausgelagerten Gebäude. Die dort Beschäftigten halten sich von einem der dortigen Parkplätze kategorisch fern, weil der Fachbereichsleiter diesen für sich beansprucht; eine explizite Markierung erfolgte bisher nicht, da der Fachbereichsleiter der Meinung ist, dass dies „nicht gut aussieht". Der für das Verwaltungsgebäude zuständige Bauingenieur hat sich angewöhnt, bei Ortsterminen diesen Parkplatz zu benutzen, um sich eine längere Parkplatzsuche im Umfeld zu ersparen. Der Fachbereichsleiter ist hierüber aufs heftigste empört.

Obwohl der Fachbereichsleiter in der Verwaltungshierarchie wesentlich höher angesiedelt ist als der Bauingenieur, kommt dieser Rangunterschied nicht zum Tragen, da der Bauingenieur die Rückendeckung durch seinen Fachbereichsleiter erfährt, der ihn sogar für die pragmatische und zeitsparende Vorgehensweise bei der Parkplatzsuche lobt.

Hierarchisch bedingte Machtunterschiede sind in der Praxis im Allgemeinen leicht zu identifizieren. Wesentlich problematischer ist es hingegen, Machtunterschiede zu erkennen, die sich auf andere Grundlagen stützen; dabei können insbesondere Aspekte, die dem privaten Bereich zuzuordnen sind, eine enorme Wirksamkeit entfalten.

Beispiel

Es gibt auch nicht-hierarchiebedingte Machtgefälle:
Die „Enthüllungsdrohung"

Der Sachbearbeiter Dennis Voss wurde von seinem Vorgesetzten Klaus Müller bereits mehrfach wegen Unpünktlichkeit und fehlender Arbeitsmotivation heftig kritisiert. Nunmehr wurde ihm eine Abmahnung angedroht. In dieser Situation spricht Dennis Voss seinen Vorgesetzten darauf an, dass dieser in einem „Swinger-Club" in einer über 100 km entfernten Großstadt gesehen worden sei, und droht damit, dies an den Behördenleiter weiterzugeben. Klaus Müller fürchtet einen Eklat, zumal er nicht mit seiner Ehefrau dort war, sondern mit einer ebenfalls in Leitungsfunktion tätigen Kollegin einer anderen Behörde.

1.2.3 Konfliktkategorisierungen nach dem Konfliktgegenstand

Hatten wir uns bisher mit den an einem Konflikt beteiligten Parteien beschäftigt, wollen wir uns nun zwei Kategorisierungen zuwenden, die an den Konfliktgegenstand anknüpfen.

Wie unterscheiden sich echte von unechten Konflikten?

Unechten Konflikten fehlt der inhaltliche Kern.

In einer ersten, noch recht schlichten Kategorisierung können wir zwischen **echten** und **unechten Konflikten** unterscheiden (Krysmanski, 1971). Dabei sollen als „unechte Konflikte" diejenigen Auseinandersetzungen bezeichnet werden, denen es an einem inhaltlichen Kern fehlt.

In der Praxis sind vor allem zwei Varianten der unechten Konflikte anzutreffen:

- Zum einen ist mit Regnet (2007) festzustellen, dass bestimmte **persönliche Eigenschaften** einer Person zu konflikthaften Auseinandersetzungen führen bzw. diese begünstigen (z. B. Jähzorn, Unbeherrschtheit, Misstrauen). Da sich entsprechende Eigenschaften im Zeitverlauf als relativ stabil darstellen, muss im Rahmen langjähriger Dienst- und Beschäftigungsverhältnisse immer wieder mit Konflikten gerechnet werden. In solchen Fällen versprechen lediglich situationsbezogene Interventionen keine dauerhafte Abhilfe; unter Umständen müssen sogar therapeutische Maßnahmen erwogen werden.
- Zum anderen sind die „**verschobenen Konflikte**" zu nennen (vgl. Rüttinger & Sauer, 2000), bei denen sich eine Konfliktpartei nicht in der Lage sieht, den eigentlichen Konflikt tatsächlich auszutragen. Der Ursprungskonflikt wird stattdessen auf eine andere Person oder ein anderes Thema verschoben. Personalverschobene Konflikte treten häufig in der Folge von Konfliktsituationen mit höherrangigen Personen auf, in denen der eigene Ärger unterdrückt werden muss, um anschließend gegenüber gleich oder niedriger eingestuften Kolleginnen oder Kollegen „abreagiert" zu werden. Bei inhaltlich verschobenen Konflikten geht es oft um Tabuthemen, die sowohl dienstlicher als auch persönlicher Natur sein können. Insbesondere bei personalverschobenen Konflikten besteht ein hohes Risiko, die Beteiligtenstruktur eines Konfliktes falsch einzuschätzen.

Konflikte können auf andere Personen oder Themen verschoben werden.

Beispiel

Verschobene Konflikte weisen in die falsche Richtung

Beispiel 1: Ein Gruppenleiter konfrontiert seine Sekretärin mit völlig überzogenen Vorwürfen wegen einer Nichtigkeit, nachdem er vorher selbst von seinem Abteilungsleiter wegen einer fehlerhaften Projektabwicklung heftig – und aus seiner Sicht: unberechtigterweise – kritisiert worden war (personale Verschiebung von Abteilungsleiter auf Sekretärin).

Beispiel 2: Ein Mitarbeiter vermag die körperlichen Ausdünstungen seines Kollegen im Doppel-Büro nicht mehr zu ertragen. Mit seiner Vorgesetzten gerät er in eine heftige Auseinandersetzung, weil er von dieser ein Einzelbüro verlangt. Zur Begründung gibt er an, vertrauliche Einzelgespräche führen zu müssen; den Hinweis seiner Vorgesetzten auf die fallweise Überlassung eines benachbarten Besprechungszimmers weist er brüsk zurück (thematische Verschiebung von Körperausdünstungen auf vertrauliche Gesprächssituation).

Enttarnung unechter Konflikte ist wichtig, aber schwierig.

Für die sachgerechte Auswahl von Interventionsmaßnahmen ist die Enttarnung unechter Konflikte von erheblicher Bedeutung. Ein wichtiges Indiz konfliktfördernder Persönlichkeitseigenschaften sind Konflikthäufungen, ohne dass hierfür inhaltliche Gründe gefunden werden können. Dabei sollten konfliktfördernde Persönlichkeits- bzw. Charaktereigenschaften nur angenommen werden, wenn andere Gründe überzeugend ausgeschlossen werden können.

Konfliktverschiebungen sind dagegen oft kaum zu erkennen, da diese in der Regel gut kaschiert und zudem bei Entdeckung vermutlich geleugnet werden. Im Fall der zu Unrecht attackierten Sekretärin wird diese beim Blick in den Terminkalender ihres Vorgesetzten möglicherweise eine Idee haben. Thematische Verschiebungen fallen meist nur auf, wenn diese recht abstrus ausfallen.

Tipp

Unechte Konflikte durch Analyse des Konfliktverlaufs enttarnen

Ein Indiz für unechte Konflikte ist das völlig überraschend hereinbrechende und schnell eskalierende Vorgehen lediglich einer Konfliktpartei, für das der anderen Konfliktpartei jeglicher inhaltlicher Zugang fehlt. Zur Abklärung, ob eine solche Situation gegeben ist, muss die Vorgeschichte des Konfliktausbruchs sorgfältig untersucht werden.

Was ist der Kern des Konflikts?

Wenden wir uns nun mit einem weiteren Kategorisierungsansatz dem inhaltlichen Konfliktkern zu, auch als Konfliktgegenstand, Konfliktanlass oder Konfliktursache bezeichnet. Dabei können wir uns in den weiteren Ausführungen auf **echte** Konflikte im vorbeschriebenen Sinne beschränken, da nur bei diesen Konflikten ein bedeutsamer inhaltlicher Kern überhaupt vorhanden ist.

Der Konfliktgegenstand ist in der Entstehungsphase eines Konfliktes am ehesten zu identifizieren.

Der inhaltliche Kern eines Konfliktes ist in der Regel zu Beginn eines Konfliktes gut zu erkennen, da dieser in den Einlassungen der Konfliktparteien im Vordergrund steht. Mit zunehmender Eskalation, Näheres hierzu wird im Abschnitt 1.3 ausgeführt, verliert der inhaltliche Kern des Konfliktes jedoch zunehmend an Bedeutung. Insbesondere bei hocheskalierten Konflikten ist demzufolge eine Identifikation des (ursprünglichen) Konfliktgegenstands im Rahmen der Konfliktanalyse erheblich erschwert.

Tipp

Konflikthistorie hilft bei der Klärung des Konfliktgegenstands

Um eine sachgerechte Kategorisierung nach dem Konfliktgegenstand bei hocheskalierten Konflikten zu erreichen, kann der Rückgriff auf Informationen aus der Anfangsphase des Konfliktes hilfreich sein. Hierzu können unter Umständen Außenstehende, etwa Kolleginnen und Kollegen der Konfliktparteien, wesentlich besser Auskunft geben als die Konfliktparteien selbst, da diese oft zu sehr mit dem anhaltenden Konfliktgeschehen beschäftigt sind.

Bei allen Versuchen, eine dauerhafte Beendigung eines Konfliktes zu erreichen, kommt einer angemessenen Berücksichtigung des Konfliktgegenstandes erhebliche Bedeutung zu. Gelingt es – neben einer Beruhigung auf der persönlichen Ebene – nicht, eine inhaltlich überzeugende Antwort auf die mit dem Konfliktgegenstand verbundenen Fragen zu finden, besteht der Ansatzpunkt zur neuerlichen Entwicklung eines Konfliktes dauerhaft fort. In solchen Fällen kann bestenfalls versucht werden, auf die sonstigen Konfliktbegleitumstände einzuwirken, um eine erneute Auseinandersetzung um den bekannten Konfliktgegenstand zu verhindern.

Beispiel

„Unlösbare" Konflikte anders „lösen"

Monika Hartmann und Elvira Schneider gehören demselben Fachbereich an und arbeiten in verschiedenen Projekten sporadisch zusammen. Vor drei Monaten hat Monika Hartmann Elvira Schneider den Ehemann „ausgespannt", der auch sogleich bei ihr eingezogen ist. Die beiden Frauen gehen sich seither möglichst aus dem Weg. Allerdings mussten sie an zwei Projektgruppensitzungen gemeinsam teilnehmen, wo es auch prompt zu heftigen Auseinandersetzungen zwischen den beiden Frauen mit anschließenden tumultartigen Szenen kam.

Da hier der Konfliktanlass („ausgespannter Ehemann") nicht ausgeräumt werden kann, muss verhindert werden, dass die beiden in Arbeitszusammenhängen aufeinandertreffen (Veränderung der Rahmenumstände). Dies kann in der Praxis oft dadurch erreicht werden, dass mindestens einer der beteiligten Personen eine andere Aufgabe übertragen wird; in ungünstigen Konstellationen muss sogar die Beendigung eines Beschäftigungsverhältnisses erwogen werden.

Sechs Konflikt-Grundtypen

Zusammenfassung möglicher Konfliktgegenstände zu sechs Grundtypen.

In der Konfliktforschung wurden zahlreiche Ansätze zur Beschreibung typischer Konfliktgegenstände entwickelt. Zur Analyse verwaltungsinterner Konflikte wollen wir – in Anlehnung an Proksch (2010) sowie Duve, Eidenmüller und Hacke (2011) – folgende sechs Grundtypen unterscheiden und näher beschreiben:

- Sachverhalts-/Informationskonflikte
- Werte-/Normkonflikte
- Strategiekonflikte
- Verteilungskonflikte
- Strukturkonflikte
- Beziehungskonflikte

Typ 1: Sachverhalts-/Informationskonflikte

Bei **Sachverhalts- bzw. Informationskonflikten** besteht zwischen den Konfliktparteien Uneinigkeit über einen konkreten Sachverhalt oder über die Richtigkeit und Vollständigkeit von Informationen oder über deren Interpretation.

Beispiel

Informationskonflikt

Personalrat und Personalabteilung streiten darüber, ob einer Mitarbeiterin zur Teilnahme an einer gewerkschaftlichen Tagung Sonderurlaub zu gewähren ist. Der Personalrat meint, dass dies in der Vergangenheit so gehandhabt wurde; die Personalabteilung vertritt die gegenteilige Auffassung.

Sachverhalts-/Informationskonflikte treten in der Regel in Entscheidungssituationen auf.

Sachverhalts- bzw. Informationskonflikte treten vor allem in Entscheidungssituationen auf. Dabei geht der Entscheidungsträger in der Regel davon aus, dass er einen Sachverhalt vollständig erfasst und zutreffend interpretiert hat bzw. dass ihm alle entscheidungsrelevanten Informationen vorliegen. Die mit der Entscheidung nicht einverstandene Partei kann am ehesten auf eine andere Entscheidung hoffen, wenn sich herausstellt, dass der Entscheidungsträger eben nicht alle entscheidungsrelevanten Aspekte berücksichtigt hat. Für den Entscheider birgt die Feststellung, bei einer Entscheidung einen unzutreffenden Sachverhalt angenommen oder sich auf unzutreffende bzw. unvollständige Informationen gestützt zu haben, einigen Zündstoff: schließlich steht unter Umständen der Vorwurf im Raum, nicht gründlich genug gearbeitet zu haben oder Wissensdefizite aufzuweisen.

Risikofaktor Zeitdruck

Sachverhalts- bzw. Informationskonflikte werden oft durch Zeitdruck ausgelöst bzw. verschärft (Duve, Eidenmüller & Hacke, 2011):

- Bestehende Informationsdefizite können in solchen Situationen aufgrund der eingeschränkten Kommunikationsmöglichkeiten nicht aufgeklärt werden.
- Zudem ist anzunehmen, dass der Zeitdruck von allen Beteiligten als belastend empfunden wird, was die Offenheit für Informationen, die der beabsichtigten Vorgehensweise entgegenstehen, nicht gerade fördert.

Umfassende Prophylaxe ist nicht möglich.

Der naheliegenden Forderung, Sachverhalts- bzw. Informationskonflikten durch einen frühzeitigen und umfassenden Abgleich von Sachverhaltsbeschreibungen und sonstigen Informationen vorzubeugen, kann in der täglichen Praxis meist nicht entsprochen werden: Einerseits ist im Vorfeld oft eben nicht zu erkennen, welche Aspekte eines Sachverhaltes bzw. welche Informationen einer kritischen Überprüfung bedürfen. Andererseits kann mit einer Verbesserung der Informationsbasis die Gefahr von Missverständnissen und Fehlinterpretationen nicht vollständig ausgeräumt werden. Schließlich ist der Abgleich mit teilweise erheblichem Aufwand verbunden, ohne dass diesem in jeder Situation ein entsprechender Nutzen gegenübersteht.

Tipp

Bedeutende Entscheidungen sorgfältig vorbereiten

Auch wenn ein frühzeitiger und umfassender Informationsabgleich in der täglichen Praxis kaum erreicht werden kann, sollten aber zumindest bei bedeutsamen Entscheidungen entsprechende Versuche unternommen werden. Hier erscheint der mit dem Abgleich verbundene Aufwand angesichts der Folgen eines ansonsten zu befürchtenden Sachverhalts- bzw. Informationskonflikts auf jeden Fall angebracht.

Verbesserte Informationen können zur Konfliktlösung beitragen.

Ein zentraler Ansatz zum Umgang mit Sachverhalts- und Informationskonflikten besteht in der Verbesserung der Informationsbasis. Eine solche Vorgehensweise ist oft auch umsetzbar: Gegenüber den vorstehend beschriebenen Problemen einer präventiven Vorgehensweise ist im Konfliktfall meist schnell klar, um welche Sachverhalts- bzw. Informationsaspekte sich die Auseinandersetzung dreht. In eher überschaubaren Angelegenheiten kann die Informationsbeschaffung den Konfliktparteien selbst überlassen werden; bei komplexen Angelegenheiten ist regelmäßig auf Externe, z. B. Gutachter, zurückzugreifen.

Wichtig

Externe nicht als Entscheider engagieren!

Bei der Hinzuziehung Externer sollte darauf geachtet werden, dass diese lediglich von den Konfliktparteien einvernehmlich formulierte Fragen beantworten, aber nicht den Konflikt entscheiden.

Diese Differenzierung mag zunächst kleinlich erscheinen, ist aber für die weitere Zusammenarbeit und für die Entwicklung der Konfliktkompetenz der Beteiligten wichtig. Im Rahmen der vorgeschlagenen Vorgehensweise bleiben nämlich die Konfliktbeteiligten „Herren des Verfahrens" und delegieren lediglich den Teilbereich der Konfliktbearbeitung, der ihnen selbst nicht zugänglich ist.

Zu einer besonderen Problematik kann es bei Sachverhaltskonflikten kommen, die sich auf Erlebnisse von Personen beziehen, zu deren Beurteilung keine weiteren Zeugen oder sonstige Aufzeichnungen hinzugezogen werden können. Hier erweisen sich alle Bemühungen, im Rahmen der Konfliktbearbeitung zu einer einheitlichen Sachverhaltsdefinition zu kommen, als aussichtslos; sofern eine inhaltliche Lösung des Konfliktes beabsichtigt ist, bleibt den Beteiligten nichts anderes übrig, als einen unauflösbaren Sachverhaltsdissens festzustellen und Lösungsansätze zu suchen, die allen vertretenen Sachverhaltsdarstellungen entsprechen. Ein sehr instruktives Beispiel zum Umgang mit solchen Situationen findet sich bei Haynes (2004): Im Rahmen einer moderierten Konfliktbearbeitung bleibt offen, ob ein an sich unstrittiger Körperkontakt als absichtliche sexuelle Belästigung einzustufen ist; die betroffene Person kann aber deutlich machen, dass aus ihrer Sicht eine Grenzverletzung erfolgte, was von der Gegenseite akzeptiert wird.

Nicht immer kann ein Sachverhaltsdissens aufgelöst werden.

Typ 2: Werte-/Normkonflikte

Werden von den Konfliktparteien Werte und Normen vertreten, die nicht ohne Weiteres miteinander vereinbar sind, liegt ein **Werte- bzw. Normkonflikt** vor. Dabei müssen die betroffenen Werte und Normen nicht zwingend einen unmittelbaren dienstlichen Bezug aufweisen, sondern können auch dem Privatbereich zuzurechnen sein.

Beispiel

Werte- und Normkonflikte mit unterschiedlichen Zuordnungen

Beispiel 1: Ein Gruppenleiter rüffelt einen Mitarbeiter, weil dieser zum wiederholten Mal verspätet zur Arbeit erscheint und verweist auf die Pünktlichkeit der übrigen Beschäftigten; der Mitarbeiter hält dem jedoch entgegen, dass er sehr viel mehr leistet als die Kollegen.
(Gegensatz: Pünktlichkeit – Leistungsorientierung; dienstlicher Kontext)

Beispiel 2: Eine Mitarbeiterin kritisiert ihren Kollegen dafür, dass dieser gelegentlich Prostituierte aufsucht („so was gehört sich nicht"); dieser hält ihr entgegen, dass das seine Privatangelegenheit sei und sie dementsprechend nichts angehe.
(Gegensatz: umfassender moralischer Anspruch – Abgrenzung Privatleben; kein unmittelbar dienstlicher Kontext)

Werte- und Normkonflikte führen zwischen den Konfliktparteien oft zu zähen und langwierigen Auseinandersetzungen, ohne dass es zu einer Annäherung kommt. Dies ist darauf zurückzuführen, dass die von den Konfliktparteien vertretenen Werte und Normen in deren individuellem Wertesystem fest verankert sind und als – in der Regel unhinterfragte – Handlungsmaximen das gesamte private und dienstliche Leben bestimmen.

Werte- und Normkonflikte sind oft langwierig.

Gut zu wissen

An der Sprache kann man sie erkennen – manchmal ...

Bei der Prüfung, ob ein Werte- bzw. Normkonflikt vorliegt, ist es hilfreich darauf zu achten, inwieweit die Konfliktparteien ihre Erwartungshaltung an die Gegenseite mit abstrakten Formulierungen ausdrücken, was „man" zu tun bzw. zu lassen hat oder ob sich etwas „gehört" oder nicht.

So deuten die beiden Formulierungen „Es gehört sich nicht, zu spät zur Arbeit zu kommen" bzw. „Man kommt nicht zu spät zur Arbeit" auf einen Werte- bzw. Normkonflikt hin.

Klar definierte verwaltungsinterne Normen reduzieren das Konfliktpotenzial.

Werte- und Normkonflikte werden nicht nur über die „mitgebrachten Wertesysteme" der Beschäftigten in die Verwaltung importiert, sondern teilweise durch unklare oder nicht-priorisierende Festlegungen der Verwaltungsleitung zumindest mitverursacht. Die Formulierung von internen Zielsystemen, etwa im Rahmen von Leitbildern, kann durch die hierin enthaltenen Festlegungen in Bezug auf die von allen zu beachtenden Werte und Normen für die Beschäftigten entlastend wirken und Werte- und Normkonflikten vorbeugen.

Beispiel

Klare Vorgaben schaffen Entlastung

Die Beschäftigten des Bürgeramtes wurden von der Amtsleitung aufgefordert, die Bürger in ihren Anliegen zu unterstützen und ausführlich zu beraten. Gleichzeitig soll darauf geachtet werden, dass keine längeren Warteschlangen entstehen. Hier kommt es zu einer Zielkonkurrenz von Bürgerfreundlichkeit und Kürze der Fallbearbeitung. Mit Auseinandersetzungen zwischen den Beschäftigten und ihrem Vorgesetzten ist dann zu rechnen, wenn mal wieder das eine Ziel zulasten des anderen verfolgt wurde.

Eine Festlegung, dass ausführlich zu beraten ist, solange die durchschnittliche Wartezeit nicht über 10 Minuten hinausgeht, sorgt für Klarheit und erspart dem Vorgesetzten und den Beschäftigten immer wieder leidige Diskussionen, was denn nun Vorrang haben soll.

Die entlastende Wirkung von Leitbildern, allgemeinen Geschäftsanweisungen und sonstigen Vorgaben kann aber nur erreicht werden, wenn die hierin enthaltenen Ziele aufeinander abgestimmt sind. Werden Zielsysteme dezentral entwickelt, besteht die große Gefahr, dass widersprüchliche Anforderungen formuliert werden, die neue Werte- und Normkonflikte geradezu provozieren.

Typ 3: Strategiekonflikte

Besteht zwischen den Konfliktparteien zumindest eine grundsätzliche Einigung über die anzustrebenden Ziele, gerät man aber in Auseinandersetzungen über den Weg zur Erreichung dieser Ziele, liegt ein **Strategiekonflikt** vor.

Streit um die Zukunft?

Strategiekonflikte zeichnen sich dadurch aus, dass sie zukunftsgerichtet sind. Dabei vertreten die Konfliktbeteiligten in der Regel Annahmen über zukünftige Entwicklungen, deren Eintrittswahrscheinlichkeit nur unzureichend beurteilt werden kann. Teilweise greifen die Konfliktparteien in ihrer Argumentation auf frühere Vorgehensweisen zurück („das hat damals auch funktioniert" oder „das ging damals schon schief"), ansonsten werden die Konfliktparteien oft von grundsätzlichen Werte- und Normvorstellungen (z. B. Traditionalisten, Modernisierer) bestimmt. Strategiekonflikte dürften angesichts der Thematik in den meisten Fällen zwischen einzelnen Führungskräften oder ganzen Organisationseinheiten ausgetragen werden.

Wichtig

Strategische Fragen klären, riskante Entwicklungen verhindern!

Nicht gelöste Strategiekonflikte bergen massive Risiken für die Gesamtverwaltung:

- Die Beteiligten ergreifen Maßnahmen, die unter Umständen gegensätzlich wirken, was zu einer Ressourcenverschwendung führt.
- Ohne strategische Festlegungen können durch das operative Handeln nachgeordneter Ebenen unliebsame Fakten geschaffen werden.
- Unbearbeitete Strategiekonflikte wirken sich auf die Gesamtverwaltung oder zumindest Teilbereiche aus, was die Folgewirkungen potenziert.

Aufgrund dieser Risiken sind dauerhaft ungelöste Strategiekonflikte als deutliches Anzeichen für Führungsversagen zu interpretieren!

Strategiekonflikte wirken oft in andere Bereiche hinein.

Die Identifikation von Strategiekonflikten wird in vielen Fällen dadurch erschwert, dass sich die Folgen des Konfliktes an ganz anderer Stelle zeigen, etwa durch Folgekonflikte in nachgeordneten Organisationseinheiten. Dementsprechend sollte die Möglichkeit eines in der höheren Verwaltungshierarchie ungelösten Strategiekonflikts immer dann in Erwägung gezogen werden, wenn in anderen Bereichen immer wieder Verteilungs- oder Strukturkonflikte auftreten, die aus den Rahmenbedingungen heraus nicht überzeugend erklärt werden können.

Typ 4: Verteilungskonflikte

Knappe Ressourcen – in der Öffentlichen Verwaltung kein unbekanntes Thema.

Verteilungskonflikte sind in der Regel darauf zurückzuführen, dass die Konfliktparteien um knappe Ressourcen konkurrieren. Aufgrund der fortwährenden Knappheit der Öffentlichen Kassen sind behördeninterne Auseinandersetzungen um die Bereitstellung von Finanzmitteln und Personal vielerorts an der Tagesordnung (vgl. Regnet, 2007). Im Gegensatz zu Werte- und Normkonflikten, die oft in 1:1-Auseinandersetzungen ausgetragen werden, sind an Verteilungskonflikten oft Personenmehrheiten beteiligt: entweder als n:n-Konflikt zwischen Organisationseinheiten oder als 1:n-Konflikt zwischen einem ressourcenbewilligenden Funktionsträger (z. B. Behördenleiter) und einer Organisationseinheit.

Verteilungskonflikte treten aber nicht nur im Zusammenhang mit der Bereitstellung finanzieller und personeller Ressourcen auf, sondern auch bei der Zuordnung von Kompetenzen und Verantwortlichkeiten, wobei sich bei Letzterem eine Besonderheit ergeben kann: Wird üblicherweise von den Konfliktparteien bei Verteilungskonflikten ein „größeres Stück vom Kuchen" angestrebt, geht es bei Fehlentwicklungen und misslungenen Projekten im Rahmen der Verteilungskonflikte darum, für einen möglichst kleinen Bereich verantwortlich gemacht zu werden.

Verteilungskonflikte implizieren übrigens häufig eine Nullsummenspiel-Situation, bei der der Gewinn der einen Seite zu einem entsprechenden Verlust bei der anderen Seite führt und „win-win-Lösungen" grundsätzlich ausgeschlossen sind (Berkel, 2005).

Hinweis

Vom Verteilungskonflikt zum Werte- und Normkonflikt

Führungskräfte versuchen teilweise Verteilungskonflikte durch die Anwendung sachlicher Verteilungskriterien zu beenden (Ziel A geht Ziel B vor, also bekommt die für die Erreichung des Ziels A zuständige Organisationseinheit die geforderten Ressourcen). In solchen Fällen kann es passieren, dass der ursprüngliche Verteilungskonflikt zwischen den Organisationseinheiten in einen Werte- und Normkonflikt zwischen der Führungskraft und der „unterlegenen" Organisationseinheit umschlägt.

Typ 5: Strukturkonflikte

Strukturkonflikte sind typische Organisationskonflikte. Sie sind darauf zurückzuführen, dass aufgrund aufbau- und ablauforganisatorischer Basisentscheidungen einzelne Organisationeinheiten im Rahmen ihrer Aufgabenerfüllung aneinandergeraten. Geradezu prototypisch hierfür sind verwaltungsinterne Auseinandersetzungen der fachbezogen tätigen Organisationseinheiten mit den sogenannten Querschnittseinheiten.

Konflikt kann auf engagierte Organisationseinheiten hindeuten.

Wichtig

Verwechslungsgefahr beachten!

Soweit Querschnittseinheiten an der Ressourcenbereitstellung beteiligt sind, werden Strukturkonflikte gelegentlich mit Verteilungskonflikten verwechselt. Eine solche Verwechslung kann im Rahmen der Konfliktbearbeitung zu Schwierigkeiten führen. Zur Unterscheidung ist stets zu fragen, ob Ressourcenknappheit die Ursache für die Auseinandersetzung ist oder die auf organisatorischen Entscheidungen beruhende Entscheidungskompetenz; anders ausgedrückt: würde der Konflikt verschwinden, wenn „wie durch Zauberhand" eine Ressourcenmehrung erfolgte, ist dies ein Indiz zur Annahme eines Verteilungskonflikts.

Typisches Beispiel:

Der Kämmerei liegt eine Mittelanforderung einer Organisationseinheit vor. Kommt es zu einem Konflikt, weil keine ausreichenden Deckungsmittel vorhanden sind, liegt ein Verteilungskonflikt vor; können zusätzliche Deckungsmittel erlangt werden, steht der Mittelbewilligung nichts mehr im Wege. Kommt es hingegen zum Konflikt, weil die Kämmerei die Mittelverwendung für unsinnig hält, ist von einem Strukturkonflikt auszugehen, da auch eine zusätzliche Gewinnung von Deckungsmitteln zu keiner anderen Beurteilung der Sinnhaftigkeit der beabsichtigten Maßnahme führt.

Aufgrund des durch Organisationsentscheidungen begründeten natürlichen Spannungsfelds zwischen einzelnen Organisationseinheiten ist im Konfliktfall jeweils zu diskutieren, ob eine Konfliktlösung im Rahmen der bestehenden Strukturen überhaupt möglich ist oder ob strukturelle Veränderungen, die von den Konfliktbeteiligten regelmäßig nicht selbst herbeigeführt werden können, erforderlich sind.

Obwohl Strukturkonflikte von den Beteiligten in ihrer Eigenschaft als Funktionsträger bzw. Mitglieder einer Organisationseinheit ausgetragen werden, ist das persönliche Engagement oft sehr hoch. Dies führt unter Umständen zu einer erheblichen emotionalen Aufladung des Konfliktes, die dessen Bearbeitung sehr erschweren kann.

Tipp

Wenn gute Arbeit zum Konflikt führt ...

Ein bedeutsamer Ansatz zur Konfliktintervention bei Strukturkonflikten besteht darin, den Beteiligten deutlich zu machen, dass ihre Auseinandersetzung mit den handelnden Personen eher wenig zu tun hat, sondern vielmehr den jeweils wahrzunehmenden Aufgaben zuzuschreiben ist. Kann auf diesem Weg zumindest ansatzweise Verständnis dafür geweckt werden, dass der Konflikt vor allem darauf beruht, dass die daran Beteiligten ihre Arbeit tun, ist eine erste Basis für gegenseitiges Verständnis und eine einvernehmliche Konfliktlösung gelegt.

Typ 6: Beziehungskonflikte

Nicht nur im Privatleben, auch in der Verwaltung: Beziehungskonflikte.

Befassen wir uns abschließend noch mit den sogenannten **Beziehungskonflikten**, die insoweit eine Sonderrolle einnehmen, als ihnen der unmittelbare Sach- und Aufgabenbezug fehlt. Der Kern des Konfliktes liegt also auf der persönlichen Ebene.

Die Identifikation von Beziehungskonflikten und ihre Abgrenzung gegenüber anderen Konflikten erweist sich in der Praxis als sehr schwierig. Zum einen wird auch bei anderen Konfliktursachen mit fortschreitender Konflikteskalation die Beziehungsebene mehr oder weniger intensiv tangiert, etwa wenn eine Person bei einem Informationskonflikt aus Angst ihr Gesicht zu verlieren eine fehlerhafte Einschätzung nicht zugeben will. Zum zweiten können in Beziehungskonflikten Aspekte zum Tragen kommen, die nicht offen kommuniziert werden können oder sollen; dies führt tendenziell dazu, den Konflikt auf andere Felder zu verschieben.

Teilweise werden über Beziehungskonflikte auch Angelegenheiten in den Dienstbetrieb hineingetragen, die dem Privatbereich zuzurechnen sind. Gerade in diesen Fällen ist es für Führungskräfte oft sehr schwierig, zu einer dauerhaften Konfliktlösung zu kommen, da die Konfliktursache außerhalb des eigenen Einfluss- und Zuständigkeitsbereichs liegt.

Gut zu wissen

Der vorgeschobene Beziehungskonflikt

Vermeintliche Beziehungskonflikte werden gerne instrumentalisiert, um ursprünglich sachbezogene Konflikte im eigenen Sinne zu gestalten. Ein deutliches Indiz hierfür findet sich in sprachlichen Äußerungen, die eine psychologisierende Grundaussage in dem Sinne „Das machst Du ja nur, weil..." enthalten und dazu dienen, der anderen Konfliktpartei sachfremde Absichten zu unterstellen und sie damit in ihrer Argumentation zu diskreditieren.

Mit diesen Ausführungen wollen wir unsere Erläuterungen zur Konfliktkategorisierung nach dem Konfliktgegenstand abschließen; sollten Sie an einer vertieften Auseinandersetzung mit zahlreichen anderen Konfliktursachen interessiert sein, finden sich hierzu etwa bei Tries und Reinhardt (2008) vielfältige Ansatzpunkte.

Tipp

Hinterfragen Sie die vorgestellten Konfliktursachen!

Die Aufklärung des inhaltlichen Konfliktgegenstandes ist einer der zentralen Eckpunkte jeder Konfliktanalyse. Dementsprechend sollten Sie sich zunächst mit den vorgestellten Konfliktursachen bestens vertraut machen und im späteren praktischen Einsatz immer die Möglichkeit im Blick haben, dass vielleicht doch etwas anderes „dahintersteckt" als zunächst vermutet.

1.3 Wie gehen die Konfliktparteien miteinander um? – Formen der Konfliktaustragung

Nachdem wir uns im vorangegangen Abschnitt ausführlich mit der Entstehung von Konflikten befasst haben, wollen wir uns nun näher anschauen, *wie* ein Konflikt ausgetragen wird, also wie die Konfliktparteien miteinander umgehen. Die Beantwortung dieser Frage ist insbesondere für die Entscheidung, ob und mit welchen Maßnahmen durch Führungskräfte oder im Rahmen eines Betrieblichen Konfliktmanagementsystems interveniert werden soll, von erheblicher Bedeutung.

In einer ersten, recht groben Einteilung kann zunächst zwischen der „heißen" und „kalten" Form der Konfliktaustragung unterschieden werden (vgl. Glasl, 2014):

Heißer Konflikt – Emotionen treten offen zutage

Wenn's mal wieder hoch hergeht ...

Die „heiße" Form der Konfliktaustragung ist dadurch geprägt, dass die Emotionen der Konfliktbeteiligten offen zutage treten; hierbei werden die eigenen Positionen von den Konfliktparteien mit Engagement und in offener Auseinandersetzung vorgetragen, teilweise kommt es zu emotionalen „Explosionen". Eventuelle Zweifel – wir erinnern uns an die subjektive Komponente unserer Konfliktdefinition – der Beteiligten, ob sie in einen Konflikt verwickelt sind, werden hierdurch in der Regel rasch und nachhaltig ausgeräumt. Darüber hinaus wird der Konflikt durch die offene Austragung meist auch für andere erkennbar, sodass die Angelegenheit einer Bearbeitung durch Führungskräfte oder im Rahmen eines Betrieblichen Konfliktmanagementsystems zugänglich ist. Allerdings kann es durch die offene Konfliktaustragung zu Beeinträchtigungen anderer Beschäftigter oder sogar Externer kommen.

Beispiel

Hitzige Debatten

Eine heftige und lautstarke Diskussion in einer mit Bürgerinnen und Bürgern proppenvoll besetzten Schalterhalle mag zwar einen gewissen Unterhaltungswert haben, sie trägt aber nicht unbedingt zum positiven Image der Gesamtverwaltung bei.

Kalter Konflikt – Emotionen bleiben verborgen

... und warum der andere Weg auch nicht immer besser ist.

Bei der „kalten" Form der Konfliktaustragung wird eine direkte Konfrontation weitestgehend vermieden. Stattdessen versuchen die Konfliktparteien vielfach mit eher unterschwelligen Aktionen ein Vorankommen der Gegenseite zu verhindern. Lässt sich ein unmittelbares Aufeinandertreffen, beispielsweise in gemeinsamen Besprechungen, nicht vermeiden, wird das Kommunikationsverhalten gegenüber der Gegenseite oft durch Sarkasmus bzw. Zynismus bestimmt. Im Übrigen kommt es im täglichen Verwaltungsmiteinander gehäuft zum Rückgriff auf formale Strukturen, etwa indem interne Prüfinstanzen eingeschaltet oder gegen die andere Konfliktpartei gerichtete Aktenvermerke angefertigt werden. Die Konfliktparteien nehmen meist eine resignierte, desillusionierte Grundhaltung ein, machen „Dienst nach Vorschrift" oder flüchten sich in die „innere Kündigung" (vgl. Regnet, 2007, S. 48).

Die Auswirkungen der „kalten" Form der Konfliktaustragung sind spiegelbildlich zur „heißen" Form: Der Konflikt kann unentdeckt bleiben und seine negativen Folgen ungehindert entwickeln. Dass eine unter Umständen von der Öffentlichkeit beobachtbare Konfliktaustragung unterbleibt, ist zwar positiv zu vermerken, dürfte aber kaum ausreichen, in der Gesamtbilanz die anderen Aspekte auszugleichen.

Beispiel

Kaltes Abwarten

Ein Mitarbeiter verstellt seiner Kollegin die Büro-Uhr, sodass diese zu spät zu einer Arbeitskreissitzung aufbricht. Für ihre Verspätung wird sie von ihrem ebenfalls anwesenden Vorgesetzten vor der ansonsten bereits vollständig versammelten Gruppe heftig gerüffelt.

Die Entwicklungsdynamik von Konflikten

Stufenmodell der Konflikteskalation nach Glasl.

Einen weiteren, in der Literatur häufig zitierten Ansatz zur Beschreibung unterschiedlicher Formen der Konfliktaustragung hat ebenfalls Glasl (2013) mit seinem „Stufenmodell der Konflikteskalation" vorgestellt, in dem die Konflikten eigene und oftmals gefürchtete „Entwicklungsdynamik" verdeutlicht wird (Regnet, 2007, S. 56). Nach diesem Modell eskaliert ein Konflikt nicht in einer gleichmäßigen Entwicklung, sondern durch das sprunghafte Wechseln auf eine andere der insgesamt neun Konfliktstufen. Dabei kommt es, wie in Abbildung 1.2 dargestellt, bei jeder Eskalation zu einer zunehmenden Emotionalisierung bei gleichzeitiger Entsachlichung der Konfliktaustragung.

Stufen der Konflikteskalation (Abb. 1.2)

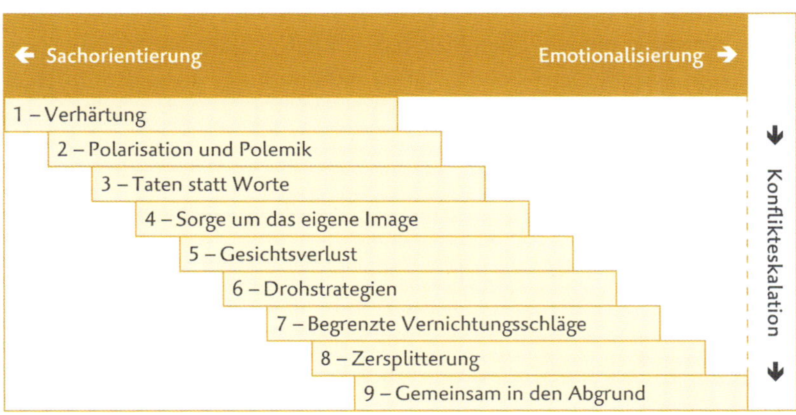

Psychologische Mechanismen sorgen für Dynamik.

Die Eskalation führt Glasl (2013, S. 69 f.) darauf zurück, dass durch den mit einem Konflikt verbundenen Stress **„dynamisierende psychosoziale Mechanismen"** ausgelöst werden. Schauen wir uns beispielhaft zwei dieser Mechanismen an, die in fast jedem Konflikt anzutreffen und auch ohne psychologisches Fachwissen leicht nachzuvollziehen sind:

- **Vereinfachung:** Im Konfliktverlauf werden immer neue Argumente bzw. neue Themen eingebracht, sodass die inhaltliche Komplexität des Konfliktes ständig zunimmt. Um diese Komplexität bewältigen zu können, ist eine Vereinfachung erforderlich, die dazu führt, dass zahlreiche bedeutsame Aspekte ausgeblendet werden. Erstes Opfer solcher Vereinfachungen: die Argumente der Gegenseite.
- **Pessimistische Erwartungshaltung:** Sobald sich zwischen den Konfliktparteien Misstrauen breitmacht, werden alle Verhaltensweisen der anderen Konfliktpartei erst einmal negativ interpretiert. Die Furcht, von Aktionen der Gegenpartei überrumpelt zu werden, führt dazu, eigene Aktionen vorzuzuziehen und der Gegenseite zuvorzukommen; dies führt zu einer Beschleunigung der Eskalation.

Schauen wir uns nun – in Anlehnung an Spisak (2003), Regnet (2007) und Glasl (2013) – die einzelnen Stufen einmal etwas näher an.

Stufe 1 – Verhärtung

Erste Beeinträchtigungen des Miteinanders sind feststellbar.

Wurde die ursprüngliche Auseinandersetzung in einer durchaus offenen und kooperativen Art geführt, kommt es zunächst zu einer Verfestigung der von den Beteiligten vertretenen Positionen. Die eigene Argumentation dient zunehmend dazu, die Gegenseite von der eigenen Auffassung zu überzeugen; die Bereitschaft zur Akzeptanz von Gegenargumenten lässt nach, Äußerungen der Gegenseite werden eher selektiv wahrgenommen. Obwohl das eigentliche Grundverhältnis zwischen den Beteiligten durchaus intakt ist, kommt es zu gelegentlichen Reibereien, Spannungen oder Ärgernissen, die aber relativ leicht, z. B. durch eine einfache Entschuldigung, wieder ausgeräumt werden können. Die Grundhaltung der Beteiligten ist als durchaus noch kooperativ einzustufen. Für eine Zusammenarbeit wird noch eine Grundlage gesehen.

Beispiel

Verhärtung

Personalamt und Personalrat streiten seit einiger Zeit über die Gestaltung der Leistungsorientierten Bezahlung (LOB). Der Personalrat spricht sich für eine pauschalierende Vorgehensweise aus, wohingegen die Verwaltungsleitung den Leistungsaspekt betont. Die Verwaltungsleitung hat in der letzten gemeinsamen Sitzung dem Personalrat vorgeworfen, „gleichmacherisch und leistungsfeindlich" eingestellt zu sein; der Personalrat argumentiert, dass bei der vor der Verwaltungsleitung favorisierten Vorgehensweise absehbar der „Nasenfaktor", also die Bevorzugung von Einzelnen, im Vordergrund stehe.

Zum Ende der Sitzung äußert der etwas korpulente Personalratsvorsitzende, dass er nun etwas essen gehen wolle, aber auf seine Figur achten müsse. Darauf entgegnet der Behördenleiter: „Wenn es schon immer die leistungsorientierte Bezahlung gegeben hätte, würdest Du heute ganz anders aussehen – so wie Du arbeitest." Der Personalratsvorsitzende reagiert hierauf sehr verärgert, was der Behördenleiter zum Anlass nimmt, sich sofort für seine Bemerkung zu entschuldigen.

Stufe 2 – Polarisation und Polemik

Zunehmende Fixierung auf den eigenen Standpunkt.

In dieser Stufe kommt es zur fortschreitenden Polarisation und Fixierung der vertretenen Standpunkte, die zunehmend als unvereinbar wahrgenommen werden. Die Art der verbalen Auseinandersetzung verschärft sich: Argumente der Gegenseite werden nicht mehr abgewogen, sondern unmittelbar mit Gegenargumenten beantwortet, die dazu dienen, die eigene Position als unerschütterlich darzustellen. Die eigene Argumentation wird vermehrt durch taktische Erwägungen bestimmt; die Verunsicherung der Gegenseite erlangt Bedeutung. Eigene Gefühle werden geleugnet. Teilweise wird versucht, am Konflikt Unbeteiligte einzubeziehen, um von ihnen in der Funktion eines „Gutachters/Schiedsrichters" oder eines „neutralen Zeugen" Unterstützung zu erlangen.

Bei Konflikten mit Gruppenbeteiligung nimmt das Zusammengehörigkeitsgefühl innerhalb der Gruppe zu, die Abgrenzung von „ihr" und „wir" gewinnt an Bedeutung.

Beispiel

Polarisation und Polemik

Gerda Nussbaum und Eva Heymann teilen sich ein Büro, sind aber über die richtige Raumtemperatur im Winter ständig uneins (übrigens ein Konflikt-Klassiker!). Die beiden haben sich in der Vergangenheit immer wieder ausführliche Zeitungs- und Zeitschriftenartikel über optimale Temperaturbedingungen und das richtige Lüften vorgelesen, ohne dass es zu einer Einigung kam. Jede auftretende Erkältung, jeder Kopfschmerz und jedes Unwohlsein wird der gesundheitsfeindlichen Einstellung der Gegenseite zugeschrieben. Zudem sind die beiden dazu übergegangen, Kolleginnen und Kollegen sowie externe Besucher zu befragen, wie sie die aktuelle Raumtemperatur einschätzen, um das Ergebnis danach der Gegenseite als „neutrale Bestätigung" vorzuhalten.

Stufe 3 – Taten statt Worte

Reden ist Silber, Handeln ist Gold ...

Ist bei den Konfliktparteien der Eindruck entstanden, dass verbale Auseinandersetzungen letztlich nicht weiterhelfen, versuchen sie nunmehr, vollendete Tatsachen zu schaffen. Dies können provozierende Aktionen sein, die allerdings mit der Erreichung des ursprünglichen Ziels oft nur bedingt zu tun haben; es können in Bezug auf den Konfliktgegenstand aber auch Fakten geschaffen werden, die verdeutlichen, dass auf eine Einigung mit der Gegenseite kein gesteigerter Wert mehr gelegt wird. Dem Nonverbalen kommt eine große Bedeutung zu, bietet aber reichlich Anlass für Missverständnisse. Die Fähigkeit, sich in die Gegenpartei hineinzuversetzen, hat arg nachgelassen; Misstrauen entsteht, es kommt zu Projektionen und Unterstellungen.

Bei Konflikten mit Gruppenbeteiligung kommt es zu einer weiteren Zunahme des Zusammengehörigkeitsgefühls mit wachsendem Konformitätsdruck. Eine klare Positionierung gegenüber der anderen Gruppe und ein eindeutiges Bekenntnis zur eigenen Gruppe werden erwartet.

Beispiel

Taten statt Worte

Im Ratssaal einer kleinen Gemeinde wird jährlich ein Weihnachtsbaum aufgestellt. Der fußballbegeisterte Hausmeister hat dabei sieben Weihnachtskugeln mit dem Emblem seiner Lieblingsmannschaft in den Baumschmuck integriert. Dies gefällt einem betont traditionalistisch eingestellten Mitarbeiter ganz und gar nicht; zwischen ihm und dem Hausmeister hat es schon einige verbale Auseinandersetzungen, unter anderem auch in der Kantine, um die Weihnachtskugeln gegeben.

Als der Hausmeister am Montagmorgen den Ratssaal betritt, um die Vorbereitungen für die abendliche Ratssitzung zu treffen, stellt er fest, dass seine „Fußball-Kugeln" verschwunden sind. Später findet er die Weihnachtskugeln vor seinem Hausmeisterbüro in einer Kiste fein-säuberlich verpackt mit einer Notiz seines Kontrahenten, dass dieser „für die lange überfällige Ordnung gesorgt" habe.

Stufe 4 – Sorge um das eigene Image, Koalitionsbildung

Wechsel zur Gewinner-Verlierer-Situation.

Erschien bisher die Möglichkeit einer für beide Seiten günstigen Lösung noch grundsätzlich vorstellbar (win-win-Situation), wird die Perspektive nunmehr vor der Annahme einer Gewinner-Verlierer-Situation bestimmt (win-lose-Situation). Damit gewinnt der Ausgang der Auseinandersetzung zunehmend an Bedeutung für die eigene Position im sozialen Gefüge: es geht nicht mehr um eine Sachentscheidung, sondern um die Alternativen persönlicher Sieg oder persönliche Niederlage. Eigen- und Fremdbild werden stereotypisiert, feste Rollen werden eingenommen und gegenseitig bekämpft. Zur Verbesserung der eigenen Position wird versucht, mit anderen Personen Koalitionen zu bilden. Es kommt zu ersten Verletzungen sozialer Normen, die allerdings durch anschließende Formal-Entschuldigungen oder Vergleichbares kaschiert werden.

Bei Konflikten mit Gruppenbeteiligung erlangt die Gruppenzugehörigkeit eine solche Intensität, dass die Gruppenmitglieder in ihrer Individualität kaum noch wahrnehmbar sind. Zwar wird ein Sieg über die andere Gruppe angestrebt, ein Gesichtsverlust soll der Gegenseite dabei aber (noch) erspart bleiben.

Beispiel

Sorge um das eigene Image, Koalitionsbildung

Dieter Klausen fehlt seit etwa drei Jahren immer wieder krankheitsbedingt für jeweils zwei oder drei Tage. Er argumentiert, dass der Laserdrucker in seinem Büro für Feinstaub-Emissionen sorge, auf die er allergisch reagiert. Sein Vorgesetzter Stefan Pohlmann hält Dieter Klausen für einen Simulanten und führt eventuelle Atemprobleme darauf zurück, dass Dieter Klausen Gelegenheitsraucher ist. Dieter Klausen fürchtet um seinen Ruf als tüchtiger Mitarbeiter und will sich die Vorwürfe seines Vorgesetzen nicht gefallen lassen. Als Dieter Klausen in einer Abteilungsbesprechung einen heftigen Hustenanfall bekommt und dabei in sein Taschentuch hustet, meint Stefan Pohlmann mit Blick auf die übrigen Anwesenden: „Jetzt hustet er wieder, morgen bleibt er zu Hause und ihr könnt wieder die Arbeit für ihn mitmachen." Daraufhin faltet Dieter Klausen sein Taschentuch auseinander und zeigt seinem angewiderten Vorgesetzten den gelblichen Auswurf, den er soeben ins Taschentuch gehustet hat. Als dieser sich mit würgenden Geräuschen abwendet, sagt Dieter Klausen an seinen Vorgesetzten gerichtet: „Ich bitte um Entschuldigung; aber so schlimm kann es nicht sein – ich simuliere ja nur!"

Stufe 5 – Gesichtsverlust

Möglicher Gesichtsverlust wird wichtiger als das ursprüngliche Konfliktthema.

Bezogen sich die persönlichen Attacken in den vorangegangenen Stufen immer nur auf einzelne Aspekte oder Verhaltensweisen, wird nunmehr die persönliche Integrität der anderen Konfliktpartei in Gänze attackiert. Im Vordergrund steht dabei, die Gegenpartei zu schädigen. Die Angriffe erfolgen unverstellt und öffentlich. Bei Außenstehenden geht es darum, die Gegenpartei zu „entlarven" und sich selbst im besten Licht darzustellen – unter Umständen auch als Opfer. Es findet eine „Engel-Teufel-Polarisation" (Spisak, 2003, S. 332) statt.

Die Vertrauensbasis zwischen den Konfliktparteien ist nachhaltig beeinträchtigt. Insbesondere bei Werte- und Normkonflikten besteht die Tendenz, den Konflikt dadurch zu idealisieren, dass betont wird, dass es um „höhere Werte" geht, die es unbedingt zu verteidigen gelte.

Beispiel

Gesichtsverlust

Jochen Steinfurt hat vor einem halben Jahr durch Zufall erfahren, dass sein Kollege Ernst Grabowski regelmäßig am Wochenende als „Damenwäsche-Träger" in einer weit entfernten Großstadt am Nachtleben teilnimmt. Auf Nachfrage hat ihm ein Bekannter entsprechende Fotos „aus der Szene" besorgt.

Nachdem Ernst Grabowski vor zwei Wochen seiner Vorgesetzten mitgeteilt hatte, dass Jochen Steinfurt mit der Bearbeitung einiger wichtiger Vorgänge in Verzug geraten ist, kommt es zwischen den Kollegen zu einem heftigen Streit. In einer Teambesprechung der ganzen Abteilung flackert der Konflikt erneut auf. Als Jochen Steinfurt in die Defensive gerät, empört er sich vor den noch ahnungslosen Kolleginnen und Kollegen über Ernst Grabowskis Nachtleben und zeigt seine „Beweis-Fotos" herum.

Die Teambesprechung wird sofort abgebrochen.

Stufe 6 – Drohstrategien

Gewaltsame Vorgehensweise wird als Option eingeführt.

In der zunehmend hitzigen und intensiv ausgetragenen Auseinandersetzung, bei der die inhaltliche Konfliktursache längst aus den Augen verloren wurde, wird nunmehr auch ein gewaltsames Vorgehen als zulässige Handlungsoption erwogen; es kommt zur Androhung von Gewalt. Die hier angedrohte und in den folgenden Phasen verstärkt zum Einsatz kommende Gewalt ist nicht auf körperliche Übergriffe beschränkt zu verstehen. Vielmehr kommen sowohl die Anwendung psychischer Gewalt als auch Eingriffe in die wirtschaftliche Existenz der Gegenpartei in Betracht.

Ein großes Problem der Drohstrategien besteht darin, dass sie glaubhaft sein müssen; dies engt theoretisch vielleicht noch denkbare Handlungsspielräume empfindlich ein, da der weitere Verlauf durch das drohende „wenn (nicht) ... – dann ..." vorgegeben wird; teilweise kommt es bereits zu einer noch abgestuften Gewaltanwendung, um der Drohung mehr Gewicht zu verleihen.

Drohungen können als letztes Signal verstanden werden, dass eine kommunikative Lösung noch möglich erscheint, allerdings zu vordiktierten Bedingungen.

Beispiel

Drohstrategien

Claudia Schumacher ist als Architektin im Hochbauamt für die Betreuung zahlreicher Verwaltungsgebäude zuständig. In der Vergangenheit hat es immer wieder teure Nachforderungen bei der Abrechnung von Handwerkerleistungen gegeben, die von Claudia Schumacher nach allgemeiner Einschätzung „stets mit leichter Hand" akzeptiert wurden. Mit ihrem Vorgesetzten Frank Koslowski hatte es deswegen wiederholt heftige Auseinandersetzungen gegeben. Frank Koslowski hatte zuletzt damit gedroht, dafür zu sorgen, dass Claudia Schumacher entlassen wird. Diese wiederum hatte Frank Koslowski angedroht, in diesem Fall dessen Ehefrau über Koslowskis Verhältnis mit seiner Sekretärin zu berichten.

Stufe 7 – Begrenzte Vernichtungsschläge

Bekämpfung der Sanktionsmöglichkeiten der Gegenseite.

Die gegenseitigen Bedrohungen in Stufe 6 führen dazu, dass sich die Konfliktparteien in ihrem Sicherheitsgefühl erheblich beeinträchtigt fühlen. Hiervon ausgehend richten sich die ersten Vernichtungsschläge nicht gegen die „Substanz" der Gegenpartei, sondern gegen deren

Sanktionsmöglichkeiten. Hierdurch soll die Gegenpartei „entwaffnet“ und das eigene Sicherheitsgefühl gestärkt werden.

Eine gemeinsame Zukunft im gleichen Arbeitsbereich erscheint ausgeschlossen.

Beispiel

Begrenzte Vernichtungsschläge

Der Personalsachbearbeiter Paul Fleischhauer hat seine Leidenschaft für das Internet entdeckt und verbringt einen Großteil seiner Zeit auf Seiten, bei denen zwar nicht an Models, dafür aber an deren Bekleidung erkennbar gespart wurde.

Paul Fleischhauer ist seit Wochen in einen massiven Konflikt mit dem IT-Mitarbeiter Herbert Bassenheim verwickelt, da er diesem rechtsfehlerhaft über Jahre eine tarifliche Zulage verweigert hatte; der Anspruch ist inzwischen verjährt. Herbert Bassenheim droht, bei der überörtlichen Datenzentrale die Logdateien einzusehen, um die ihm gerüchteweise bekannte Internetleidenschaft von Paul Fleischhauer belegen zu können. Daraufhin ruft Paul Fleischhauer den Leiter des IT-Bereiches an, mit dem er gut befreundet ist, und erreicht, dass Herbert Bassenheim alle kritischen Zugriffsrechte sofort entzogen werden.

Stufe 8 – Zersplitterung

Attacke, aber nicht alle Brücken abbrechen.

In dieser Stufe geht es nunmehr darum, die Gegenpartei substanziell zu treffen, allerdings ohne hierbei die eigene Existenz gefährden zu wollen. Dienten die begrenzten Vernichtungsschläge noch dazu, durch Verringerung der Sanktionsmöglichkeiten der Gegenpartei die eigene Position zu verbessern oder zumindest zu halten, werden nunmehr auch eigene Verluste akzeptiert, solange die Verluste der Gegenpartei größer sind.

Bei Konflikten mit Gruppenbeteiligung kann es zu gruppeninternen Spannungen kommen, die insbesondere dann anzunehmen sind, wenn die Auswirkungen der Schläge der Gegenseite ungleichmäßig auf die Gruppenmitglieder einwirken.

Beispiel

Zersplitterung

Eine Mitarbeiterin, die in einem heftigen Konflikt mit einer Kollegin steht, berichtet in einem anonymen Schreiben an die Verwaltungsleitung, dass ihre Kontrahentin seit Jahren Schmiergelder annimmt. Diese wird nach Bekanntwerden des Schreibens fristlos entlassen.

Stufe 9 – Gemeinsam in den Abgrund

Wenn es kein Halten mehr gibt ...

In der höchsten Eskalationsstufe geht es den Konfliktparteien schließlich um die völlige Vernichtung der Gegenseite, auch unter Inkaufnahme des eigenen Untergangs. In der Wahrnehmung der Konfliktbeteiligten gibt es keinen Ausweg aus dem Konflikt mehr, man hat „nichts mehr zu verlieren".

Beispiel

Gemeinsam in den Abgrund

Sebastian Engels hat vor Jahren zusammen mit seinem Kollegen Erwin Bräuer gemeinsam verwaltete Fördergelder in erheblichem Umfang unterschlagen. Erwin Bräuer ist inzwischen Vorgesetzter von Sebastian Engels geworden. Nach der Weihnachtsfeier meldet sich die Auszubildende Doris Feldmann bei Erwin Bräuer mit dem Vorwurf, Sebastian Engels habe sie massiv sexuell belästigt; Zeugen gibt es für den Vorfall nicht. Erwin Bräuer glaubt Doris Feldmann und konfrontiert Sebastian Engels mit dem Vorwurf und eröffnet diesem, für dessen Rausschmiss sorgen zu wollen. Sebastian Engels bedrängt Erwin Bräuer, den Vorwürfen keinen Glauben zu schenken und erinnert an die „gemeinsamen Zeiten". Dessen ungeachtet berichtet Erwin Bräuer den Vorfall an die Verwaltungsleitung, die daraufhin die fristlose Entlassung vorbereitet. Für Sebastian Engels bricht die Welt zusammen. Er wendet sich seinerseits an den Behördenleiter und berichtet – auch angesichts der ihm drohenden strafrechtlichen Sanktionen – von der seinerzeitigen Unterschlagung, was schließlich auch zur Entlassung Erwin Bräuers führt.

Körperliche Gewalt in der Verwaltung tabuisiert

Konflikt mit Gewaltanwendung eher seltene Ausnahmen.

In der Öffentlichen Verwaltung ist mit der Anwendung offenkundiger körperlicher Gewalt in den Stufen 7 – 9 nur in absoluten Ausnahmefällen zu rechnen, da eine solche Verhaltensweise in der Regel zur sofortigen Beendigung des Dienst- bzw. Beschäftigungsverhältnisses führt.

Diese weitreichende Konsequenz wirkt sich auch auf das Verhalten in Stufe 6 aus, da Drohungen nur dann wirksam sind, wenn von der Gegenseite ein Mindestmaß an Umsetzungswahrscheinlichkeit gesehen wird; dementsprechend dürfte auch die Androhung körperlicher Gewalt in vielen Bereichen eine Ausnahmeerscheinung sein.

Zahlreiche Varianten nicht-körperlicher Gewalt.

Aufgrund dieser Tabuisierung körperlicher Gewalt kommt bei hoch eskalierenden Konflikten der Anwendung psychischer Gewalt sowie der Bedrohung der wirtschaftlichen oder sozialen Existenz des Gegenübers eine wesentlich größere Bedeutung zu. Beispielhaft ist mit folgenden Attacken zu rechnen:

- Ausgrenzung,
- Mobbing,
- schlechte Beurteilung zur Gefährdung der weiteren beruflichen Perspektiven,
- Nichtverlängerung eines Zeitvertrags,
- Versetzung,
- Sabotage der Aufgabenerledigung,
- Kündigung aus vorgeschobenen Gründen.

Die konkrete Ausgestaltung im Einzelfall wird von einer Vielzahl von Einflussfaktoren bestimmt, beispielsweise

- von der Anzahl der Konfliktbeteiligten,
- vom Bestehen eines Machtungleichgewichts,
- von der Konfliktursache,
- von situativen Aspekten sowie
- vom Einfallsreichtum der Beteiligten.

Perspektiven für eine Konfliktbeendigung

Zusammenfassung der Eskalationsstufen.

Die insgesamt neun Eskalationsstufen können, wie in Abbildung 1.3 dargestellt, zu drei Phasen zusammengefasst werden, die die Ergebnisperspektiven der Konfliktparteien in den Vordergrund stellen (vgl. Spisak, 2003, S. 334; Sturm, Opterbeck & Gurt, 2011, S. 83):

Übersicht – Zusammenfassung der Eskalationsstufen (Abb. 1.3)

Phase	Stufe	Erläuterung
win-win-Phase	Stufen 1 – 3	Hier erscheint eine Konfliktbeendigung möglich, die ungeachtet zwischenzeitlicher Verwerfungen und Ärgernisse für alle Beteiligten einen wie immer gearteten Nutzen bringt.
win-lose-Phase	Stufen 4 – 6	Eine Konfliktbeendigung läuft darauf hinaus, dass sich eine Partei zum Nachteil der anderen durchsetzen kann, also eine Gewinner-Verlierer-Struktur entsteht. In der Öffentlichen Verwaltung stellt sich eine Niederlage gerade für aufstrebende Personen sowie Führungskräfte oft als doppelt misslich dar: einerseits konnte das inhaltlich angestrebte Ziel nicht erreicht werden; andererseits besteht die Gefahr, dass dies mit einem Mangel an Durchsetzungs- und Überzeugungskraft bzw. Führungsstärke in Verbindung gebracht wird, was sich auf zukünftige Konfliktsituationen bereits vorab als Belastung auswirken kann.
lose-lose-Phase	Stufen 7 – 9	In dieser Phase geht es weniger um eine inhaltlich fundierte Konfliktbeendigung, sondern vorwiegend um die Schädigung der Gegenseite. Der Konflikt hat sich von der sachlichen Ebene mehr oder weniger vollständig auf die persönliche Ebene verlagert.

Das Stufenmodell der Konflikteskalation in der praktischen Anwendung

Der praktische Nutzen des Stufenmodells von Glasl kann vor allem unter dreierlei Gesichtspunkten verdeutlicht werden:

- Das Modell ist leicht verständlich und kann aus eigenen Erfahrungen und Beobachtungen heraus nachvollzogen werden.
- Zudem knüpft das Modell nicht an inhaltliche Voraussetzungen an, sodass es grundsätzlich auf alle Konfliktsituationen und -konstellationen anwendbar ist.
- Schließlich kann die erreichte Eskalationsstufe als Entscheidungskriterium verwendet werden, ob und wie durch Führungskräfte oder andere interveniert werden soll (vgl. Abschnitt 2.3.3).

Missverständnisse und Fehleinschätzungen bei der Anwendung des Eskalationsmodells vermeiden.

Gleichwohl erweist sich der Umgang mit dem Eskalationsmodell in der Praxis nicht immer als so einfach oder ergiebig, wie es sich beim ersten Hinsehen darstellt.

Einige der häufigsten **Missverständnisse** oder **Fehleinschätzungen** seien deshalb kurz skizziert:

- Das Stufenmodell ist nicht als feststehendes Ablaufschema aufzufassen: Eine von Stufe 1 bis Stufe 9 durchlaufende Eskalation ist nicht zwingend. Einzelne Stufen können ausgelassen, erreichte Eskalationsstufen wieder verlassen werden, auf Phasen rascher Eskalation können lange Phasen des Verharrens folgen. Das Stufenmodell ist dementsprechend für eine Voraussage, was zu einem definierten Zeitpunkt sein wird, nicht geeignet.
- Die Konfliktparteien müssen nicht auf der gleichen Eskalationsstufe agieren. Insoweit erscheint die Darstellung von Glasl (2013, S. 72), dass auf „jeder Stufe von den Beteiligten andere Verhaltensweisen erwartet und auch toleriert" werden, nicht in jeder Hinsicht nachvollziehbar. Unter Umständen kann sich für eine Konfliktpartei sogar ein Vorteil dadurch ergeben, dass das soziale Umfeld anerkennt, dass sie sich der von der anderen Konfliktpartei geübten Art der Konfliktaustragung explizit verweigert.
- Das Fortschreiten zu höheren Eskalationsstufen kann entweder jeweils einseitig durch eine Konfliktpartei herbeigeführt werden oder durch gegenseitiges Aufschaukeln entstehen (Pruitt, 2008). Die Frage, welche Konfliktpartei als erste eine neue Eskalationsstufe „betreten" hat, sollte nicht als „Schuldfrage" diskutiert werden; vielmehr besteht zwischen den Konfliktparteien ein systemisches Zusammenwirken, sodass das Verhalten einer Konfliktpartei immer unter dem Gesichtspunkt zu diskutieren ist, welchen Beitrag die andere Konfliktpartei dazu geleistet hat.
- Schließlich kommt der Feststellung der aktuellen Eskalationsstufe lediglich der Charakter einer Momentaufnahme zu. Die Konfliktparteien können grundsätzlich jederzeit eine Veränderung der Eskalationsstufe auslösen.

Die vorstehenden Ausführungen zeigen schlaglichtartig, dass zahlreiche Fragestellungen zur Konflikteskalation noch nicht überzeugend beantwortet werden können. Insgesamt ist hierzu festzustellen, dass sowohl der Theorieentwicklung als auch der empirischen Forschung zu Fragestellungen der Konflikteskalation bisher eher wenig Aufmerksamkeit geschenkt wurde (Pruitt, 2008).

1.4 Welche Aspekte müssen noch beachtet werden? – Begleitumstände

Die bisher beschriebenen Themen reichen – das lehrt uns die Alltagserfahrung – zur Erklärung, warum sich aus bestimmten Situationen ein Konflikt entwickelt und welcher Eskalationsgrad dabei erreicht wird, nicht aus. Konflikte sind eben keine chemischen Prozesse, bei denen man nur die richtigen „Zutaten" zusammenfügen muss, damit es ordentlich rummst; Konflikte sind auch keine automatischen Prozesse, die – einmal ausgelöst – dann stets in der gleichen Art und Weise ablaufen. Vielmehr bedarf es, um die Einzigartigkeit jedes Konfliktgeschehens besser verstehen zu können, der Einbeziehung weiterer Aspekte. Dabei wollen wir uns auf vier zentrale Ansatzpunkte beschränken, die für die Konfliktanalyse von besonderer Bedeutung sind. Es geht hierbei um

- allgemeine und dauerhafte Persönlichkeitseigenschaften der Konfliktparteien,
- situative Rahmenbedingungen,
- persönliche Konflikterfahrungen im Vorfeld des aktuellen Konfliktes sowie
- die Konfliktkultur der Verwaltung.

1.4.1 Persönlichkeitseigenschaften

Menschen entwickeln typische Interpretations- und Bewertungsmuster.

Die Persönlichkeit eines Menschen wird bestimmt durch sein charakteristisches, individuelles Muster des Denkens, Fühlens und Handelns (Myers, 2008). Hierin kommen zum Tragen:

- grundlegende Eigenschaften und Dispositionen (wie Geschlecht, Alter, Intelligenz, Kreativität, Emotionalität, Verträglichkeit),
- charakteristische Anpassungsweisen (etwa in Form von Informations-, Bewältigungs- und Abwehrprozessen) sowie
- das individuelle Selbst- und Welterleben (Schneewind, 2001).

Dementsprechend greifen die Konfliktbeteiligten sowohl in der Phase der Konfliktentstehung als auch im weiteren Konfliktverlauf auf die in der Persönlichkeit angelegten typischen Interpretations- und Bewertungsmuster zurück, wenn sie sich immer wieder mit neuen Informationen, Ereignissen und Entwicklungen auseinandersetzen müssen.

Dies bedeutet zusammengefasst: Persönlichkeitseigenschaften können sowohl für die Konfliktentstehung als auch für das Konfliktverhalten bedeutsam sein (so auch Regnet, 2007).

Schauen wir einmal genauer hin und fragen wir uns, inwieweit einigen, beispielhaft ausgewählten Persönlichkeitseigenschaften in der Konfliktentstehung möglicherweise eine besondere Bedeutung zukommen kann. Um dies nicht zu theoretisch anzulegen und uns zugleich die im Abschnitt 1.2.3 behandelten Konfliktgegenstände nochmals in Erinnerung zu rufen, verdeutlichen wir uns die Bedeutung von Persönlichkeitseigenschaften anhand von drei kurzen Beispielen:

Beispiel

Sachverhalt 1
Problemfaktor: Machtstreben
Sandra Hartmann ist seit zwei Monaten in einer neuen Abteilung und hat regelmäßig Krach mit ihrem Vorgesetzten Peter Altmann. Diesem missfällt, dass sie abends die von ihr bearbeiteten Vorgänge nicht sorgfältig aufstapelt, sondern offen liegen lässt. Obwohl hiermit keinerlei bedeutsame Probleme (z. B. Datenschutz) verbunden sind und sie in einem Einzelbüro arbeitet, besteht Altmann darauf, dass täglich aufgeräumt wird, weil sich das „so gehört". Zudem sei er der Chef und sie habe gefälligst das umzusetzen, was er anordne.

Einschätzung zu Sachverhalt 1:
Der inhaltliche Konfliktgegenstand findet sich in den unterschiedlichen Vorstellungen von Mitarbeiterin und Vorgesetztem in Bezug auf die zum Feierabend am Schreibtisch herzustellende Ordnung; hier ist also von einem Wertekonflikt auszugehen.
Offenkundig legt der Vorgesetzte aber auch großen Wert darauf, seinen Machtanspruch zu dokumentieren. Für Menschen mit einem ausgeprägten Machtstreben ist die Nichtakzeptanz ihrer Anordnungen von erheblicher Bedeutung, sodass es aus diesem Grund schneller zu Konflikten kommen kann.

Sachverhalt 2
Problemfaktor: mangelndes Selbstwertgefühl
Klaus Mertens arbeitet seit sieben Jahren als einer von sechs Volljuristen in der Rechtsabteilung. Er hat ein eher schwach ausgeprägtes Selbstwertgefühl. In der Hoffnung, sich gegenüber seinen Kollegen etwas mehr Respekt verschaffen zu können, hat er an der FernUniversität Hagen ein wirtschaftswissenschaftliches Studium aufgenommen und erfolgreich abgeschlossen. Als dies im Kollegenkreis bekannt wird, meint einer der anderen Juristen scherzhaft: „Naja, in seiner Freizeit kann ja jeder machen, was er will". Klaus Mertens missversteht die Bemerkung dahingehend, dass es sich bei dem Fernstudium um ein Studium minderer Art handele, was ihn sehr wütend macht. In seiner ersten Wut entgegnet er (Gerüchte des letzten Jahres aufgreifend): „Ja, während andere sich in der Kneipe volllaufen

lassen, der Frau ihres Nachbarn hinterhersteigen oder einfach der Rente entgegendämmern, kümmere ich mich lieber um etwas Vernünftiges."

Einschätzung zu Sachverhalt 2:
Was sich hier entwickelt, ist der Gruppe der Beziehungskonflikte zuzurechnen, da der Auslöser des Konfliktes auf der persönlichen Ebene liegt. Das schwach ausgeprägte Selbstwertgefühl von Klaus Mertens führt dazu, dass er sich bereits von einer eher unbedeutenden Äußerung angegriffen fühlt und meint, darauf reagieren zu müssen. Die Heftigkeit der Attacke deutet darauf hin, dass eine Menge aufgestauter Ärger plötzlich zum Ausbruch gekommen ist.

Sachverhalt 3
Problemfaktor: Misstrauen
Erwin Stark ist seit sechs Monaten Leiter der städtischen Volkshochschule. Bereits nach wenigen Wochen ist er zur Überzeugung gelangt, dass mit der Einrichtung einer kleinen Cafe-Ecke abendliche Vortragsveranstaltungen wesentlich attraktiver gestaltet werden können. Da keine Haushaltsmittel im laufenden Etat vorgesehen sind, wendet er sich an die Kämmereileiterin Claudia Kümmel und bittet um Prüfung, ob eine unterjährige Finanzierung möglich ist. Da sich die Kommune allerdings in erheblichen finanziellen Schwierigkeiten befindet, ist für unterjährige, bisher nicht vorgesehene Investitionen die Zustimmung der Aufsichtsbehörde erforderlich.
In einem Gespräch mit Erwin Stark äußert Claudia Kümmel haushaltsrechtliche Bedenken und hinsichtlich der Zustimmung der Aufsichtsbehörde große Skepsis. Ungeachtet ihrer eigenen Bedenken bemüht sich Claudia Kümmel in der folgenden Woche äußerst engagiert, letztlich aber vergeblich, um die Zustimmung der Aufsichtsbehörde.
Erwin Stark ist empört. Da er dem Engagement von Claudia Kümmel misstraut, ruft er selbst bei der Aufsichtsbehörde an; hierbei versucht er die Sachbearbeiterin Annette Pörsch dahingehend auszufragen, ob sich die Kämmereileiterin wirklich ausreichend engagiert hatte.
Annette Pörsch informiert Claudia Kümmel über den Vorfall. Fünf Minuten später kommt es im Büro des VHS-Leiters zu einer heftigen Auseinandersetzung...

Einschätzung zu Sachverhalt 3:
Verwaltungsinterne Auseinandersetzungen zwischen den für das Finanzwesen und den für die übrigen Bereiche zuständigen Personen sind in Zeiten knapper Mittel der „Normalfall" in der Öffentlichen Verwaltung; es handelt sich um einen typischen Strukturkonflikt. Im geschilderten Fall führt das Misstrauen des VHS-Leiters gegenüber der Kämmereileiterin dazu, dass die – aufgrund der unterschiedlichen Aufgabenstellungen – ohnehin schwierige Zusammenarbeit zusätzlich massiv belastet wird.

Persönlichkeitseigenschaften wirken auch im Konfliktverlauf

Persönlichkeitseigenschaften beeinflussen den Konfliktverlauf.

Die Persönlichkeitseigenschaften der Konfliktparteien entfalten nicht nur, wie in den Beispielen dargestellt, in der Phase der Konfliktentstehung ihre Wirkung. Sie sind für den gesamten Konfliktverlauf, z. B. in Bezug auf Art und Ausmaß der Konflikteskalation sowie hinsichtlich der Chancen auf eine einvernehmliche Konfliktlösung, von erheblicher Bedeutung. Verdeutlichen wir uns dies in Bezug auf einige ausgewählte Persönlichkeitseigenschaften:

- **Geringes Selbstwertgefühl:**
  Bei Menschen mit einem stark beeinträchtigten Selbstwertgefühl kann es sein, dass sie bei einem stufenweise eskalierenden Konflikt frühzeitig resignieren, da sie sich ohnehin nicht zutrauen, die Auseinandersetzung zu bestehen. Andererseits ist aber auch vorstellbar, dass sie, wenn die Konflikteskalation ein bestimmtes Ausmaß angenommen hat, ihrerseits die weitere Eskalation „bis zum Untergang" betreiben, weil sie ohnehin „nichts mehr zu verlieren" haben.
- **Starkes Harmoniebedürfnis:**
  Menschen mit einem starken Harmoniebedürfnis schrecken möglicherweise vor höheren Eskalationsstufen zurück, weil eine solche Form der Auseinandersetzung nicht ihrem Verständnis vom Umgang miteinander entspricht. In solchen Fällen kann es zu einer asymmetrischen Form der Konfliktaustragung kommen, bei der das Verhalten der Konfliktparteien unterschiedlichen Eskalationsstufen zuzuordnen ist.
- **Ausgeprägtes Machtstreben:**
  Menschen mit einem ausgeprägten Machtstreben tun sich mitunter schwer, verhandlungsorientierte Ansätze zur Konfliktbeendigung zu akzeptieren, da dies bedeutet, das Gegenüber als ebenbürtig zu akzeptieren und den eigenen Machtanspruch zurückzustellen.
- **Hohe Kreativität:**
  Kreativen Menschen stehen besondere Potenziale zur Generierung von Lösungsansätzen zur Verfügung, was unter Umständen eine frühzeitige Konfliktbeendigung bereits vor einer nennenswerten Eskalation erlaubt.
- **Wahrnehmungsdefizite**
  Beeinträchtigungen der Selbst- oder Fremdwahrnehmung erlauben im Konflikt kaum sachgerechte Entscheidungen; insbesondere bei Beziehungskonflikten fehlt dann jeder konstruktive Ansatz.

Gut zu wissen

Persönlichkeitseigenschaften wirken dauerhaft

Anknüpfend an die Definition des Persönlichkeitsbegriffes kann angenommen werden, dass mit spontanen Veränderungen der Persönlichkeitseigenschaften kaum zu rechnen ist.

Im Hinblick auf verwaltungsinterne Konflikte ergeben sich hieraus bedeutsame Konsequenzen: Müssen Personen mit konfliktträchtigen Persönlichkeitseigenschaften regelmäßig und nicht nur flüchtig zusammenarbeiten und kommt es hierbei immer wieder zu Konflikten, können Vorgesetzte nicht erwarten, dass sich alle Beteiligten „mal eben zusammenraufen". Stattdessen ist auf mittel- bis langfristige persönliche Entwicklungsprozesse abzustellen, die beispielsweise durch ein Coaching oder eine Psychotherapie angestoßen werden können. Alternativ ist eine dauerhafte Veränderung der Arbeitssituation in Betracht zu ziehen, die durch eine Versetzung in einen anderen Arbeitsbereich, im Extremfall sogar durch die Beendigung des Beschäftigungsverhältnisses erreicht werden kann.

Persönlichkeitseigenschaften richtig interpretieren

Qualifizierter Umgang mit tatsächlichen und vermuteten Persönlichkeitseigenschaften ist unerlässlich.

So wichtig es ist, sich mit den Persönlichkeitseigenschaften der Konfliktbeteiligten zu befassen, muss doch aus mehreren Gründen vor einem allzu leichtfertigen Umgang mit tatsächlichen oder vermuteten Eigenschaften gewarnt werden.

Fallstricke, die vermieden werden sollten:

- Eine qualifizierte Beurteilung von Persönlichkeitseigenschaften ist alles andere als trivial und kann schon gar nicht auf eine „Ferndiagnose" oder ein Einzelereignis gestützt werden. Vorschnell urteilende Personen offenbaren oftmals mehr über sich selbst als über die andere Person.
  Beispiel: Ein Mitarbeiter, dem es nicht gelungen war, in einer Arbeitsgruppensitzung seine Vorstellungen gegenüber denjenigen einer Kollegin durchzusetzen, bezeichnet diese im Nachhinein als „machtgeil".

- Beachtenswert ist zudem die Gefahr, dass der sachliche Konfliktgehalt durch die Bezugnahme auf eine bestimmte Persönlichkeitseigenschaft überdeckt wird.
  Beispiel: In einer verwaltungsinternen Arbeitsgruppe macht ein Mitarbeiter auf einen sachlichen Fehler in einem Abschlussbericht aufmerksam. Da dieser Mitarbeiter als sehr leistungsorientiert bekannt ist, wird ihm unterstellt, er rüge diesen Fehler lediglich, um sein berufliches Fortkommen zu

beschleunigen; dass es ihm um eine sachliche Aufklärung geht, wird von vornherein für ausgeschlossen gehalten.

- Unter Umständen können einzelne Persönlichkeitseigenschaften konträre Wirkungsrichtungen besitzen.
  Beispiel: Eine Nachwuchsführungskraft zeigt sich einerseits sehr machtbewusst, andererseits verfügt sie über ein besonderes kreatives Potenzial. Bei einem Konflikt mit einem Mitarbeiter ist nicht absehbar, ob der Macht- und Führungsanspruch betont wird oder ob das kreative Potenzial eingesetzt wird, um eine Lösung „auf Augenhöhe" zu erreichen.
- In einem Konflikt sind die Persönlichkeitseigenschaften aller Beteiligten zu beachten und in ihrer Wechselwirkung zu berücksichtigen. Es sind immer wieder Fälle zu beobachten, in denen die Identifikation einer als kritisch eingeschätzten Persönlichkeitseigenschaft dazu verwendet wird, den „Schuldigen" am Konflikt zu identifizieren und die Gegenpartei als „unschuldiges Opfer" zu exkulpieren.
  Beispiel: Der als „gelegentlicher Hitzkopf" bekannte Dieter Holbach wird mit der Durchführung eines wichtigen Koordinierungsgesprächs beauftragt. Entsprechende Bemühungen scheitern jedoch an einer äußerst unzuverlässigen Mitarbeiterin, die mehrere Termine „platzen" lässt.
  Als er diese Mitarbeiterin zu Rede stellt und nach einigen Provokationen ihrerseits lautstark reagiert, führt eine Führungskraft, die diesen Konflikt zufällig miterlebt, die Auseinandersetzung auf Holbachs Hitzköpfigkeit zurück und hält dessen Verhalten für „typisch".

Zum Nachdenken

Persönlichkeitseigenschaften wirken unterschiedlich

Persönlichkeitseigenschaften werden von den meisten Menschen sehr einseitig als „positiv" oder „negativ" interpretiert. In vielen Konflikten kann eine Entspannung herbeigeführt werden, wenn die positiven Aspekte einer Persönlichkeitseigenschaft herausgearbeitet werden.

Bitte überlegen Sie einmal, inwieweit Sie eine solch positive Wendung der nachfolgenden Eigenschaften nachvollziehen können:

- kleinkariert *oder* sorgfältig und prinzipientreu?
- nachtragend *oder* mit gutem Erinnerungsvermögen?
- hinterlistig *oder* zielorientiert und kreativ?
- berechnend *oder* planend und vorausschauend?
- ängstlich *oder* vorsichtig und risikominimierend?

1.4.2 Persönliche Situation und situative Rahmenbedingungen

Situative Aspekte können einen erheblichen Einfluss gewinnen.

So bedeutsam die beschriebenen Persönlichkeitseigenschaften als grundlegende Verhaltensmuster auch sind, kann allein aus ihnen heraus das Verhalten in einem konkreten Konfliktfall nicht zuverlässig abgeleitet werden. Der persönlichen, nicht nur auf den dienstlichen Bereich beschränkten, Lebenssituation sowie den situativen Rahmenbedingungen einer Auseinandersetzung kommt zum Verständnis des konkreten Konfliktverhaltens eine besondere Bedeutung zu. Die genannten Faktoren können zu völlig unerwarteten Reaktionen führen, die dann im Einzelfall den bekannten bzw. erwarteten Persönlichkeitseigenschaften überhaupt nicht entsprechen.

Beispiel

Ausnahmesituationen führen zu Ausnahmeverhalten

Helmut Seitz legt als Vorgesetzter größten Wert auf Pünktlichkeit, was in der Vergangenheit insbesondere im Umgang mit jüngeren Mitarbeiterinnen und Mitarbeitern immer wieder zu teilweise massiven (Werte-)Konflikten führte.

Seit einer Woche befindet sich die Ehefrau von Helmut Seitz im Krankenhaus auf der Intensivstation; zum Wochenanfang wurde eine Krebs-Erkrankung diagnostiziert. Nach Auskunft der Ärzte ist von einer Lebenserwartung von maximal sechs bis zwölf Monaten auszugehen.

Seit dieser Diagnose blieben zwei erhebliche und fünf kleinere Verspätungen, die früher bereits für einen „Rüffel" gereicht hätten, trotz offenkundiger Kenntnisnahme durch Helmut Seitz, unbeanstandet.

Im Gegensatz zu den Persönlichkeitseigenschaften, die sich im Zeitverlauf als relativ stabil darstellen, kann sich die persönliche Situation von Führungskräften und Beschäftigten unter Umständen sehr rasch und tiefgreifend verändern. Ein bedeutsames Problem bei der Konfliktanalyse besteht darin, dass selbst bedeutsame Veränderungen im persönlichen oder partnerschaftlichen Bereich (Erkrankungen, Trennung, finanzielle Fehlschläge) in vielen Fällen nicht offenbart werden, obwohl diese erhebliche Bedeutung für das Konfliktverhalten haben können.

Die Anwesenheit Dritter kann das Konfliktverhalten beeinflussen.

Situative Besonderheiten beziehen sich auf Rahmenumstände, die dem unmittelbaren Umfeld des Konflikts zuzurechnen sind oder aus anderen Gründen auf Konfliktentstehung oder Konfliktverlauf einwirken. Von erheblichem Einfluss kann die Anwesenheit von nicht am Konflikt beteiligten Personen (insbesondere Führungskräfte und Externe) sein, sofern von deren Einschätzung des gezeigten Konfliktverhaltens ein besonderer Nutzen erhofft wird (z. B. öffentliche Reputation, dienstliche Würdigung, Nachweis von Konfliktkompetenzen) oder deren Anwesenheit die Erreichung eines anderen Ziels wahrscheinlich erscheinen lässt (z. B. Realisierung eines Machtanspruches).

Beispiele

Rahmenumstände wirken

Beispiel 1:

Ein Vorgesetzter nimmt grundsätzlich kommentarlos hin, dass Mitarbeiterinnen und Mitarbeiter verspätet zu Besprechungen erscheinen, da ihm mehr an einem harmonischen Miteinander als an der Einhaltung von Regelungen oder der Demonstration seiner Vorgesetztenfunktion liegt. Als jedoch eine Sachbearbeiterin, die ihn zuletzt in einem Mitarbeitergespräch kritisiert hatte, verspätet erscheint, rügt er diese vor den übrigen Mitarbeiterinnen und Mitarbeitern lautstark, woraufhin eine heftige Auseinandersetzung mit der Sachbearbeiterin entbrennt, die sich ungerecht behandelt fühlt.

Hier nutzt der Vorgesetzte eine „günstige Gelegenheit", seine Vorgesetzteneigenschaft herauszustellen und damit die Machtverhältnisse gegenüber der aufmüpfigen Sachbearbeiterin zu dokumentieren.

Beispiel 2:

Ein sehr machtorientierter Abteilungsleiter, der für seine resolute und unnachgiebige Vorgehensweise bekannt ist, stellt sich, als er von seinem Vorgesetzten hierauf angesprochen wird, als äußerst kompromissbereit dar. Hierdurch versucht er sich im Vorfeld einer Beförderungsentscheidung als mitarbeiterorientierte Führungskraft zu empfehlen. In einer anschließenden Konfliktsituation bemüht er sich intensiv um eine kreative Kompromisslösung.

In diesem Beispiel verdeckt der Abteilungsleiter seinen Machtanspruch im Rahmen einer längerfristig angelegten Strategie.

Situative Besonderheiten sind teilweise erkennbar.

Situative Besonderheiten lassen sich teilweise von außen erkennen und damit in der Konfliktanalyse berücksichtigen. Von besonderer Bedeutung ist in diesem Zusammenhang die Frage, ob von den festgestellten Besonderheiten eine dauerhafte oder nur kurzfristige Wirkung zu erwarten ist. Sieht beispielsweise eine Konfliktpartei nur deshalb von einer lautstarken Auseinandersetzung mit ihrem Gegenüber ab, weil sich noch weitere Personen im selben Raum aufhalten, muss in dem Moment, in dem die anderen Personen den Raum verlassen haben, sofort mit dem Wiederaufflammen des Konfliktes gerechnet werden.

1.4.3 Persönliche Konflikterfahrungen

Konflikterfahrungen beeinflussen das zukünftige Konfliktverhalten.

Die Alltäglichkeit von Konflikten führt dazu, dass alle Menschen mehr oder weniger zahlreiche und intensive Konflikterfahrungen gemacht haben. Diese Erfahrungen beeinflussen das spätere Konfliktverhalten. Berkel (2005, S. 9 f.) zeichnet diesen Zusammenhang im „Kreislauf der Konfliktbewältigung" nach, der schematisch in Abbildung 1.4 dargestellt ist: Die eigene Einstellung gegenüber Konflikten bestimmt zunächst die Wahrnehmung erster Konfliktanzeichen bzw. führt zu deren Verdrängung oder Verleugnung. Die dementsprechende Gefühlslage (z. B. ängstlich, hilflos, interessiert, angriffslustig) bestimmt das Verhalten im Konfliktfall. Je nach weiterem Konfliktverlauf kann das eigene Verhalten als angemessen und zielführend oder aber auch als misslingend und scheiternd eingeschätzt werden. Diese Konfliktbilanz beeinflusst dann wieder die eigene Einstellung gegenüber Konflikten.

Kreislauf der Konfliktbewältigung (Abb. 1.4)

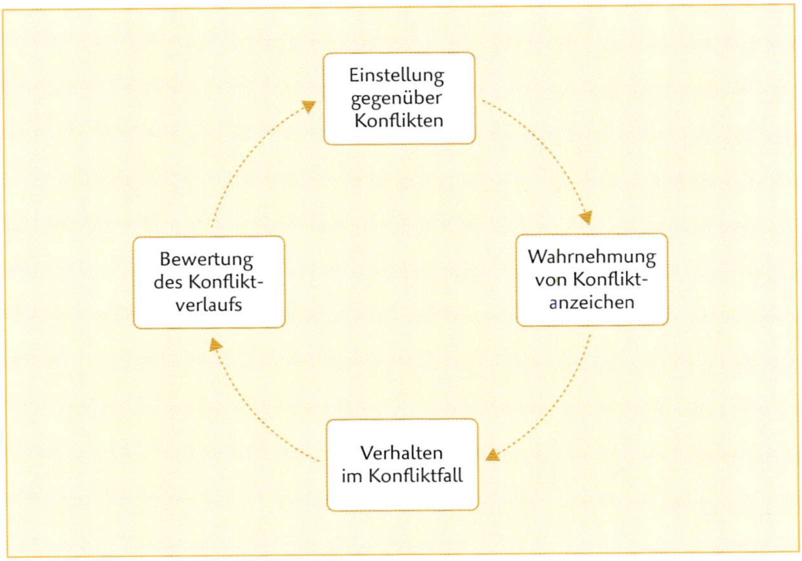

Die persönlichen Konflikterfahrungen beinhalten ebenso eine grundsätzliche Einstellung gegenüber Konflikten als auch personen- und themenbezogene Einstellungen, die jeweils voneinander abweichen können. So können beispielsweise konfliktoffen eingestellte Menschen gegenüber einem jähzornigen Vorgesetzten überaus konfliktvermeidend auftreten (personenbezogene Einstellung), während sie bei anderen Personen lediglich bekannte Tabuthemen meiden (themenbezogene Einstellung). Bestehen noch keine Konflikterfahrungen mit einer bestimmten Person, ist davon auszugehen, dass zunächst die grundsätzliche Einstellung bestimmend ist.

Beispiel

Verarbeitung von Konflikterfahrungen

Ein neu eingestellter Auszubildender ist in seinem Elternhaus stets dazu angehalten worden, bei Auseinandersetzungen seine Meinung offen und ehrlich darzulegen (= Konflikteinstellung). In den ersten vier Wochen wird er lediglich mit der Erledigung von Kopieraufträgen betraut. Er fasst Mut (Gefühlslage), sich hierüber bei seinem Ausbildungsleiter zu beschweren (Verhalten). Von diesem wird er für diese „anmaßende und unverschämte Vorgehensweise, die es in dreißig Jahren Verwaltung noch nie – auch nicht ansatzweise! – gegeben hat" massiv angegangen; Änderungen treten nicht ein (Konfliktverlauf misslingt aus Sicht des Auszubildenden). Dies beeinflusst seine Konflikteinstellung zumindest hinsichtlich des Ausbildungsleiters in Richtung Konfliktvermeidung.

Konflikteinstellung kann trainiert werden.

Da die Einstellung gegenüber Konflikten wesentlich durch die Bilanzierung vorangegangener Konflikte bestimmt wird, kann diese Einstellung durch entsprechende Trainings mit Erfahrungen erfolgreicher Konfliktbearbeitung aktiv beeinflusst werden (Berkel, 2005). Solche Trainings können auch in ein Betriebliches Konfliktmanagementsystem als eigenständige Maßnahmen zur Steigerung der Konfliktkompetenz integriert werden.

Im Rahmen der Konfliktanalyse müssen Konflikterfahrungen erfragt werden, da nur in ganz seltenen Fällen Informationen aus der Vorgeschichte der Konfliktbeteiligten vorliegen, die zuverlässige Rückschlüsse erlauben. Konflikterfahrungen können aber einen interessanten Ansatzpunkt zur Aufklärung eines sehr auffälligen Konfliktverhaltens liefern, etwa bei einer kaum nachvollziehbaren Zurückhaltung im Konfliktverlauf.

1.4.4 Konfliktkultur

Von durchaus beachtenswerter Bedeutung für die Konfliktentstehung und den Umgang mit Konflikten ist die verwaltungsinterne Konfliktkultur. Unter diesem Begriff werden die innerhalb der Verwaltung verbindlichen Grundwerte, Leitideen und Normen zur Bewertung und zum Umgang mit Konflikten zusammengefasst, die den Rahmen für das individuelle Konfliktverhalten der Verwaltungsangehörigen bilden (Glasl, 2014).

Konfliktkultur kann in Trainings vermittelt werden.

Durch die schriftliche Fixierung von Leitlinien zum Umgang mit Konflikten oder auch durch die Einrichtung eines Betrieblichen Konfliktmanagementsystems kann die Verwaltungsleitung versuchen, die Konfliktkultur zu normieren. Zu beachten ist allerdings, dass die Beschäftigten durch Beobachtung, Schilderung und eigenes Erleben von Konfliktsituationen und den Umgang damit eine eigenständige Einschätzung von dem entwickeln, was in der jeweiligen Verwaltung gewünscht und gewollt ist. Dabei kann es zu erheblichen Unterschieden zwischen der von der Verwaltungsleitung angestrebten und der bisher ge- und erlebten Verwaltungswirklichkeit kommen (Glasl, 2014). Eine veränderte Konfliktkultur wird von den Beschäftigten nur dann in ihre persönlichen Konflikterfahrungen integriert, wenn durch entsprechende praktische Erfahrungen in Trainings erzielte Lerneffekte dies nahelegen (Berkel, 2005); mit kurzfristigen Effekten ist aber eher nicht zu rechnen.

Beispiel

Konfliktkultur kann nicht „verfügt" werden

Eine Dienstanweisung, die zum offenen und konstruktiven Umgang bei Konflikten zwischen Führungskräften einerseits und Beschäftigten andererseits aufruft, bleibt wenig überzeugend, wenn in der Vergangenheit Anliegen der Beschäftigten durch Führungskräfte, insbesondere aber die Verwaltungsleitung, regelmäßig „abgebügelt" wurden.

Zersplitterung der Konfliktkultur vermeiden.

Insbesondere wenn keine ausdrücklichen Festlegungen zur Konfliktkultur der Gesamtverwaltung vorhanden sind, kann es zur Ausbildung von unterschiedlichen und auf Teilbereiche beschränkte Konfliktkulturen kommen. Geraten in solchen Fällen Angehörige der gleichen Teil-Konfliktkultur aneinander, liegt der Konfliktaustragung eine einheitliche Konfliktkultur zugrunde; in diesen Fällen dürften die Konfliktbeteiligten von den gleichen „Spielregeln" ausgehen. Ist diese einheitliche Grundlage aber nicht vorhanden, ist mit zusätzlichem Zündstoff zu rechnen, da das der eigenen Konfliktkultur entsprechende Verhalten und Vorgehen einer Konfliktpartei unter Umständen der Konfliktkultur der anderen Partei völlig widerspricht.

Tipp

Verwaltungseinheitliche Konfliktkultur entwickeln

Die Verwaltungsleitung sollte eine möglichst homogene Konfliktkultur innerhalb der gesamten Verwaltung anstreben. Dies ermöglicht allen Führungskräften und Beschäftigten eine eindeutige Orientierung und bildet zudem eine einheitliche Grundlage bei der Auswahl von Interventionsinstrumenten.

Konfliktkultur als Rahmen.

Die Konfliktkultur spannt lediglich einen Rahmen auf, innerhalb dessen sich die Konfliktparteien bewegen (sollen). Wird dieser Rahmen überschritten, kann im Fall der ausdrücklichen Festlegung der verwaltungsinternen Konfliktkultur dagegen mit Sanktionen vorgegangen werden. Wesentlich problematischer erscheint es, wenn Führungskräfte und Beschäftigte aufgrund ihrer persönlichen Konflikterfahrungen nicht bereit oder in der Lage sind, den Rahmen auch nur ansatzweise auszufüllen; hier bleiben oft Potenziale zum kreativen Umgang mit Konflikten sowie zur Ausnutzung positiver Konflikteffekte ungenutzt.

Beispiel

Konfliktkultur kann eine Herausforderung sein

Ein Sachbearbeiter aus einem überaus strengen Elternhaus verhält sich völlig konfliktscheu und begegnet jedem aufkeimenden Konflikt mit weitreichenden Anpassungsreaktionen. Strebt die Verwaltungsleitung offene Auseinandersetzungen bei Konflikten an, um eventuelle Problembereiche besser identifizieren zu können, kann dieses Ziel mit diesem Mitarbeiter ohne weiteres Zutun kaum erreicht werden.

Konfliktkultur braucht Stabilität.

Die größten Probleme im Zusammenhang mit der verwaltungsinternen Konfliktkultur sind übrigens dann zu erwarten, wenn die Konfliktkultur in zu schnellen Abständen grundlegend geändert werden soll bzw. wenn eine stabile Einschätzung der Konfliktkultur aus anderen Gründen, z. B. aufgrund sehr wechselhafter Vorgehensweisen der Führungskräfte, nicht möglich ist. Dies kann entweder zu einer passiven Hilflosigkeit in konfliktträchtigen Situationen führen oder zu völlig unkalkulierbaren Konfliktverläufen.

1.5 Welche Strategien verfolgen die Konfliktparteien? – Konfliktverhalten

Wir haben in den vorangegangenen Abschnitten gesehen, dass die Konfliktparteien in ihrem Verhalten durch zahlreiche Faktoren beeinflusst werden. Auf dieser Grundlage sowie unter Einbeziehung des Verhaltens der Gegenseite könnte nun jede Aktion bzw. Reaktion einer Konfliktpartei untersucht und damit in der Gesamtschau das Konfliktverhalten dieser Partei beschrieben werden. Ein solcher Ansatz hilft allerdings im Rahmen der Konfliktanalyse nicht weiter, da einerseits nur eine rückwärtsgewandte Diskussion vergangenen Verhaltens möglich ist und andererseits der mit der Ermittlung aller relevanten Informationen verbundene Aufwand nicht geleistet werden kann. Zur Gewinnung brauchbarer Aussagen über das Konfliktverhalten ist eine solch kleinteilige Vorgehensweise aber auch gar nicht erforderlich.

Vielmehr ist festzustellen, dass die Verhaltensweisen der Konfliktparteien auf wenige Grundmuster zurückgeführt werden können (Lippmann, 2003). Die Verwendung dieser Grundmuster führt bei akzeptablem Verlust an Detailinformationen zu einer erheblichen Vereinfachung der Konfliktanalyse.

Zur Beschreibung des Konfliktverhaltens reichen wenige Grundmuster aus.

Kann Verhalten im Konfliktfall prognostiziert werden?

Von großem Interesse ist die Frage, ob die Konfliktparteien in unterschiedlichen Konfliktsituationen jeweils das gleiche Konfliktverhalten zeigen, was gebenenfalls Prognosen zum jeweiligen Verhalten erlauben würde. Hierzu wird einerseits die Meinung vertreten, dass Menschen zumindest bei Konflikten mit Nullsummenspiel-Charakter, bei denen also Verbesserungen für die eigene Position mit entsprechenden Verschlechterungen für die Gegenseite einhergehen, stets auf die gleiche Vorgehensweise zurückgreifen; nach der anderen Auffassung ist von einer eher flexiblen Wahl zwischen mehreren Grundmustern auszugehen, wobei ein maximaler Unterschied zwischen dem eigenen Nutzen und demjenigen der Gegenpartei angestrebt wird (Olekalns, Punam, Weingart & Metcalf, 2008).

Wir wollen uns im Folgenden der zweiten Auffassung anschließen und annehmen, dass den Konfliktparteien mehrere Grundmuster als Handlungsoptionen zur Verfügung stehen, unter denen dann situationsbezogen ausgewählt wird. Dies erscheint wesentlich plausibler als die Annahme fester „Programme“, da hiermit

Das Modell des flexiblen Einsatzes unterschiedlicher Strategien ist plausibel.

- die Wirkung situativer Rahmenumstände (vgl. Abschnitt 1.4.2) berücksichtigt werden kann und

- auch nachvollziehbar wird, warum Konfliktparteien in der Praxis gelegentlich ihre ursprüngliche Verhaltensweise ändern, wenn diese im bisherigen Konfliktverlauf nicht zum Erfolg geführt hat.

Konsequenzen aus der Annahme flexibler Verhaltensweisen

Flexible Verhaltensweise in der Konfliktanalyse berücksichtigen.

Die Annahme, dass den Konfliktparteien grundsätzlich mehrere Grundmuster zur Auswahl zur Verfügung stehen, schlägt sich in zweifacher Weise in der Konfliktanalyse nieder:

- Erstens haben wir zu berücksichtigen, dass die Wahl des Konfliktverhaltens von zahlreichen Einflussfaktoren abhängt und sich damit als komplexer Vorgang darstellt, der einer einfachen Analyse in der Regel nicht zugänglich sein dürfte (Olekalns et al., 2008, S. 85). Eine Prognose, welches Konfliktverhalten im konkreten Einzelfall wohl gezeigt wird, wird dadurch erheblich erschwert.
- Zweitens erlaubt die Identifikation eines aktuell gezeigten Grundmusters zwar eine hierauf aufbauende Prognose des weiteren Verhaltens; diese Prognose steht aber immer unter dem Vorbehalt, dass das aktuelle Grundmuster auch beibehalten wird.

Trotz dieser Einschränkungen für die praktische Arbeit mit den Grundmustern des Konfliktverhaltens erweist sich die nähere Auseinandersetzung damit durchaus als sehr aufschlussreich; deswegen wollen wir uns damit nun eingehend beschäftigen.

Zum Nachdenken

Das eigene Konfliktverhalten kennen

- Kennen Sie Ihr bevorzugtes Konfliktverhalten?
- Was sind Ihre bevorzugten „Programme"?
- Erinnern Sie sich an Situationen, in denen Sie Ihr „Programm" gewechselt haben?

Bitte überlegen Sie bei der nachfolgenden Vorstellung zentraler Grundmuster zum Konfliktverhalten, ob und gegebenenfalls wann und mit welchem Erfolg Sie dieses Muster schon einmal verfolgt haben.

Grundmuster des Konfliktverhaltens

In der Literatur wurden verschiedene Ansätze zur strukturierten Beschreibung der Grundmuster des Konfliktverhaltens vorgelegt. Die einfachste Unterscheidung geht hierbei von drei Grundmustern des Konfliktverhaltens aus: Angriff – Verteidigung – Flucht (Solga, 2011). So klar und einfach diese Unterscheidung auch ausfällt, so wenig leistungsfähig zeigt sie sich jedoch in der konkreten Konfliktanalyse; zu unterschiedlich können beispielsweise die dem „Angriff" zuzurechnenden Verhaltensweisen ausfallen, als dass ihre Zusammenfassung gerechtfertigt werden könnte. Im Folgenden wollen wir daher einem von Solga (2011) vorgeschlagenen und auf einer Arbeit von van de Vliert und Janssen (2001) basierenden Konzept zur Unterscheidung von insgesamt acht Grundmustern folgen.

Bevor wir uns diese Grundmuster etwas genauer anschauen, verschaffen wir uns mit der nachfolgenden Übersicht (Abb. 1.5) eine erste Orientierung über deren Inhalte und die damit verbundenen Vorgehensweisen:

Übersicht – Grundmuster des Konfliktverhaltens (Abb. 1.5)

Bezeichnung	Kurzcharakteristik	Vorgehensweise
Konflikt-vermeidung	Kein Konflikt ist immer noch der beste Konflikt	miteinander, keine Sachauseinandersetzung
Anpassung	Nachgeben ist besser als streiten	
Konfrontation	Die Fakten müssen auf den Tisch	gegeneinander, Sachauseinandersetzung
Attackieren	Die eigene Vorstellung durchsetzen	
Prozesskontrolle	Über die Festlegung der Rahmenbedingungen den Konflikt kontrollieren	gegeneinander, keine Sachauseinandersetzung
Widerstand	Wenn ich nichts erreichen kann, kann ich aber etwas verhindern	
Kompromiss	Wenn alle nachgeben, kann man zu einer Lösung kommen	miteinander, Sachauseinandersetzung
Problemlösen	Von einer win-win-Lösung haben alle etwas	

Konfliktvermeidung

Möglichen Konflikten bewusst aus dem Weg gehen.

Bei der **Konfliktvermeidung** geht es darum, konfliktträchtigen Situationen bewusst aus dem Weg zu gehen, also bereits der Konfliktentstehung entgegenzuwirken. Die Gründe für ein solches Verhalten können sehr unterschiedlich ausfallen; schwerpunktmäßig dürften sie entweder auf situative Aspekte zurückzuführen sein, etwa wenn aufgrund eines Machtgefälles keine im Sinne der eigenen Ziele und Vorstellungen erfolgreiche Konfliktaustragung erwartet werden kann, oder aus einer grundsätzlichen, beispielsweise auf einem hohen Harmoniebedürfnis basierenden, Abneigung gegen Konflikte resultieren.

Die praktische Umsetzung des konfliktvermeidenden Verhaltens kann recht anstrengend sein, da mehr oder weniger alle Aspekte, die zu einer Konfliktentstehung beitragen könnten, im Voraus erkannt werden müssen. Bei einem umfangreichen Vermeidungskonzept muss auch damit gerechnet werden, dass zahlreiche Situationen gleich mit vermieden werden, bei denen eine solche Zurückhaltung gar nicht erforderlich gewesen wäre.

Beispiel

Der überforderte Vorgesetzte

Der Abteilungsleiter Erwin Meyer fühlt sich von seinem Mitarbeiter Gernot Kröll regelmäßig nicht ausreichend informiert. Das dringend erforderliche Kritikgespräch schiebt Erwin Meyer immer wieder auf, weil er befürchtet, dass Gernot Kröll die Kritik nicht akzeptieren und stattdessen lautstark dagegenhalten wird. Einer solchen Form der Auseinandersetzung sieht sich Erwin Meyer nicht gewachsen.

Anpassung

Anpassung: Entstandenen Konflikten aus dem Weg gehen.

Berücksichtigt konfliktvermeidendes Verhalten unter Umständen auch nur vermutete Konfliktfelder, setzt das **Sich-Anpassen** schon eine recht genaue Vorstellung davon voraus, in welchen Bereichen eine Anpassungsleistung erforderlich ist. Ansatzpunkte hierfür bieten insbesondere die im jeweils relevanten Umfeld vorherrschenden Normen, Meinungen, Positionen, Ziele und tatsächlichen Verhaltensweisen.

Die Anpassung kann in unterschiedlicher Intensität erfolgen: dies reicht von der opportunistischen Anpassung, bei der die wahrgenommenen Vorgaben zwar gelebt werden, dies aber ohne innere Überzeugung geschieht, bis hin zur identifikatorischen Anpassung, bei der die relevanten Vorgaben ins eigene Selbstkonzept integriert werden. Ein Verhalten im Sinne des Grundmusters Sich-Anpassen kann in vielen Fällen auf Gründe zurückgeführt werden, die denen der Konfliktvermeidung entsprechen. Eine besondere Situation ergibt sich regelmäßig, wenn Personen in ein neues Arbeitsumfeld eintreten, also bei Neueinstellungen oder Versetzungen: die „Neuen" sehen sich gerade in der Anfangsphase oft einem erheblichen Druck der „Alteingesessenen" ausgesetzt, sich an die bisher geltenden Strukturen und Abläufe anzupassen.

Als problematisch erweist sich eine weitgehend am Sich-Anpassen orientierende Verhaltensweise dann, wenn Personen in einem Arbeitsumfeld mit unklaren oder wechselnden Ziel- und Normsystemen tätig sind. Hier begründet ein allzu geschmeidiges Agieren schnell den Ruf eines „Wetterfähnchens" bzw. Opportunisten.

Beispiel

Anpassung an die Kleiderordnung

Der neu eingestellte Dezernatsleiter Günter Naumann ist von „Schlips und Kragen" wenig begeistert und erscheint dementsprechend vornehmlich mit Polo-Shirts, gelegentlich auch im Hemd mit offenem Kragenknopf zur Arbeit. Hierfür ist er vom Behördenleiter bereits mehrfach heftig kritisiert worden; auch in einem Meeting zeigten sich sämtliche Kollegen über einen solch „schlampigen" Auftritt entrüstet.

Seither erscheint Naumann nur noch mit „Schlips und Kragen".

Vermeidung und Anpassung bieten kaum inhaltliche Auseinandersetzung mit dem Konfliktgegenstand.

Den beiden bisher vorgestellten Grundmustern der Konfliktvermeidung und des Sich-Anpassens ist gemein, dass eine inhaltliche Auseinandersetzung mit dem Konfliktgegenstand weitgehend unterbleibt. Dies führt kurz- und mittelfristig dazu, dass bestehende Strukturen und Abläufe stabilisiert bzw. konserviert werden. Gleichzeitig bleiben damit oft auch Missstände und Fehlentwicklungen unentdeckt und können dementsprechend nicht angegangen werden – eine insbesondere auf lange Sicht im Sinne der Gesamtverwaltung wenig wünschenswerte Perspektive.

Befassen wir uns nun mit zwei Grundmustern, die von Solga (2011, S. 114) unter der Bezeichnung „direktes Kämpfen" zusammengefasst werden und bei denen eine inhaltliche Auseinandersetzung zwischen den Konfliktparteien erfolgt oder zumindest angestrebt wird. Hierbei kann es unter Umständen durchaus turbulent zugehen, sodass entsprechende Konflikte auch für Außenstehende sichtbar werden.

Konfrontation

Konfrontieren. Die Gegenseite in die Auseinandersetzung zwingen.

Beim **Konfrontieren** geht es darum, die Gegenseite zu einer Form der inhaltlichen Auseinandersetzung zu bewegen, zu der sie bisher nicht oder in nicht ausreichendem Umfang bereit war. Dies geschieht dadurch, dass zunächst die eigenen Argumente und Überlegungen vorgetragen werden und anschließend eine Klärung der Angelegenheit verlangt wird. Das Grundmuster des Konfrontierens wirkt auf die Konfliktentstehung bzw. auf den Konfliktverlauf auf zweierlei Weise:

- Das Konfrontieren stellt sich im Allgemeinen als offensive und dynamische Vorgehensweise dar, die das Gegenüber in eine defensive Position drängt. Durch den hiermit oftmals verbundenen Überra-

schungseffekt können der Gegenpartei unter Umständen bereits erste Zugeständnisse abgerungen werden.
- Der thematische Rahmen der inhaltlichen Auseinandersetzung wird umrissen und damit weitgehend im Sinne der Person, die das Grundmuster des Konfrontierens verfolgt, bestimmt.

Gut zu wissen

Wer anfängt, bestimmt die Richtung

Haynes (2004, S. 117 f.) berichtet davon, dass in Mediationsverhandlungen die Konfliktpartei, die mit der Schilderung des strittigen Sachverhaltes beginnt, oft die Verhandlungen thematisch bestimmt, da die zweite Person sich zunächst mit der Sicht der ersten Person auseinandersetzt und erst danach zur eigenen Sicht der Dinge kommt. Sofern nicht bewusst gegengesteuert wird, kommt es zu einer zeitlichen Asymmetrie, die letztlich zu einer thematischen Dominanz durch die erste Person führt.

Das Konfrontieren erscheint als bewusst eingesetzte Vorgehensweise vor allem dann erfolgversprechend, wenn der Gegenseite bedeutsame Informationen nicht bekannt oder bewusst sind, wie dies insbesondere bei Sachverhalts- und Informationskonflikten regelmäßig anzunehmen ist.

Beispiel

Der bedrängte Vorgesetzte

Fritz Kracht nimmt seit fast einem Jahr vertretungshalber die Aufgaben seiner Vorgesetzten wahr, die eine Rente auf Zeit bezieht. Nachdem ihm die Personalabteilung mehrfach mitgeteilt hat, dass sein Antrag auf Zahlung einer Zulage wegen eines Personalengpasses in absehbarer Zeit nicht geprüft werde, wendet er sich an den Behördenleiter und drängt sehr nachhaltig auf einen Abschluss der Prüfung, da er einerseits einen tarifrechtlichen Anspruch auf die Zulage habe und andererseits die Allgemeine Geschäftsanweisung solche zeitlichen Verzögerungen untersage.

Attackieren

Attackieren: Mit Schwung voran!

Während beim Konfrontieren die Darlegung der eigenen Argumente im Vordergrund steht und damit zugleich die Möglichkeit der inhaltlichen Auseinandersetzung mit der Gegenpartei erhalten bleibt, zielt das **Attackieren** darauf ab, den (erwarteten) Widerstand der Gegenpartei zu brechen, um die eigenen Vorstellungen und Ziele durchzusetzen.

Eine solche Vorgehensweise wirkt sich sowohl auf der inhaltlichen als auch auf der persönlichen Ebene massiv aus:

- Inhaltlich wird nur die eigene Position als zutreffend bzw. zielführend vorgestellt; gegebenenfalls mögliche und im Ergebnis durchaus ergiebige Weiterentwicklungen und Modifikationen werden damit tendenziell ausgeschlossen.
- Gleichzeitig wird die persönliche Ebene belastet: es geht eben nicht mehr um eine Begegnung der Konfliktparteien auf Augenhöhe, sondern um die Etablierung einer Sieger-Verlierer-Konstellation. Dies kann dazu führen, dass der Ausgang der aktuellen Auseinandersetzung auch über den ursprünglichen Konflikt hinausgehend bedeutsam wird: die unterlegene Seite muss befürchten als wenig überzeugend bzw. durchsetzungsschwach eingeschätzt zu werden; insbesondere Führungskräfte oder sonstwie exponierte Personen sehen sich der Gefahr ausgesetzt, ihr „Gesicht" bzw. ihre Autorität zu verlieren. Dementsprechend ist mit heftiger Gegenwehr zu rechnen. Kann die aktuelle Auseinandersetzung nicht „erfolgreich" bestanden werden, ist mit Racheaktionen zu rechnen, um die erlittene Niederlage wieder auszugleichen.

Insgesamt ist nach alledem festzustellen, dass attackierende Verhaltensweisen bestens geeignet sind, für eine zügige Konflikteskalation sowie dauerhafte bzw. stets neu aufflammende Auseinandersetzungen zu sorgen.

Beispiel

Abteilung „Attacke" sorgt für Eskalation

Anton Spahl war bei der Ausschreibung um einen Dienstposten in seinem Fachbereich nicht zum Zuge gekommen und hatte, weil er die Entscheidung nicht für sachgerecht hielt, Konkurrentenklage erhoben. Hierüber war der Fachbereichsleiter Dietmar Grün überaus erbost.

In einer gemeinsamen Dienstbesprechung, an der zwanzig weitere Kolleginnen und Kollegen teilnehmen, attackiert Dietmar Grün Anton Spahl unter anderem mit den Worten, dass er es unerträglich finde, wenn „wohlerwogene Entscheidungen von Vorgesetzten gerichtlich angegriffen werden"; zudem könne sich Spahl das ganze Verfahren sparen, weil er „der allerletzte" sei, der für einen solchen Posten überhaupt in Betracht komme.

Konfrontieren und Attackieren sind in der Öffentlichen Verwaltung eher selten.

Offene Auseinandersetzungen, die den Verhaltensmustern „Konfrontieren" und „Attackieren" entsprechen, dürften in den meisten Verwaltungen eher selten anzutreffen sein. Hierfür können mehrere Gründe angeführt werden:

- Für die Konfliktbeteiligten sind die Folgewirkungen einer offensiven Vorgehensweise, die mit einem erheblichen Eskalationspotenzial verbunden ist, kaum vorhersehbar und angesichts denkbarer Gegenreaktionen schon gar nicht eigenständig beherrschbar. Ein solch weitgehend unkalkulierbares Grundmuster dürfte vermutlich nur dann gezeigt werden, wenn der erwartete „Ertrag" in einem angemessenen Verhältnis zu dem zugehörigen „Risiko" steht.
- Verwaltungen sind nach wie vor stark durch ihren hierarchischen Aufbau, formale Abläufe und feste Strukturen geprägt. Hierdurch wird der Einsatz offensiver Vorgehensweisen deutlich eingeschränkt.
- In zahlreichen Verwaltungen ist die Konfliktkultur eher auf Konfliktvermeidung, Anpassung oder sogar Konfliktunterdrückung ausgerichtet. Die offene Austragung von Konflikten ist mit einer derart bestimmten Konfliktkultur kaum vereinbar und wird teilweise durch die Verwaltungsleitung sanktioniert.
- Die öffentliche Verwaltung steht in Teilbereichen unter öffentlicher Beobachtung (Medien, Bürgerschaft, Mandatsträger in den politischen Beschlussgremien). Eine offene Konfliktaustragung läuft schnell Gefahr zum Gegenstand öffentlicher Erörterungen zu werden.

Daher kommen im Falle der streitigen Auseinandersetzung in der öffentlichen Verwaltung eher Grundmuster zum Tragen, die dem „indirekten Kämpfen" (Solga, 2011, S. 114) zuzurechnen sind und denen wir uns nunmehr zuwenden wollen.

Prozesskontrolle

Prozesskontrolle: Über das Verfahren den Konflikt steuern.

Bei der **Prozesskontrolle** wird versucht, durch die Festlegung oder Beeinflussung der Regeln zur Konfliktaustragung die Kontrolle über den Konfliktverlauf zu gewinnen und damit die eigene Ausgangsposition zu verbessern; die inhaltliche Auseinandersetzung wird bei dieser Vorgehensweise zunächst zurückgestellt. Eine wirksame Prozesskontrolle ist allerdings nur dann möglich, wenn die Konfliktpartei, die dieses Grundmuster verfolgt, zur Regelsetzung befugt ist und die Einhaltung der Regeln durchsetzen kann. Berücksichtigen wir, dass die Regelungskompetenz in der Öffentlichen Verwaltung grundsätzlich der hierarchischen Gliederung folgt, wird deutlich, dass die Möglichkeit der Prozesskontrolle vor allem Führungskräften in Konflikten mit den Beschäftigten zur Verfügung steht.

Über die Prozesskontrolle können wesentliche Rahmenbedingungen der Konfliktaustragung bestimmt werden, also insbesondere wann wo und gegebenenfalls mit wem der Konflikt ausgetragen wird.

Beispiel

Der unfaire Vorgesetzte

Stefan Esser teilt die Reviere und Schichten für die Politessen ein. Hierbei kommt es immer wieder zu Streitereien, wer in den ungeliebten Bezirken mit den sogenannten „sozialen Brennpunkten" Dienst tun muss; in diesem Zusammenhang wird immer wieder thematisiert, dass Stefan Esser einige Kolleginnen, die ihm besonders sympathisch sind, bei den Einteilungen bevorzugt.

Änderungswünsche und Kritik akzeptiert Stefan Esser nur in schriftlicher Form, obwohl ihm bekannt ist, dass einige Politessen funktionale Analphabetinnen sind und dementsprechend jede schriftliche Äußerung vermeiden. Durch seine Vorgabe bestimmt Stefan Esser die Regeln der Konfliktaustragung.

Widerstand

Widerstand: Erst mal dagegen ...

Stellt die Prozesskontrolle für Führungskräfte meist ein wirksames Instrument gegenüber ihren Beschäftigten dar, reagieren diese oft mit **Widerstand** als Konfliktverhalten. Dieser Widerstand kann sich in vielfältigen Formen vollziehen, etwa durch

- das Verschleppen von Angelegenheiten,
- Dienst nach Vorschrift,
- passiven Widerstand,
- die Hinnahme missverständlicher Arbeitsaufträge ohne Nachfrage.

Ein beachtenswerter Nachteil dieser Verhaltensweise besteht darin, dass über den Widerstand keine aktive inhaltliche Gestaltung erreicht werden kann, sondern bestenfalls die Pläne der Gegenseite durchkreuzt werden. Die Wirksamkeit dieses Konfliktverhaltens hängt dementsprechend davon ab, inwieweit die andere Konfliktpartei auf die Mitwirkung der Widerstand leistenden Konfliktpartei angewiesen ist: Sofern ein Ausweichen auf andere möglich ist, verliert der Widerstand schnell an Wirkung.

Beispiel

Die Abhängigkeit von Vorgesetzten nutzen

Gerda Bischof, Sachbearbeiterin im Organisationsbereich, hatte sich erfolglos um die Stelle der Fachdienstleitung beworben. Im Rahmen einer Konkurrentenklage konnte sie allerdings erreichen, dass die ursprüngliche Besetzungsentscheidung der Verwaltungsleitung nicht umgesetzt werden darf. Als sie von ihrer Fachbereichsleiterin aufgefordert wird, für die anstehenden Haushaltsberatungen den Stellenplan – der ansonsten von der Fachdienstleitung erstellt wurde – vorzubereiten, erklärt sie, dass ihr hierfür die erforderlichen Kenntnisse fehlen; zudem sei ihr ja im Rahmen des Stellenbesetzungsverfahrens bedeutet worden, dass sie für die Wahrnehmung der Aufgaben der Fachdienstleitung nicht geeignet sei.

Zuletzt wollen wir uns nun noch zwei Grundmustern zuwenden, die die inhaltliche Bearbeitung des Konfliktes in den Vordergrund stellen.

Kompromiss

Kompromiss: sind nun alle Gewinner oder alle Verlierer?

Kompromisse zeichnen sich dadurch aus, dass alle Beteiligten gegenüber ihren ursprünglich eingenommenen Positionen Zugeständnisse machen; ein Verhandlungsergebnis wird also durch einen als gleichwertig empfundenen Verzicht beider Seiten erreicht. Auch wenn Kompromisse immer wieder als besondere Leistung der Konfliktparteien dargestellt werden, sind diese beim Vergleich mit den Ausgangspositionen alle Verlierer.

Auf diese Grundkonstellation reagieren viele Menschen in der Form, dass sie ihre Forderungen vorab um den voraussichtlichen Kompromiss-Verlust aufstocken. Verfolgen alle Konfliktparteien diese Verhaltensweise, führt dies aufgrund der dann extrem weit auseinanderliegenden Vorstellungen oft zu einer zusätzlichen Verhärtung der Verhandlungssituation, zumal die bewusst überzogenen Positionen inhaltlich nicht überzeugend argumentiert werden können.

Für die Wahl dieses Grundmusters sind trotz allem bedeutsame Gründe anzuführen:

- Kompromisslösungen finden in der Regel hohe gesellschaftliche und dementsprechend auch verwaltungsinterne Akzeptanz. Die Wahl dieses Grundmusters wird einer Konfliktpartei meist positiv angerechnet.
- Kompromisse zielen auf den inhaltlichen Kern der Auseinandersetzung und damit auf die dauerhafte Beseitigung des Konfliktauslösers.

- Die persönliche Beziehung zwischen den Konfliktparteien wird grundsätzlich nicht belastet, etwa im Gegensatz zum Attackieren. Insbesondere werden Sieger-Verlierer-Situationen vermieden.
- Der Ansatz, eine inhaltliche Regelung finden zu wollen, wirkt tendenziell deeskalierend.

Beispiel

Zwei Gewinner oder zwei Verlierer?

Die Verwaltungsleitung beabsichtigt, die Öffnungszeiten der Kfz-Zulassungsstelle auf den Samstag-Vormittag auszudehnen und dabei – zur Sicherstellung der gewohnten Servicequalität – alle sechs Bearbeitungsplätze zu besetzen. Die Beschäftigten lehnen die Öffnung am Samstag grundsätzlich ab. Als Kompromiss wird vereinbart, dass samstags zwar geöffnet wird, aber lediglich drei Service-Plätze besetzt werden, um nicht alle Beschäftigten mit dem Samstagsdienst zu belasten.

Beide Seiten haben gegenüber ihrer Ausgangsposition „verloren“: die Beschäftigten haben ihren arbeitsfreien Samstag eingebüßt, die Verwaltungsleitung muss eine geringere Besetzung und damit ggf. Kritik aus der Bevölkerung wegen längerer Wartezeiten in Kauf nehmen.

Problemlösen

Problemlösen: Ein anspruchsvolles Ziel.

Das **Problemlösen** greift zur Erzielung eines Ergebnisses wesentlich weiter aus als die Kompromisssuche; insbesondere wird hierbei versucht, die Entstehung von Kompromiss-Verlusten zu vermeiden und sogenannte win-win-Lösungen zu generieren. Dies kann etwa dadurch geschehen, dass in die Lösungssuche Aspekte einbezogen werden, die mit dem ursprünglichen Problem nichts oder nicht unmittelbar zu tun hatten, um den zu verteilenden „Kuchen“ zu vergrößern. Allerdings ist dies im Verwaltungsalltag vielfach nicht zu realisieren. Ein wesentlicher Grund dafür ist, dass die den Konfliktbeteiligten zustehenden Kompetenzen bzw. Ressourcen oft nicht ausreichen, zusätzliche Aspekte in die Problemlösung einzubeziehen. Ebenfalls darf nicht übersehen werden, dass die Umsetzung dieses Grundmusters in der Regel mit einigem Aufwand (Aufarbeitung der Kernproblematik und Erweiterung auf andere Themenbereiche zur „Kuchenvergrößerung“) verbunden ist.

Die Gründe für die Wahl des Grundmusters „Problemlösen“ entsprechen weitgehend denen des Grundmusters „Kompromiss“; eine Bekräftigung ergibt sich daraus, dass gegenüber der Kompromisssuche ein für alle Beteiligten günstigeres Ergebnis erhofft werden kann.

Beispiel

Wenn alle gewinnen ...

Schon seit seiner Kindheit hat Klaus Hansen große Probleme mit dem frühen Aufstehen und ist dementsprechend bereits mehrfach zu spät zum Dienst erschienen, was jeweils zu heftigen Auseinandersetzungen mit seinem Vorgesetzten und einigem Unmut bei seinen Kollegen führte. Nach einer ausführlichen Erörterung des Problems wird folgende Lösung gefunden: Klaus Hansen beginnt seinen Dienst täglich zwei Stunden später, bietet dafür aber Spät-Sprechstunden für Berufstätige an, die vorher zwar mehrfach von der Fachbereichsleitung gewünscht, von den Beschäftigten aber jeweils abgelehnt wurden.

Mit dieser Lösung wird Klaus Hansen aus seinem Aufsteh-Problem entlassen, steht aber gleichzeitig für einen zusätzlichen Bürgerservice zur Verfügung, der sonst nur gegen Widerstände hätte realisiert werden können.

Zahlreiche Kombinationen der Grundmuster vorstellbar.

So aufschlussreich die Beschreibung der acht Grundmuster zum Verständnis des Konfliktverhaltens der einzelnen Konfliktbeteiligten auch sein dürfte, geht es in der Konfliktanalyse vorrangig um das Zusammenwirken der von den Konfliktparteien gezeigten Verhaltensweisen. Die bei einem Konflikt mit lediglich zwei Beteiligten insgesamt 8 x 8 = 64 möglichen Kombinationen wirken sich in höchst unterschiedlicher Weise auf den Konfliktverlauf und die Perspektiven zur Konfliktbeendigung aus.

„3 aus 64" – drei beispielhafte Konfliktkonstellationen aus 64 Möglichkeiten

- Verfolgen beide Konfliktparteien den Ansatz „Problemlösen", ist mit einer sachorientierten Auseinandersetzung zu rechnen, die kaum zu einer nennenswerten Eskalation führen dürfte. In solchen Fällen kann grundsätzlich auf eine eigenständige Lösung durch die Konfliktparteien vertraut werden.
- Verfolgt eine Konfliktpartei den Ansatz „Anpassung" und die anderen den Ansatz „Attacke", kann davon ausgegangen werden, dass die attackierende Partei sich durchsetzen wird. Es ist in dieser Konstellation so lange mit einseitigen Eskalationsschritten durch eine Seite („Attacke") zu rechnen, bis die andere Seite schließlich nachgibt. Auch in diesem Fall kann grundsätzlich davon ausgegangen werden, dass es zu einer Konfliktbeendigung ohne externe Einflussnahme kommt. Dass das Konfliktende auf die größere Durchschlagskraft des Ansatzes „Attacke" und nicht auf eine intensive inhaltliche Auseinandersetzung mit dem Ursprungsproblem zurück-

zuführen ist, dürfte sich in der Regel ungünstig auf das erzielte Ergebnis auswirken.

- Schließlich – und diese Konstellation entspricht am ehesten der üblichen Einschätzung von Konflikten – kommt es bei Konflikten, in denen beide Seiten den Ansatz „Attacke" vertreten, regelmäßig zur schnellen und weitreichenden Eskalation. Eine eigenständige Konfliktlösung kann hier kaum erwartet werden, eher ist mit negativen Auswirkungen bis ins Umfeld der Konfliktparteien hinein zu rechnen.

Wichtig

Konfliktinterventionen müssen das gezeigte Konfliktverhalten berücksichtigen!

Konfliktinterventionen, die das von den Konfliktparteien gezeigte Konfliktverhalten nicht angemessen berücksichtigen, laufen in der Regel in die Leere. So macht es beispielsweise keinen Sinn, zwei Konfliktparteien des Ansatzes „Attacke" zu einem Gespräch einzuladen, in dem ohne größere Vorbereitung eine Verhandlungslösung erreicht werden soll.

Zudem sollte bei der Entwicklung einer verwaltungsweiten Konfliktkultur darauf geachtet werden, dass auch Ansätze des „Sich-Anpassens" und „Vermeidens", die zwar eine gewisse „Ruhe" in der Organisation versprechen, aber auch keine inhaltliche Weiterentwicklung erwarten lassen, grundsätzlich nicht erstrebenswert sind.

Zum Abschluss dieses Abschnittes sei noch darauf hingewiesen, dass in der Konfliktanalyse unterschieden werden sollte zwischen der von den Konfliktparteien zunächst beabsichtigten und der dann tatsächlich realisierten Verhaltensweise, da es hier zu gravierenden Abweichungen kommen kann.

Tipp

Gründe für die Abweichungen erfragen

Regnet (2007) berichtet von empirischen Untersuchungen, nach denen 87,5 % der Befragten ursprünglich planten, eine gemeinsame Problemlösung anzustreben, dies aber jedoch nur von 29,2 % der Befragten tatsächlich realisiert wurde. Die Gründe für ein „Umschwenken" zu erfragen, bringt in vielen Fällen interessante Zusatzinformationen über den bisherigen Konfliktverlauf.

1.6 Wie können Konflikte sachgerecht untersucht werden? – Konfliktanalyse

1.6.1 Ansatzpunkte der Konfliktanalyse

Wenn wir die in den vorangegangenen Abschnitten behandelten Kategorisierungen und Rahmenbedingungen rekapitulieren, dann sind Konflikte in Entstehung und Verlauf durch eine Vielzahl von Faktoren bestimmt. Es handelt sich bei Konflikten also um soziale Phänomene hoher Komplexität. Damit sind sie intuitiv nur bruchstückhaft erfassbar. Dies gilt sowohl für die unmittelbar Konfliktbeteiligten als auch alle anderen. Auf dieser Grundlage ist eine qualifizierte Befassung mit Konflikten jedoch nicht möglich; viel zu groß ist die Gefahr, dass bedeutsame Aspekte übersehen oder falsch eingeschätzt werden.

Konfliktanalyse dient der systematischen Erfassung zentraler Aspekte eines Konfliktes.

Die Konfliktanalyse, mit der wir uns in der Folge beschäftigen wollen und die im Schrifttum teilweise auch als Konfliktdiagnose bezeichnet wird (z. B. Spisak, 2003, S. 337; Berkel, 2005, S. 44 f.), stellt einer solchen intuitiven Vorgehensweise die systematische und auf einer strukturierten Vorgehensweise basierende Erfassung und Bewertung zentraler Merkmale eines Konflikten entgegen (Tries & Reinhardt, 2008; Ballreich, 2013, S. 529). Dabei können mit der Konfliktanalyse durchaus unterschiedliche Ziele verfolgt werden:

- **Ziel: Rückblickende Analyse von Verantwortlichkeiten und Besonderheiten**

  Konfliktverlauf kann einfach dokumentiert werden.

  Zunächst besteht die Möglichkeit, sich auf eine möglichst umfassende Beschreibung eines Konfliktes, der unter Umständen sogar schon beendet ist, zu beschränken. Einen entsprechenden Ansatz findet man beispielsweise bei Berkel (2005, S. 45 ff.): Hier werden zur Konfliktdiagnose fünf Fragen mit jeweils zahlreichen Unterpunkten abgearbeitet, wobei sich die letzte Frage auf „Das Ergebnis: Was hat der Konflikt gebracht?" (Berkel, 2005, S. 47) bezieht. Wir wollen eine solche Vorgehensweise als **dokumentierende Konfliktanalyse** bezeichnen. Mit ihr werden vor allem zwei Ziele verfolgt:
  - Zum einen kann versucht werden, Verantwortlichkeiten für Eskalationen oder Regelverletzungen im Konfliktverlauf zu klären, wenn beispielsweise eine dienst- oder arbeitsrechtliche Ahndung beabsichtigt ist (Einzelfallanalyse).
  - Zum anderen kann durch Abarbeitung eines einheitlichen Diagnoseschemas der Versuch unternommen werden, „Gesetzmäßigkeiten" und Auffälligkeiten empirisch zu bestimmen, um hieraus beispielsweise Ansatzpunkte zur Konfliktprävention abzuleiten (Häufigkeitsanalyse). Eine solche Vorgehensweise ist allerdings

mit erheblichem Aufwand verbunden, der in der betrieblichen Praxis vielfach nicht geleistet werden kann.

- **Ziel: Vorbereitung konkreter Interventionen**
  Gehen wir davon aus, dass Konfliktentstehung und -verlauf durch mehr oder weniger bewusste Entscheidungen der Beteiligten oder auch Dritter (z. B. Vorgesetzte, Betriebliches Konfliktmanagement) gesteuert bzw. beeinflusst werden, kann die Konfliktanalyse auch dazu eingesetzt werden, Ansatzpunkte zur konstruktiven Konfliktgestaltung bzw. Konflikthandhabung bereitzustellen. Diesen Ansatz wollen wir als **handlungsorientierte Konfliktanalyse** bezeichnen.

  Suche nach Interventionsmöglichkeiten kann unterstützt werden.

  Die handlungsorientierte Konfliktanalyse ist einerseits eine Option für die Konfliktparteien selbst, indem sie ihnen eine eher rationale Befassung mit der Konfliktsituation ermöglicht und den einer erfolgreichen Konfliktbearbeitung in der Regel wenig zuträglichen gefühlsmäßigen Aufwallungen entgegen wirkt. Die Konfliktanalyse bietet hierbei Orientierung in der aktuellen Konfliktlage und liefert Ansatzpunkte zur Festlegung des eigenen weiteren Verhaltens. Eine ausführliche Darstellung hierzu findet sich beispielsweise bei Tries und Reinhardt, 2008, S. 129 ff.
  Anderseits kommt eine handlungsorientierte Konfliktanalyse auch für Führungskräfte und die im Rahmen eines Betrieblichen Konfliktmanagementsystems tätigen Personen in Betracht: Die möglichst umfassende Analyse der Konfliktsituation gewährleistet, dass nicht nur diejenigen Aspekte Beachtung finden, die unmittelbar „ins Auge springen", sondern auch unscheinbare, aber sehr bedeutsame Aspekte berücksichtigt werden. Im Rahmen der Konfliktanalyse wird bei dieser Vorgehensweise zunächst geklärt, ob Handlungsbedarf besteht und anschließend, falls der Handlungsbedarf bejaht wurde, welche konkreten Ansatzpunkte für Konfliktinterventionen identifiziert werden können.

- **Ziel: Vorbereitung präventiver Maßnahmen**
  Schließlich besteht die Möglichkeit, im Rahmen einer vom Einzelfall abstrahierenden Analyse ausgewählter Merkmale, Auffälligkeiten in der Gesamtverwaltung oder in Teilbereichen zu erkunden. Dies wollen wir als **evaluative Konfliktanalyse** bezeichnen. Die evaluative Konfliktanalyse weist einige Ähnlichkeiten zur zweiten Form der dokumentierenden Konfliktanalyse auf, weil in beiden Fällen auf der Grundlage festgestellter Auffälligkeiten Ansatzpunkte zur Konfliktprävention identifiziert werden sollen. Bei der evaluativen Konfliktanalyse bleibt allerdings das konkrete Konfliktgeschehen im Einzelfall weitgehend außer Betracht, sodass der mit der Erhebung

  Erkundung von Auffälligkeiten kann Präventionsansätze liefern.

der entsprechenden Daten verbundene Aufwand in der Praxis durchaus leistbar erscheint.
Im Betrieblichen Konfliktmanagement sind Konfliktprävention und Konfliktintervention von zentraler Bedeutung. In diesem Sinne werden wir uns nachfolgend lediglich mit der handlungsorientierten und der evaluativen Konfliktanalyse näher befassen.

Tipp

Parallelen nutzen

Die im folgenden Abschnitt noch vorzustellenden Leitfragen zur handlungsorientierten Konfliktanalyse (s. Abb. 1.6) können auch zur Grundlage für eine dokumentierende Konfliktanalyse gemacht werden. Lediglich die Frage, welche Ergebnisse der Konflikt erbracht hat, ist zusätzlich zu diskutieren.

1.6.2 Die handlungsorientierte Konfliktanalyse

Handlungsorientierte Konfliktanalyse dient der Entscheidungsunterstützung.

Die handlungsorientierte Konfliktanalyse ist in ihrer Gestaltung und inhaltlichen Ausrichtung durch die Zielsetzung bestimmt, qualifizierte Informationen zur Entscheidung, ob und gegebenenfalls wie in einem konkreten Konflikt interveniert werden soll, bereitzustellen. Hieraus ergeben sich für die Durchführung der Konfliktanalyse einige grundlegende Folgerungen:

- Die handlungsorientierte Konfliktanalyse befasst sich ausschließlich mit bestehenden oder gerade entstehenden Konflikten.
- Der Zielsetzung der handlungsorientierten Konfliktanalyse entsprechend sollten diejenigen Aspekte unbeachtet bleiben, die keine Entscheidungsrelevanz besitzen.
- Die übrigen Aspekte sind nur insoweit zu berücksichtigen, als dies im konkreten Fall geboten ist. Dies bedeutet, dass der Informationsgewinnung ein zweistufiger Selektionsprozess vorausgeht:
  - Stufe 1: Welche Aspekte sind zu berücksichtigen?
  - Stufe 2: Welche Informationen hierzu sind zu berücksichtigen?

Gut zu wissen

Nichtstun kann auch eine Option sein!

Zahlreiche Führungskräfte verfügen über ein stark aktionsorientiertes Rollenverständnis: Bei auftretenden (tatsächlichen oder vermeintlichen) Problemen wird regelmäßig der Versuch unternommen, durch die Initiierung von Maßnahmen eigene Handlungs- und Führungsstärke zu beweisen.

Eine solche Vorgehensweise ist bei Konflikten in vielen Fällen nicht unbedingt hilfreich, beispielsweise wenn die Konfliktparteien bereits über eigene, ausreichende Konfliktbearbeitungsmechanismen verfügen oder durch die Invention ihres Vorgesetzten um den Erwerb eigener Konfliktlösungskompetenzen gebracht werden. Deshalb sei an dieser Stelle nochmals betont, dass die handlungsorientierte Konfliktanalyse eine Intervention durch Führungskräfte nicht voraussetzt, sondern vielmehr eine ergebnisoffene (!) Prüfung beinhaltet, ob überhaupt interveniert werden soll.

In der Literatur werden zur konkreten Ausgestaltung der handlungsorientierten Konfliktanalyse diverse Ansätze vertreten, die sich insbesondere hinsichtlich ihrer Differenzierung im Detail (sehr detailliert etwa bei Jiranek & Edmüller, 2007, S. 358 – 363) unterscheiden.

Die zehn Leitfragen der Konfliktanalyse

Nach diesen einführenden Darstellungen wollen wir uns nunmehr der konkreten Ausgestaltung der handlungsorientierten Konfliktanalyse zuwenden. Die handlungsorientierte Konfliktanalyse erfolgt zweckmäßigerweise unter Verwendung der zehn Leitfragen aus der Übersicht in Abb. 1.6, die vollständig und in der nachstehenden Reihenfolge abgearbeitet werden sollten:

Q04083
Download Leitfragen – Handlungsorientierte Konfliktanalyse

Leitfragen – Handlungsorientierte Konfliktanalyse (Abb. 1.6)

Leitfragen	Detailfragen	zum Nachlesen
Liegt überhaupt ein Konflikt vor?	▪ Wer hat auf den Konflikt aufmerksam gemacht? ▪ Gab es in diesem Bereich/zwischen diesen Personen bereits einen Konflikt? ▪ Liegen konkrete Anhaltspunkte für einen Konflikt vor (Beschwerden, Störungen im Betriebsablauf, emotionale Belastungen, lautstarke Auseinandersetzungen)? ▪ Liegen die zur Annahme eines Konfliktes erforderliche Qualität und Dauerhaftigkeit der Auseinandersetzung vor? ▪ Welcher Stellenwert wird der Auseinandersetzung von den Beteiligten/ihrem Umfeld/von den Führungskräften beigemessen?	Abschnitt 1.1 *Konfliktdefinition*

Leitfragen	Detailfragen	zum Nachlesen
Wer ist an dem Konflikt beteiligt?	■ Welche Konfliktbeteiligten sind in Erscheinung getreten? ■ Sind Machtungleichgewichte zu beachten? ■ Inwieweit sind andere Personen einbezogen (Ratgeber, Unterstützer, Verbündete)? ■ Wer könnte ansonsten Interesse an dem Konflikt haben, ggf. als verdeckter Konfliktbeteiligter?	Abschnitt 1.2.2 *Kategorisierung nach Beteiligten*
Worum geht es inhaltlich?	■ Kann der Konfliktgegenstand identifiziert werden? ■ Sind mehrere Konfliktgegenstände relevant? ■ Bestehen ggf. Wechselwirkungen zwischen mehreren Konfliktgegenständen? ■ Kommt eine inhaltliche Konfliktverschiebung in Betracht? ■ Tragen die erkennbaren Konfliktgegenstände den Konflikt?	Abschnitt 1.2.3 *Konfliktkategorisierung nach Konfliktgegenstand*
Welcher Eskalationsstufe ist der Konflikt aktuell zuzuordnen und wie stellt sich die bisherige Dynamik dar?	■ Wird der Konflikt „heiss" oder „kalt" ausgetragen? ■ Welche Eskalationsstufe nach dem Modell von Glasl ist erreicht? ■ Agieren alle Beteiligten auf gleicher Eskalationsstufe? ■ Wie erfolgte die bisherige Eskalation: langsam oder rasch? ■ Ist eine Beschleunigung der Eskalation erkennbar? ■ Wer tritt als Eskalationstreiber auf, alle Beteiligten oder nur einzelne? ■ Sind Phasen der De-Eskalation festzustellen? Falls ja, wodurch wurden diese eingeleitet?	Abschnitt 1.3 *Formen der Konfliktaustragung*
Welche Konfliktbegleitumstände sind zu beachten?	■ Zeichnen sich die Konfliktbeteiligten durch besondere Persönlichkeitseigenschaften aus? ■ Sind zur persönlichen Situation der Konfliktbeteiligten relevante Informationen verfügbar? ■ Unterscheidet sich das Verhalten einer Konfliktpartei deutlich von ihrem sonstigen Verhalten, sodass der Einfluss situativer Rahmenbedingungen vermutet werden kann? ■ Sind Konflikterfahrungen der Konfliktbeteiligten bekannt? ■ Welche Konfliktkultur besteht in der Gesamtorganisation? ■ Welche Konfliktkultur besteht in dem Organisationsbereich, in dem der Konflikt stattfindet?	Abschnitt 1.4 *Begleitumstände*
Welches Konfliktverhalten wird gezeigt?	■ Welches Konfliktverhalten zeigen die Konfliktparteien? ■ Sind Veränderungen im Konfliktverhalten festzustellen und was hat diese ausgelöst? ■ Erscheint das Konfliktverhalten situationsentsprechend oder gibt es erhebliche Unterschiede zwischen gezeigtem und zu erwartendem Konfliktverhalten?	Abschnitt 1.5 *Konfliktverhalten*
Wer wird durch den Konflikt beeinträchtigt?	■ Welche Beeinträchtigungen ergeben sich für die Konfliktbeteiligten, ihr Umfeld und für die Gesamtorganisation? ■ Welche Intensität haben die Beeinträchtigungen erreicht? ■ Muss mit einer Zunahme der Beeinträchtigungen gerechnet werden? ■ Inwieweit können die Beeinträchtigungen kompensiert oder ausgeglichen werden?	Abschnitt 1.6.2 *Handlungsorientierte Konfliktanlyse, Erläuterungen zu Leitfrage 7*

Leitfragen	Detailfragen	zum Nachlesen
Ist eine Intervention notwendig?	■ Ist eine Intervention überhaupt notwendig? ■ Stehen die mit einer Intervention verbundenen Nachteile (Inanspruchnahme personeller/finanzieller Ressourcen, ggf. Entlassung der Konfliktparteien aus der eigenen Konfliktverantwortung) in einem angemessenen Verhältnis zum erwarteten Nutzen? ■ Falls keine Intervention notwendig ist: Muss der weitere Verlauf des Konfliktes überwacht/beobachtet werden?	Kapitel 2 *Strategien zum Umgang mit Konflikten*
Welche Handlungsoptionen bestehen und was soll/kann damit erreicht werden?	■ Ist eine macht-/recht- oder interessenbasierte Konfliktbearbeitung zweckmäßig? ■ Welche konkreten Unterstützungsleistungen kommen in Betracht? ■ Sind die in Betracht gezogenen Handlungsoptionen wirklich erforderlich oder stehen andere Möglichkeiten zur Verfügung, die die Konfliktlösung eher den Konfliktparteien überlassen?	Kapitel 2 *Strategien zum Umgang mit Konflikten* Abschnitt 3.2.2 *Bereitstellung von Untestützungsleistungen*
Welche Ressourcen stehen zur Verfügung?	■ Welche personellen und finanziellen Ressourcen stehen zur Verfügung? ■ Stehen die erforderlichen Ressourcen dauerhaft und in ausreichendem Umfang zur Verfügung? ■ Können ggf. weitere Ressourcen bereitgestellt werden?	Kapitel 3 *Betriebliches Konfliktmanagement und Betriebliches Konflitkmanagementsystem*

Sehen wir uns die Fragen einmal etwas genauer an.

I. Liegt überhaupt ein Konflikt vor?

Konflikt: entscheidend ist das Sein, nicht der Schein.

Auch wenn diese Frage möglicherweise überrascht, sei an die Konfliktdefinition aus Abschnitt 1.1 erinnert, wonach ein Konflikt ein entsprechendes subjektives Empfinden mindestens einer Konfliktpartei voraussetzt. Dies bedeutet, dass nicht jede von Dritten – und in einer solchen Position befinden sich Führungskräfte sowie die im Rahmen eines Betrieblichen Konfliktmanagementsystems tätigen Personen – als konflikthaft eingeschätzte Situation auch von den unmittelbar Beteiligten so bewertet wird. So ist es durchaus vorstellbar, dass überaus turbulente und lautstarke Auseinandersetzungen von den Beteiligten zwar als intensiv, aber keineswegs als konflikthaft eingestuft werden. In solchen Situationen würde jeder Versuch einer Konfliktintervention vor allem auf Unverständnis stoßen.

Beispiel

Die Konflikt-Fehlinterpretation

Gernot Meerheim ist – von einer anderen Verwaltung kommend – als Leiter einer verwaltungsinternen Projektgruppe eingestellt worden. Während er telefoniert, bekommt er mit, wie im Nebenbüro, die Tür ist nur angelehnt, sein Mitarbeiter Stefan Faust seiner Kollegin Ulrike Beermann schwungvoll Unterlagen auf den Tisch wirft und ihr dabei zuruft: „So, jetzt kannst du deinen fetten Hintern wieder in Bewegung setzen", woraufhin diese ihm lautstark entgegnet: „Und wenn ich fertig bin, knall ich dir das so auf den Tisch, dass dein Fett schwabbelt!" Dann wird vom Nachbarbüro aus die Tür zugezogen, sodass er vom weiteren Gang der Dinge nichts mehr mitbekommt außer einer laut zugeschlagenen Flurtür. Unmittelbar nachdem er sein Telefonat beendet hat, bestellt Gernot Meerheim die beiden in sein Büro, um in dem, seiner Meinung nach bestehenden, Konflikt zu vermitteln.

Dabei stellt sich heraus, dass Stefan Faust und Ulrike Beermann seit vier Wochen gemeinsam an einem Gewichtsreduktionsprogramm teilnehmen und sich hinsichtlich ihrer Noch-Leibesfülle gegenseitig „auf die Schippe" nehmen. Die knallende Tür war dadurch zustande gekommen, dass Stefan Faust als Freundschaftsdienst für seine Kollegin einen großen Stapel Alt-Akten mitnahm, ihm beim Verlassen des Büros aber die Klinke aus der Hand gerutscht war.

Möglichkeit der Konfliktleugnung beachten!

Auch verleugnete Konflikte sind Konflikte.

Allerdings besteht auch die Möglichkeit, dass gegenüber Vorgesetzten ein tatsächlich bestehender Konflikt geleugnet wird. Hierfür können überaus unterschiedliche Motive ausschlaggebend sein, z. B.:

- Ist eine Verwaltung sehr harmonieorientiert, werden Konfliktbeteiligte als „Störer" angesehen und ihre Konfliktbeteiligung als Fehlverhalten eingestuft.
- Bei sehr dominanten Führungskräften ist damit zu rechnen, dass die Konfliktbeteiligten sich den Konflikt „nicht aus der Hand nehmen" lassen wollen, um nicht den Entscheidungen der Führungskraft ausgeliefert zu sein.
- Von Führungskräften der mittleren Führungsebene werden Konflikte mit Mitarbeitern gegenüber den eigenen Vorgesetzten gerne geleugnet, um keine Zweifel an der eigenen Personalführungskompetenz aufkommen zu lassen.

Tipp

Prüfschema zur Konfliktidentifikation verwenden

Besteht der Verdacht, dass der Konflikt geleugnet wird, kann versucht werden, anhand der in Abschnitt 1.1 beschriebenen Anhaltspunkte ein genaueres Bild zu gewinnen, ob ein Konflikt anzunehmen ist.

II. Wer ist an dem Konflikt beteiligt?

Analyse der Konfliktbeteiligten ist oftmals einfach, erfordert aber Sorgfalt.

Die Frage nach den Konfliktbeteiligten erscheint in den meisten Fällen zunächst trivial, deren fehlerhafte Beantwortung kann aber bei Konfliktinterventionen zu gravierenden Problemen führen. Gerade bei verwaltungsinternen Konflikten ist zu beachten, inwieweit die Konfliktbeteiligten „als Person" oder „als Funktionsträger" beteiligt sind. So ist insbesondere bei Konflikten zwischen Führungskräften und ihren Mitarbeitern zu prüfen, inwieweit das Machtungleichgewicht im Konflikt zum Tragen kommt; dies kann sich beispielsweise im Konfliktverhalten (z. B. Attacke des Vorgesetzten, Widerstand des Mitarbeiters) niederschlagen. Bei 1:n- bzw. n:n-Konflikten ist von großer Bedeutung, inwieweit die jeweiligen „Köpfe" der Gruppen wirklich die Gruppeninteressen vertreten oder die Gruppeninteressen zur Überdeckung ihrer eigenen Interessen vorschieben; im letzteren Fall liegt tatsächlich ein 1:1-Konflikt vor.

Ebenfalls ist zu untersuchen, ob weitere Personen mittelbar an dem Konflikt beteiligt sind. Diese können sowohl für die eigentliche Konfliktentstehung als auch für den Konfliktverlauf von erheblicher Bedeutung sein und sind bei Konfliktinterventionen angemessen zu berücksichtigen.

Beispiel

Der konfliktverursachende Landrat

Der frisch gewählte Landrat Günter Herzberg ist ebenso verwaltungsunerfahren wie misstrauisch. Dies hat zur Folge, dass er bei zahlreichen Themenstellungen gleich mehrere Personen oder Abteilungen mit der Bearbeitung seiner Anliegen betraut. Die ehrgeizigen Abteilungsleiter Berthold Meyrink und Kurt Eckel geraten auf dieser Grundlage in ein heftiges Kompetenzgerangel, das sich aufgrund der grundlegend unterschiedlichen Arbeitsweise der beiden schnell zu einem stark eskalierten Konflikt entwickelt.

Hier eine Konfliktintervention lediglich auf Berthold Meyrink und Kurt Eckel zu beschränken, dürfte zu keiner dauerhaften Lösung führen, wenn der Landrat an seiner Vorgehensweise festhält.

III. Worum geht es inhaltlich?

Eine Analyse des Konfliktgegenstands gibt Hinweise auf mögliche Interventionen.

Die Klärung des Konfliktgegenstandes ist für die Einschätzung möglicher Interventionsansätze von zentraler Bedeutung. Anknüpfend an die in Abschnitt 1.2 vorgestellte Kategorisierung nach dem Konfliktgegenstand ist beispielsweise bei Informationskonflikten eine Konfliktlösung unter Umständen bereits durch die Bereitstellung qualifizierter Informationen zu erwarten; bei Verteilungskonflikten kann eine Konfliktlösung oft nur unter Einbeziehung der ressourcenverantwortenden Stelle erzielt werden, was sich wiederum in der Analyse der Konfliktbeteiligten niederschlagen sollte; Beziehungskonflikte erfordern persönliche Entwicklungsschritte der Beteiligten und können dementsprechend durch Außenstehende nicht inhaltlich „entschieden" werden.

Vielschichtige Konflikte über die Konflikthistorie identifizieren.

Bei der Analyse des Konfliktgegenstandes ist generell die Möglichkeit zu berücksichtigen, dass mehrere Themen bearbeitet werden müssen. In diesem Zusammenhang ist vor allem an Konflikte zu denken, bei denen infolge einer Vielzahl von Einzelgeschehnissen bei einem der Beteiligten das „Fass übergelaufen" ist. Hier ist es in der Regel erforderlich, alle Konfliktthemen zu bearbeiten, um zu einer gründlichen Klärung der Verhältnisse zu kommen.

Gut zu wissen

Wenn die Relation nicht stimmt…

Insbesondere in den Fällen, in denen der bekannt gewordene Inhalt des Konfliktes in keiner überzeugenden Relation zur Heftigkeit oder Dauerhaftigkeit der Auseinandersetzung steht, ist in Betracht zu ziehen, dass weitere Konfliktthemen relevant sind. Alternativ ist zu untersuchen, ob Konfliktverschiebungen vorliegen, die dazu führen, dass die Bearbeitung des sichtbaren Konfliktthemas zur dauerhaften Konfliktlösung gar nicht beitragen kann.

IV. Welcher Eskalationsstufe ist der Konflikt aktuell zuzuordnen und wie stellt sich die bisherige Konfliktdynamik dar?

Hohe Dynamik erfordert rasches Handeln!

Schnell eskalierende Konflikte bedürfen einer raschen Intervention, um einer weiteren Entsachlichung der Auseinandersetzung entgegenzuwirken. Kann eine Deeskalation durch die Konfliktbeteiligten festgestellt werden, sollten eigene Interventionen zunächst zurückgestellt werden, sofern im weiteren Verlauf eine eigenständige Konfliktbearbeitung durch die Beteiligten erwartet werden kann; hierzu sind die Rahmenumstände der Konfliktaustragung zu beachten.

Beispiel

Der deeskalierte Konflikt

Die Konfliktbeteiligten hatten zunächst in ihrem jeweiligen Umfeld Kolleginnen und Kollegen zur Unterstützung mobilisieren können. Diese hatten aber sehr schnell das Interesse an der Auseinandersetzung verloren, weil sie sich von den Konfliktparteien für deren Zwecke eingespannt fühlten. Nun wenden sie sich ab, sodass die Konfliktparteien massiv an Rückhalt verlieren und sich in der Folgezeit um eine einvernehmliche Regelung ihrer Angelegenheiten bemühen.

Zur Bedeutung der Eskalationsstufe für die Auswahl einer Interventionsmaßnahme sei auf die noch folgenden Ausführungen im Abschnitt 2.3 verwiesen.

V. Welche Konfliktbegleitumstände sind zu beachten?

Den Einfluss der Begleitumstände angemessen berücksichtigen.

Wie in Abschnitt 1.4 dargestellt, werden Konflikte unter dem Einfluss bestimmter Begleitumstände ausgetragen, die auf Konfliktentstehung und Konfliktverlauf erhebliche Auswirkungen haben können. Die Konfliktbegleitumstände beeinflussen darüber hinaus aber auch in hohem Maß die Einsetzbarkeit und Wirksamkeit konkreter Konfliktinterventionen.

Beispiel

Aufbegehrt – war auch verkehrt

Gerda Lang sieht sich selbst als harmoniestrebenden Menschen und geht dementsprechend Konflikten grundsätzlich aus dem Weg. Vor einem halben Jahr hatte sie sich von einer Kollegin ermutigen lassen, in einem Konflikt mit einem Kollegen die offene Auseinandersetzung zu suchen. Dies führte einerseits zu einer massiven Konflikteskalation durch ihren Kollegen und zugleich zu einem „Rüffel" durch die Abteilungsleiterin, die sich stets darum bemüht, aufkommende Konflikte zu unterdrücken. Nach diesen Vorerfahrungen kann von Gerda Lang beim nächsten Konflikt kaum die Bereitschaft zur offenen Auseinandersetzung erwartet werden.

VI. Welches Konfliktverhalten wird gezeigt?

Das Konfliktverhalten gibt Aufschluss über konkrete Interventionsansätze.

Die Analyse des Konfliktverhaltens kann einerseits dazu dienen, die bisherige Konfliktdynamik zu verstehen; andererseits gibt sie aber vor allem darüber Auskunft, inwieweit konkrete Konfliktinterventionen zum bisherigen Verhalten der Konfliktparteien „passen" oder diesem entgegenstehen. So kann beispielsweise eine dialogorientierte und auf eine einvernehmliche Lösung abzielende Intervention kaum erfolgreich sein, wenn die Konfliktparteien den Ansatz „Attacke“ verfolgen.

Änderungen im Konfliktverhalten stets beachten.

Von besonderem Interesse, aber aufgrund der verfügbaren Informationen nicht immer zu klären, ist die Frage, ob die Konfliktparteien ihr Konfliktverhalten verändert haben. Ist dies der Fall, sollten die Gründe dafür näher untersucht werden, z. B.:

- Sind weitere Beteiligte hinzugekommen? In diesem Fall ist ein Rücksprung zur Frage II (Konfliktbeteiligte) erforderlich!
- Haben sich die Rahmenumstände der Konfliktaustragung verändert?
- Haben sich die persönlichen Verhältnisse bei einer Konfliktpartei geändert?

Erscheint das bisherige Konfliktverhalten in Bezug auf eine beabsichtigte Konfliktintervention inkompatibel, ist entweder auf diese Art der Konfliktintervention zu verzichten oder die Konfliktparteien müssen durch eine vorhergehende zusätzliche Intervention von ihrem ursprünglichen Konfliktverhalten abgebracht werden.

Beispiel

Vorbereitung einer Konfliktintervention

Während einer Klausurtagung geraten zwei Fachdienstleiter dermaßen aneinander, dass es zu heftigen Wortgefechten mit teilweise beleidigendem Inhalt kommt. Die Leiterin der Verwaltung würde die Angelegenheit gerne mit beiden Beteiligten im gemeinsamen Gespräch erörtern (= beabsichtige Intervention), sieht aber aktuell keinen Ansatz für einen ruhigen und sachorientierten Gesprächsverlauf. Dementsprechend untersagt sie beiden sofort jede weitere Äußerung und droht den Abbruch der Klausurtagung an, sofern dem nicht umgehend Folge geleistet wird (= zusätzliche Intervention).

Hier dient eine vorübergehende Konfliktunterdrückung der Vorbereitung der eigentlich beabsichtigten Intervention.

VII. Wer wird durch den Konflikt beeinträchtigt?

Konflikte beeinträchtigen nicht nur die unmittelbar Konfliktbeteiligten; vielmehr sind, je nach Konflikt, vielfältige „Nebenwirkungen“ anzunehmen.

Beeinträchtigungen durch den Konflikt würdigen.

Hierbei kommen beispielsweise in Betracht:

- Mitarbeiter im engeren Arbeitsumfeld fühlen sich durch den Konflikt gestört;
- Arbeitsabläufe werden beeinträchtigt;
- es entstehen Imageschäden für die Gesamtverwaltung.

In seltenen Einzelfällen kann es vorkommen, dass sich ein für die Konfliktparteien relativ harmloser Konflikt mit niedriger Eskalationsstufe für andere recht verheerend auswirkt. Dies kann beispielsweise dann der Fall sein, wenn die Konfliktparteien versuchen, den Konflikt durch „Aussitzen" auszutragen, sie aber gemeinsam eine Vorleistung für Dritte erbringen müssen, auf die diese dringend angewiesen sind. Während die eigentlichen Konfliktparteien dann eher entspannt auf den weiteren Gang der Dinge warten, werden andere unter Umständen in erhebliche Verlegenheit gestürzt.

Tipp

Umgang mit Konflikten mit bedeutsamen Auswirkungen auf Dritte

Der Problematik solcher Folgewirkungen kann man auf zweierlei Weise gerecht werden:

- entweder man erweitert den Kreis der Konfliktbeteiligten um die Außenstehenden oder
- man verbleibt bei den ursprünglichen Konfliktbeteiligten, bezieht allerdings bei der Prüfung einer möglichen Intervention die „Nöte" der Außenstehenden in angemessener Form mit ein.

VIII. Ist eine Intervention notwendig?

Eine Konfliktintervention ist nicht immer geboten.

Nicht jeder Konflikt bedarf einer Intervention durch Außenstehende. Zum einen besitzen Konfliktparteien eine eigene Konfliktlösungskompetenz, die zwar manchmal erst zeitverzögert zum Einsatz kommt oder für die Beteiligten suboptimale Ergebnisse erzeugt, zum anderen erledigen sich manche Konflikte „von selbst", etwa durch Zeitablauf. Konfliktinterventionen erfordern den Einsatz personeller, bei externer Beteiligung finanzieller Ressourcen. Dieser erscheint jedoch nur dann gerechtfertigt, wenn der mit der Intervention verbundene Nutzen größer ist als der damit verbundene Aufwand. In diesem Zusammenhang ist jedoch zu bedenken, dass Konflikte durchaus positive Effekte haben können, die durch eine Intervention unterdrückt würden (vgl. Abschnitt 2.4). Dies bedeutet, dass im Einzelfall die Fortführung des Konfliktes sogar gewünscht sein kann.

Interessante Anregungen zur Diskussion der Wirtschaftlichkeit einer Konfliktintervention können den Ausführungen bei Insam, Reimann und Achterholt (2009) entnommen werden.

IX. Welche Handlungsoptionen bestehen und was soll/kann damit erreicht werden?

Sofern in Frage VIII. die Notwendigkeit einer Intervention bejaht wird, ist zu untersuchen, welche Handlungsoptionen zur Verfügung stehen. Diese Handlungsoptionen sind danach einzuschätzen, welche Effekte damit erreicht werden können.

Die Vor- und Nachteile aller Handlungsoptionen, die im folgenden Kapitel noch ausführlich vorgestellt werden, sind aufgrund der Informationen aus den vorangegangenen Schritten der Konfliktanalyse zu gewichten.

X. Welche Ressourcen stehen zur Verfügung?

Die einzelnen Handlungsoptionen beanspruchen unterschiedliche personelle und finanzielle Ressourcen, die teilweise nicht oder nur eingeschränkt zur Verfügung stehen. Auf der Grundlage der vorhandenen Ressourcen ist schließlich eine möglichst geeignete Interventionsalternative auszuwählen.

Wichtig

Jeder Konflikt ist anders!

Auch wenn der hier vorgelegte Fragenkatalog die strukturierte und systematische Analyse von Konflikten ermöglicht, bietet er doch kein Schema, das es lediglich stupide abzuarbeiten gilt und als Ergebnis die „richtige" Antwort auf alle Fragen verheißt.

Vielmehr ist es erforderlich, auf der Grundlage dieses Fragenkataloges zu einer eigenen und umfassenden Einschätzung aller relevanten Aspekte des Konfliktes zu kommen und daraus eine überzeugende Entscheidung über eventuelle Interventionsbedarfe abzuleiten. Die handlungsorientierte Konfliktanalyse dient also lediglich der strukturierten Informationsbeschaffung, nicht aber der mehr oder weniger automatisierten Entscheidungsfindung.

1.6.3 Die evaluative Konfliktanalyse

Die vorgestellten Schritte zur handlungsorientierten Konfliktanalyse beziehen sich jeweils auf einen konkreten Einzelkonflikt. Auf längere Sicht erscheint jedoch nicht nur die fallweise Bearbeitung einzelner Konflikte interessant, sondern auch eine zusammenfassende Analyse aller aufgetretenen Konflikte.

Wann und wo treten welche Konflikte auf?

Die evaluative Konfliktanalyse dient also dazu, durch Beantwortung der Fragen

- wann (Zeitpunkt, Rahmenumstände)
- wo (Beteiligte)
- welche (Konfliktart)

Konflikte aufgetreten sind, die Rahmenbedingungen von Konfliktlagen näher zu untersuchen. Über eine rein quantitative Auswertung von Häufungen und einfachen Zusammenhängen kann die Verwaltungsleitung oftmals interessante Informationen über Schwachstellen und Entscheidungsbedarfe erhalten, die bei einer rein einzelfallbezogenen Untersuchung unentdeckt bleiben.

Bei Auffälligkeiten ist zu überlegen, ob eine rationale Erklärung hiermit in Verbindung gebracht werden kann. So sind beispielsweise Strukturkonflikte mit Querschnittseinheiten eine eher „normale" Erscheinung, wohingegen Häufungen bei Beziehungskonflikten eine nähere Analyse verdienen. Aber auch Bereiche, in den keine nennenswerten Konflikte auftreten, sind kritisch zu hinterfragen: zwar besteht durchaus die Möglichkeit des einvernehmlichen Miteinanders, dies darf aber nicht mit einer wenig wünschenswerten „Friedhofsruhe" verwechselt werden.

Die für eine evaluative Konfliktanalyse erforderlichen Informationen können bei einem funktionstüchtigen Betrieblichen Konfliktmanagementsystem aus den dortigen handlungsorientierten Konfliktanalysen leicht extrahiert werden.

Gut zu wissen

Wenn kein Betriebliches Konfliktmanagementsystem besteht...

Besteht kein Betriebliches Konfliktmanagementsystem und liegen auch keine sonstwie (etwa aufgrund einer Mitarbeiterbefragung) gewonnenen empirischen Daten vor, können unter Umständen aus Abstimmungsgesprächen mit

- Personalrat,
- Gleichstellungsbeauftragter,
- Schwerbehindertenvertretung sowie dem
- Betrieblichen Wiedereingliederungsmanagement

wichtige Informationen gewonnen werden.

Allerdings ist zu beachten, dass diese Informationen regelmäßig auf subjektiven Einschätzungen der jeweiligen Gesprächspartner beruhen und zudem nur punktuell (etwa bei einer Beschwerde) angefallen sind.

1.6.4 Selbsttraining handlungsorientierte Konfliktanalyse

Konfliktanalyse kann man trainieren.

Insbesondere die handlungsorientierte Konfliktanalyse setzt neben der Vertrautheit mit den vorgestellten Leitfragen auch ein gewisses Maß an Erfahrungswissen bei deren Anwendung voraus. Dieses Erfahrungswissen kann natürlich in der täglichen Praxis erworben werden; allerdings schlagen sich dann Unsicherheiten und Fehleinschätzungen gleich „im echten Leben" nieder, im ungünstigsten Fall mit gravierenden Folgen. Um dieser Problematik zu entgehen, kann ein intensives Training der Konfliktanalyse auf der Grundlage bereits erledigter Konflikte sehr hilfreich sein.

Nachfolgend finden Sie eine Anleitung für ein entsprechendes Training; unterstützende Checklisten stehen als Online-Hilfe zum Download bereit.

Trainingsanleitung

Q04083

Download Trainingsanleitung – Handlungsorientierte Konfliktanalyse

I. Zur Einübung der Konfliktanalyse ist es empfehlenswert, Konflikte aus der Vergangenheit zu analysieren und hierbei aufgetretene Probleme intensiv aufzuarbeiten. Wählen Sie dazu zunächst jeweils mindestens fünf Konflikte aus, an denen Sie selbst beteiligt waren und fünf Konflikte, die Sie als Beobachter erlebt haben; berücksichtigen Sie dabei jeweils mindestens einen Fall, in dem eine Intervention durch eine nicht unmittelbar am Konflikt beteiligte Person erfolgte!

II. Bearbeiten Sie anschließend die Leitfragen der handlungsorientierten Konfliktanalyse! (s. Abschnitt 1.6.2 „Leitfragen – Handlungsorientierte Konfliktanalyse" s. S. 97)

III. Schließen Sie jede Konfliktanalyse mit einer Selbstreflexion ab. Hierbei können Ihnen die folgenden Fragen helfen *(s. Onlinearbeitshilfe Selbsttraining handlungsorientierte Konfliktanalyse):*

Q04083

Download Selbsttraining – Handlungsorientierte Konfliktanalyse

- Die Beantwortung welcher Fragen in der Konfliktanalyse ist mir eher leicht gefallen, wo habe ich mich schwer getan?
  (s. Online-Arbeitshilfe Selbsttraining Schritt 1)
- Zur Beantwortung welcher Fragen fehlten mir wichtige Informationen und wie hätte ich an diese Informationen gelangen können?
  (s. Online-Arbeitshilfe Selbsttraining Schritt 2)
- Welche Entscheidung zur Konfliktintervention erfolgte im Einzelfall? Entspricht diese Entscheidung dem Ergebnis meiner Konfliktanalyse?
  (s. Online-Arbeitshilfe Selbsttraining Schritt 3)
- Durch welche Maßnahmen oder Konfliktinterventionen hätte der Konflikt zu einem (noch größeren) Fiasko und wodurch zu einem (noch größeren) Erfolg geführt werden können?
  (s. Online-Arbeitshilfe Selbsttraining Schritt 4)
- In welcher Weise würden sich meine Antworten zu den vorstehenden Fragen verändern, wenn ich mich als vollständig konfliktscheuer bzw. als vollständig konfliktfreudiger Mensch denke? Inwieweit beeinflusst meine aktuelle Einstellung gegenüber Konflikten mein Antwortverhalten in der Konfliktanalyse?
  (s. Online-Arbeitshilfe Selbstraining Schritt 5)

Zur Beantwortung dieser Fragen gibt es keine „Musterlösung", kein „richtig" oder „falsch". Es geht lediglich darum, dass Sie eine gewisse Vertrautheit mit der handlungsorientierten Konfliktanalyse und Ihrer eigenen Einschätzung von Konflikten entwickeln. Im „Ernstfall" wird Ihnen dies sehr weiterhelfen.

2 Strategien zum Umgang mit Konflikten

Dem Umgang mit Konflikten kommt in der Öffentlichen Verwaltung eine besondere Bedeutung zu. Zunächst ist in Anlehnung an Duve, Eidenmüller und Hacke (2011, S. 338) festzustellen, dass das verwaltungsinterne Geschehen überaus konfliktträchtig ist:

Mehr oder weniger zahlreiche Menschen arbeiten hier dauerhaft in einem Arbeitsfeld zusammen, das vielfältige Ansatzpunkte für die Entstehung von Konflikten bietet, beispielsweise:

- strukturbedingte, „natürliche" Gegensätze (etwa zwischen Personalrat und Verwaltungsleitung oder zwischen den Querschnitts- und Facheinheiten);
- durch die chronische Ressourcenknappheit in der Öffentlichen Verwaltung verschärfte Verteilungskonflikte;
- Strategiekonflikte infolge unklarer oder fehlender strategischer Zielsetzungen;
- die Verfolgung persönlicher Interessen im dienstlichen Zusammenhang (z. B. Urlaubsplanung, Beförderungsentscheidungen);
- Auseinandersetzungen auf ausschließlich persönlicher Ebene (wozu es manchmal bereits ausreicht, dass man sich einfach nicht „leiden" kann).

Mit Konflikten können zahlreiche Begleiterscheinungen verbunden sein.

Zugleich sind mit Konflikten unter Umständen bedeutsame Folgewirkungen und Begleiterscheinungen verbunden. Beispielhaft sind hier zu nennen (vgl. dazu Insam, Reimann & Achterholt, 2009):

- Arbeitszeitverluste durch den mit der Konfliktaustragung verbundenen Zeitaufwand;
- Fehlzeiten infolge der mit der Konfliktaustragung verbundenen psychischen Belastungen;
- Minderleistungen infolge gestörter Kommunikationsbeziehungen, insbesondere bei Team- und Gruppenaufgaben;
- finanzielle Schädigungen nach bewussten Sabotageakten;
- Verschlechterung des Betriebsklimas;
- nachlassende Motivation der Beschäftigten;
- Beeinträchtigung der öffentlichen Reputation und Aufwand zum Ausgleich der Reputationseinbußen (z. B. Intensivierung der Öffentlichkeitsarbeit).

Können Konflikte also dermaßen weitreichende Folgen auslösen, sind Konfliktpotenziale als durchaus beachtenswerte Risiken zu identifizieren. Hiervon ausgehend, wollen wir uns in den folgenden Abschnitten mit den zentralen Strategien zum Umgang mit vorstellbaren oder tatsächlichen Konflikten befassen, die von Verwaltungsleitung, Führungskräften und, sofern vorhanden, im Rahmen eines Betrieblichen Konfliktmanagementsystems verfolgt werden können.

So werden wir vorgehen

Als erstes werden wir uns mit Konfliktvermeidung und Konfliktunterdrückung befassen; im ersten Fall wird versucht, Konflikte gar nicht entstehen zu lassen, im zweiten Fall soll zumindest eine inhaltliche Auseinandersetzung mit dem Konfliktthema vermieden werden. Gänzlich anders ist die Ausrichtung bei den Strategien Konfliktbeendigung bzw. Konfliktlösung: Sie setzen die Existenz eines Konfliktes voraus und zielen auf eine inhaltliche Entscheidung des Konfliktes ab. Zur Konfliktbeendigung und Konfliktlösung stehen mehrere Verfahrensansätze zur Verfügung, die wir mit den jeweiligen Vor- und Nachteilen ausführlich diskutieren werden. Hieran anschließend wollen wir in Anlehnung an das in Abschnitt 1.3 vorgestellte Eskalationsmodell von Glasl Ansatzpunkte zur Auswahl eines im konkreten Konfliktfall geeigneten Verfahrensansatzes untersuchen. Damit gelingt zugleich der Brückenschlag zur handlungsorientierten Konfliktanalyse aus Abschnitt 1.6.2.

Da mit Konflikten nicht nur Risiken verbunden sind, sondern hierin auch durchaus beachtenswerte Ansätze zur Veränderung unzureichender Verfahren und Strukturen gesehen werden können, wollen wir zum Abschluss dieses Kapitels noch kurz auf die Konfliktstimulation eingehen.

2.1 Wie kann der Konfliktentstehung entgegengewirkt werden? – Konfliktvermeidung

Konfliktvermeidung = Konfliktprophylaxe.

Bei der **Konfliktvermeidung** – teilweise auch als **Konfliktprophylaxe** bezeichnet – geht es prinzipiell darum, einer Konfliktentstehung bereits im Vorfeld entgegenzuwirken (Regnet, 2007). Getragen wird diese Strategie von der Idee, dass ein vermiedener Konflikt schon mal keine nachteiligen Wirkungen entfalten kann. Zur Umsetzung dieser Strategie gilt es, mögliche Konfliktpotenziale auszuräumen und damit die Wahrscheinlichkeit der Konfliktentstehung zu reduzieren (Berkel, 2005).

In der Literatur finden sich zahlreiche, teilweise an sehr unterschiedlichen Aspekten anknüpfende Vorschläge, wie durch Führungsentscheidungen und Führungsverhalten Konflikte vermieden werden können.

Diese Vorschläge sind Handlungsanregungen, deren Brauchbarkeit jeweils für die eigene Organisation beurteilt werden muss. Die besten Ergebnisse können in der Regel mit einer Kombination verschiedener Maßnahmen erreicht werden. Schauen wir uns die Vorschläge ein wenig näher an.

Präventive Maßnahmen aus den Konflikt-Grundtypen entwickeln

In Abschnitt 1.2 hatten wir uns ausführlich mit verschiedenen Konfliktursachen und sechs Konflikt-Grundtypen befasst. Aus den Besonderheiten der Grundtypen können ohne großen Analyse-Aufwand überzeugende Maßnahmen zur Konfliktvermeidung entwickelt werden (vgl. Berkel, 2005, S. 83). Entsprechende Beispiele sind in der nachfolgenden Übersicht (Abb. 2.1) dargestellt.

Übersicht – Maßnahmen zur Konfliktvermeidung (Abb. 2.1)

Konfliktart	Maßnahmen
Informationskonflikt	■ Einräumung eines umfassenden und transparenten Zugangs zu allen relevanten Informationen für alle Beteiligte ■ verbessertes Zeitmanagement zur Vermeidung von Drucksituationen, in denen die Informationsaufnahme erschwert ist
Wertekonflikt	■ Verbindliche Festlegung zu beachtender Werte durch die Verwaltungsleitung (Pünktlichkeit, Ordnung, etc.)
Verteilungskonflikt	■ Bereitstellung zusätzlicher Ressourcen ■ Verbindliche Festlegung allgemeiner Verteilungs- und Entscheidungskriterien
Strukturkonflikt	■ klare Regelung der Zuständigkeit ■ klare Priorisierung der Aufgaben

Umsetzung der Berkelschen Vorschläge in der Praxis oft nicht möglich.

So nachvollziehbar und überzeugend die vorgenannten Vorschläge zunächst auch erscheinen, treten in der Praxis doch rasch erhebliche Umsetzungsprobleme auf, wie an drei Beispielen verdeutlicht werden soll:

- Auch nach einer umfassenden Bereitstellung von Informationen besteht die Möglichkeit, dass sich aus der unterschiedlichen Interpretation der vorliegenden Informationen ein Konflikt entwickelt.
- Zur umfassenden Vermeidung von Verteilungskonflikten stehen gerade in der Öffentlichen Verwaltung die zur Befriedigung aller Anforderungen erforderlichen Ressourcen regelmäßig nicht zur Verfügung. Teilweise gelingt es, in solchen Mangelsituationen durch eine transparente Darstellung der gewählten Verteilungskriterien Verständnis für die getroffenen Entscheidungen zu wecken und den Konflikt damit zu entschärfen; teilweise entsteht hieraus jedoch ein

neuer Konflikt über die Sinnhaftigkeit der Verteilungskriterien: aus dem Verteilungskonflikt wird ein Werte- oder Strategiekonflikt.

- Einige Strukturkonflikte sind darin begründet, dass die von einzelnen Organisationseinheiten wahrzunehmenden Aufgabeninhalte konträr zueinander stehen (beispielsweise: Mittelanforderung des Fachamtes, Spardruck aus dem Finanzbereich). Diese Strukturkonflikte können nicht aufgelöst werden, sondern zeigen letztlich sogar, dass die unterschiedlichen Organisationseinheiten ihre Aufgaben engagiert wahrnehmen. Hier besteht bestenfalls die Möglichkeit, den Beteiligten zu verdeutlichen, dass ihre Auseinandersetzungen systembedingt sind und eine zu starke emotionale Beteiligung, die schnell zu einer Eskalation des Konfliktes führen kann, vermieden werden sollte.

Schließlich ist noch darauf hinzuweisen, dass der allzu intensive Einsatz der vorgenannten Maßnahmen nach dem Motto: „viel hilft viel" unter Umständen zu unerwünschten Resultaten führen kann: Wirken organisationale Festlegungen grundsätzlich konfliktreduzierend (vgl. Berkel, 2005), ist bei zu rigiden Festlegungen von Abläufen, „die den einzelnen Organisationsmitgliedern wenig Spielraum lassen", eher mit einen gegenteiligen Effekt zu rechnen (Regnet, 2007, S. 27).

Konfliktvermeidendes Führungsverhalten

Unabhängig von den vorgenannten, eher strukturellen Ansätzen zur Konfliktvermeidung hinterfragen Führungskräfte, inwieweit sie mit ihrem eigenen Führungsverhalten konfliktvermeidend wirken können. Beachtenswerte Anregungen, die an örtliche oder situative Besonderheiten anzupassen sind, geben die nachfolgenden acht Vorschläge, die Tries und Reinhardt (2008, S. 237 ff.) vorgelegt haben:

Acht Vorschläge zur Konfliktprophylaxe nach Tries & Reinhardt.

- Führungskräfte sollen sich in den von ihnen zu beurteilenden Angelegenheiten eine eigene Meinung bilden, um sich damit gegen Stereotype und Vorurteile zu wappnen. Negative Bemerkungen Dritter sollen weitgehend unbeachtet bleiben, um die eigene Unbeeinflussbarkeit zu bestätigen.
- Führungskräfte sollen sich durch eine „gelebte Gerechtigkeitskultur" auszeichnen, die sich sowohl in einzelfallbezogenen Verhaltensweisen (z. B. Würdigung von Erfolgen) als auch in allgemeinen Einstellungen (Offenheit, Vertrauen, Lernbereitschaft) manifestieren soll.
- Gewinner-Verlierer-Situationen sollen grundsätzlich vermieden werden; stehen zur Befriedigung aller Anforderungen nur unzureichende Ressourcen zur Verfügung, sollen „Transparenz und empfundene Gerechtigkeit" angestrebt werden.

- Insbesondere für kleinere und mittelgroße Organisationen wird der Einsatz von klaren, gegebenenfalls durch Zwischenschritte überprüfbaren, Zielvorgaben und eindeutigen Kompetenzstrukturen empfohlen; in großen Organisationen wird das Vorhandensein entsprechender Regelungen vorausgesetzt.
- Problematische soziale Konstellationen, etwa wenn eine Person eine andere nicht „leiden" kann, sollten aufgelöst werden. Dies kann beispielsweise durch eine räumliche Trennung oder Versetzung der betroffenen Personen erreicht werden.
- Der Einfluss organisationsinterner informeller Substrukturen soll insbesondere durch rationale, gerechte und transparente Planungsprozesse und Entscheidungen zurückgedrängt werden.
- Werden im täglichen Miteinander Störungen oder Beeinträchtigungen festgestellt, sollen diese durch die Führungskraft unmittelbar angesprochen werden, um der Verfestigung von ursprünglichen, möglicherweise fehlerhaften Annahmen zur Ursache dieser Störungen bzw. Beeinträchtigungen (von der Vermutung zur Tatsache) entgegenzuwirken.
- Schließlich sollen Führungskräfte ihre kommunikativen Fähigkeiten durch die Aneignung von Grundtechniken, die sich insbesondere in Konfliktsituationen immer wieder bewährt haben, verbessern. Zu diesen Grundtechniken gehören beispielsweise das sogenannte Aktive Zuhören, Nachfragen, die Kommunikation von Zwischenergebnissen sowie ein angemessener Umgang mit Emotionen.

Zum Nachdenken

Konfliktvermeidende Führung?

Fragen Sie sich selbst einmal, inwieweit Konflikte, an denen Sie selbst beteiligt waren oder die Sie beobachtet haben, durch ein anderes Führungsverhalten im Sinne der Vorschläge von Tries und Reinhardt (2008) hätten vermieden werden können. In welchen Fällen wäre eher ein Scheitern einzelner Vorschläge anzunehmen?

Welche Erfolgsaussichten hat ein generell konfliktvermeidendes Führungsverhalten?

Diskussion der Überlegungen zur Konfliktvermeidung als Strategie.

Wie wir bereits an diesen Beispielen gesehen haben, bestehen zahlreiche und teilweise recht unterschiedliche Ansatzpunkte zur strategischen Konfliktvermeidung. Dies erscheint angesichts der Komplexität von Konflikten und betrieblichem Geschehen aber als nachvollziehbar. Eine Erfolgsgarantie für konfliktvermeidendes Führungsverhalten kann aber nicht erwartet werden:

1. Theoretisch durchaus zweckmäßig erscheinende Maßnahmen können in der Praxis teilweise gar nicht oder nur unvollständig umgesetzt werden.
2. Einige Maßnahmen wirken nur mittel- bis langfristig. Das für den Erfolg solcher Maßnahmen erforderliche Vertrauen in Transparenz und Gerechtigkeit kann nur auf der Grundlage langjähriger, konsistenter Führungspraxis entstehen, aber unter Umständen bereits durch ein einzelnes Fehlverhalten einer Führungskraft wieder zerstört oder zumindest beeinträchtigt werden.
3. Konfliktvermeidung kann nicht erzwungen werden. Die vorgestellten Maßnahmen wirken auf die Rahmenbedingungen des Miteinanders in der Verwaltung ein; ob und inwieweit sie von den jeweiligen Adressaten auch entsprechend gewürdigt werden, kann im Vorhinein nicht eingeschätzt werden.

Tipp

Nicht entmutigen lassen, wenn's doch mal kracht

Über konfliktvermeidende Maßnahmen eine konfliktfreie Verwaltung erreichen zu wollen, erscheint angesichts der Vielzahl möglicher Konfliktursachen unrealistisch. Zudem ist nicht jeder Konflikt negativ zu bewerten, sodass eine vollständige Konfliktfreiheit nicht einmal wünschenswert erscheint (Regnet, 2007).

Dies aufgreifend kann mit Berkel (2005, S. 84) das Ziel formuliert werden, durch konfliktvermeidendes Führungsverhalten zumindest „unnötige Konflikte" zu verhindern. Diese Forderung ist allerdings einfacher zu formulieren als in der Praxis umzusetzen: schließlich stellt sich die Frage, nach welchen Kriterien entschieden werden soll, welche Konflikte „nötig" und welche „unnötig" sind und woran dies im Vorfeld ablesbar sein soll.

Konfliktvermeidung ist in Einzelfällen durchaus sinnvoll und möglich.

Zum Abschluss möge der Hinweis genügen, dass anstelle der strategischen Konfliktvermeidung in konkreten Konfliktlagen auch **konfliktvermeidende Einzelentscheidungen** vorstellbar sind, etwa

- wenn der Aufwand für die vermeidenden Maßnahmen eher gering ist oder
- eine Konfliktaustragung aktuell aus besonders wichtigen Gründen nicht erwünscht ist.

Das Repertoire an entsprechenden Maßnahmen bleibt aber hinter den Möglichkeiten zur strategischen Konfliktvermeidung deutlich zurück, da mittel- und langfristig angelegte Vorgehensweisen aus zeitlichen Gründen ausscheiden müssen.

Tipp

Der Schwächlings-Falle entgehen

Maßnahmen zur Konfliktvermeidung, insbesondere konfliktvermeidende Einzelfallentscheidungen, können unter Umständen von den Konfliktparteien bzw. die Angelegenheit beobachtenden Dritten als Zeichen von (Führungs-)Schwäche interpretiert werden. Diesem Problem kann am ehesten durch eine offene Kommunikation der Beweggründe für die eigene Vorgehensweise entgegengewirkt werden; hierbei sind die konkreten Konfliktumstände (Beteiligte, Konfliktursache, Konflikteskalation, etc.) ausreichend zu würdigen.

Beispiel:
Der Leiter eines für die Gesamtverwaltung bedeutsamen Projektes fordert kurzfristig die Bereitstellung zusätzlichen Personals. Da eine umfassende Bedarfsprüfung aufgrund des knappen Projekt-Zeitrahmens nicht möglich ist, gleichzeitig das Projekt auf keinen Fall gefährdet werden soll, werden die zusätzlichen Ressourcen ausnahmsweise bereitgestellt. Dabei wird auf den Ausnahmecharakter des Projektes und die Dringlichkeit der Maßnahme hingewiesen.

2.2 Wie kann die Konfliktaustragung verhindert werden? – Konfliktunterdrückung

Mit der Strategie der **Konfliktunterdrückung** soll verhindert werden, dass ein Konflikt aktiv ausgetragen wird; in der extremen Ausprägung dieser Strategie wird das Ziel verfolgt, bereits die Benennung des Konfliktthemas zu unterbinden (Regnet, 2007). Die Konfliktunterdrückung setzt die Existenz eines Konfliktes voraus. Das Erreichen einer bestimmten Eskalationsstufe ist für Maßnahmen zur Konfliktunterdrückung nicht erforderlich; vielmehr ist die Angst vor einer erwarteten Eskalation als bedeutsame Motivation zur Konfliktunterdrückung in Betracht zu ziehen (vgl. Regnet, 2007, S. 61).

Zur Konfliktunterdrückung stehen im konkreten Einzelfall unterschiedliche Optionen zur Verfügung, die sich entweder an die Konfliktparteien wenden oder die Rahmenumstände der Konfliktaustragung betreffen.

Beispiel

Optionen zur Konfliktunterdrückung

- Im ersten Fall (die Konfliktparteien betreffend) ist beispielsweise eine explizite dienstliche Anweisung an die Kontrahenten denkbar, einen im privaten Bereich wurzelnden Konflikt nicht mehr am Arbeitsplatz auszutragen.
- Im zweiten Fall (die Umstände betreffend) kommt als Maßnahme zur Gestaltung der Rahmenumstände der Konfliktaustragung eine räumliche Trennung der Konfliktparteien in Betracht.

Konfliktunterdrückung setzt eine Machtposition voraus

Konfliktunterdrückung setzt eine Machtposition voraus.

Zur Durchsetzung der Konfliktunterdrückung ist eine Machtposition erforderlich. Sofern sich ein Konflikt nicht durch Zeitablauf erledigt, ist grundsätzlich davon auszugehen, dass die zur Konfliktunterdrückung gewählten Maßnahmen dauerhaft aufrechterhalten werden müssen.

Grundsätzlich richten sich die Maßnahmen zur Konfliktunterdrückung gegen alle Konfliktparteien. Sofern sich die zur Konfliktunterdrückung ausgewählte Maßnahme nicht gegen alle Konfliktparteien richtet (z. B. bei Umsetzung einer Person in einen anderen Arbeitsbereich), besteht die Möglichkeit, dass die Konfliktunterdrückung als Konfliktentscheidung zugunsten der von dieser Maßnahme nicht betroffenen Partei eingeschätzt wird, was der zuständigen Führungskraft rasch den Vorwurf der Parteilichkeit oder sogar der Ungerechtigkeit eintragen kann.

Gut zu wissen

Keine positive Gestaltung

Maßnahmen zur Konfliktunterdrückung zeichnen sich per Definition dadurch aus, dass lediglich etwas verhindert oder unterbunden werden soll; Ansätze zu einer positiven Gestaltung der Beziehungen zwischen den Konfliktparteien sind hierin nicht enthalten. Dies bedeutet, dass beispielsweise eine Konfliktaustragung am Arbeitsplatz untersagt werden kann; die im Alltagsbetrieb regelmäßig erforderliche konstruktiv-vertrauensvolle Zusammenarbeit kann jedoch nicht verordnet werden.

Dauerhafte Konfliktunterdrückung kann über den Ursprungskonflikt hinaus wirken.

Sofern sich Führungskräfte immer wieder darum bemühen, Konflikte systematisch und dauerhaft zu unterdrücken, vermitteln sie dadurch den Beschäftigten, dass Konflikte generell unerwünscht sind. Dies kann dazu führen, dass zukünftig versucht wird, Konflikte eben nicht „unter den Augen" dieser Führungskraft, sondern verdeckt auszutragen.

Konfliktunterdrückung kann Ausweichreaktionen auslösen.

Dies kann dazu führen, dass eher **„stille" Konfliktverhaltensweisen**, wie etwa:

- Widerstand,
- Sabotage oder
- Sich-Anpassen,

dominieren, was sich letztlich auf die Identifizierbarkeit bestehender Konflikte negativ auswirkt.

Wichtig

Nicht in die „Buh-Mann"-Falle tappen!

Insbesondere bei Konflikten, in denen alle Konfliktbeteiligten eine aktive Rolle einnehmen, gerät die Person, die die Austragung des Konfliktes verhindern will, schnell in eine Buh-Mann-Position, gegen die die Konfliktparteien dann gemeinsam antreten. In der Gesamtbilanz führt dies dazu, dass der Ursprungskonflikt inhaltlich fortbesteht und ein weiterer Konflikt mit der intervenierenden Person hinzutritt.

Konfliktunterdrückung – nur ausnahmsweise zu empfehlen

Mit den vorstehenden Ausführungen dürfte deutlich geworden sein, dass die Konfliktunterdrückung als generelle Strategie zum Umgang mit Konflikten völlig ungeeignet sein dürfte, zumal die positiven Aspekte, die man Konflikten durchaus zusprechen kann, gleich mit unterdrückt werden.

Gleichwohl erscheint die Konfliktunterdrückung dann als Mittel der Wahl, wenn aufgrund der aktuellen Rahmenumstände eine Konfliktaustragung nur vorübergehend nicht in Betracht kommt, dies zu einem anderen Zeitpunkt bzw. an einem anderen Ort vielleicht sogar sinnvoll erscheint. In solchen Fällen kann den Konfliktparteien die Berechtigung der Konfliktunterdrückung oft nachvollziehbar vermittelt werden.

Konfliktunterdrückung in Einzelfällen sinnvoll.

Typische Fälle einer solchen situativ-angemessenen Konfliktunterdrückung sind:

- die Konfliktparteien haben sich dermaßen in Rage geredet, dass aufgrund der hohen emotionalen Erregung eine auch nur annähernd sachbezogene Auseinandersetzung ausgeschlossen ist, nach einer „Abkühlung" aber möglich erscheint;
- die aktuell wahrzunehmenden Aufgaben oder akuter Zeitdruck erlauben die Konfliktaustragung nicht;

- es existiert keinerlei Lösungsperspektive, sodass die gesamte Konfliktaustragung sinnentleert erscheint;
- die Konfliktaustragung ist aus Imagegründen nicht angebracht, z. B. bei einer offenen Konfliktaustragung zwischen zwei Sachbearbeitern im Publikumsbereich.

Es ist darauf zu achten, dass die situativ-angemessene Konfliktunterdrückung so schnell wie möglich wieder beendet wird, um ihren Ausnahmecharakter zu verdeutlichen.

Tipp

Nur das Notwendige entscheiden

Kurzfristige Konfliktinterventionen müssen oft auf der Grundlage unzureichender bzw. unvollständiger Informationen in Bezug auf die gesamte Konfliktlage erfolgen (Regnet, 2007). Hiermit ist das Risiko verbunden, von den Konfliktparteien für deren Ziele „eingespannt" zu werden.

Da diese Problematik nicht generell vermieden werden kann, empfiehlt es sich, bei kurzfristigen Konfliktinterventionen nur das unbedingt Notwendige zu entscheiden, also nur das, was unbedingt erforderlich ist, die aktuelle Not zu wenden. Dauerhafte Festlegungen und Grundsatzentscheidungen sollten unter Zeitdruck und bei unvollständiger Informationslage unbedingt vermieden werden.

2.3 Wie können Konflikte inhaltlich angegangen werden? – Konfliktlösung und Konfliktregelung

2.3.1 Grundlagen

Konfliktlösung und Konfliktregelung führen zu einer inhaltlichen Klärung des Konfliktgegenstands.

In diesem Abschnitt wollen wir uns ausführlich mit unterschiedlichen Vorgehensweisen und Verfahren beschäftigen, bei denen es darum geht, auf die inhaltlichen Fragen, die durch einen Konflikt aufgeworfen wurden, eine Antwort zu finden. Idealerweise gelingt es durch eine konstruktive Wendung des Konfliktes Innovationen und – aus Sicht der Beteiligten sowie der Gesamtverwaltung – wünschenswerte Veränderungen zu erreichen (Wenninger, 1999).

Die **Konfliktlösung** führt sowohl zu einer einvernehmlichen inhaltlichen Bearbeitung der im Konflikt von den Beteiligten verfolgten Anliegen als auch zur Wiederherstellung der sozialen Beziehung, insbesondere der Vertrauensbasis, zwischen den ursprünglichen Konfliktparteien. In der Praxis kann dieses Ziel jedoch aus den unterschiedlichsten Gründen oft nicht erreicht werden:

- so kann es mal an der zur Erarbeitung der Konfliktlösung erforderlichen Zeit fehlen,
- in anderen Fällen ist die erforderliche Einigungsbereitschaft der Konfliktbeteiligten nicht vorhanden,
- manchmal ist eine inhaltlich befriedigende Lösung im Zusammenwirken von Konfliktgegenstand und Begleitumständen auch gar nicht möglich.

In solchen Fällen kann im Wege einer **Konfliktregelung** durch Dritte wenigstens eine inhaltliche Entscheidung über den Konfliktgegenstand herbeigeführt werden; den sozialen Beziehungen zwischen den Konfliktparteien wird hierbei oft nur eine nachrangige Bedeutung zugemessen.

Zur Konfliktlösung und Konfliktregelung können verschiedene Ansätze verfolgt werden, deren zentrale Unterschiede darin bestehen,

- ob und in welcher Funktion Dritte daran beteiligt werden und
- worauf die inhaltliche Entscheidung basieren soll: auf Macht, Recht oder auf den Interessen der Konfliktbeteiligten.

Beteiligung Dritter an der Konfliktbearbeitung

Einbeziehung Dritter: Entscheidungsunterstützung oder Entscheidungsdelegation.

Die Einbeziehung Dritter in den Prozess der Konfliktbearbeitung kann sehr unterschiedlich ausgestaltet sein, wobei grundlegend zwischen Entscheidungsunterstützung und Entscheidungsdelegation zu differenzieren ist.

Bei der **Entscheidungsdelegation** wird die inhaltliche Entscheidung mehr oder weniger weitgehend von Dritten getroffen; die Rolle der Konfliktparteien besteht darin, den Dritten mit entscheidungsrelevanten Informationen zu versorgen bzw. für die eigene Position zu werben.

Im Fall der **Entscheidungsunterstützung** verbleibt die inhaltliche Konfliktentscheidung bei den Konfliktparteien; dem Dritten kommt die Aufgabe zu, die Konfliktparteien auf ihrem Weg dorthin zu begleiten. Hierbei kommt insbesondere dem Einsatz kommunikativer Mittel eine zentrale Rolle zu.

Gut zu wissen

Auf welcher Grundlage Dritte entscheiden

Im Fall der Entscheidungsdelegation kann die Einbeziehung Dritter mit weitreichenden Folgen für die Konfliktlösung bzw. die Konfliktregelung verbunden sein, über die sich die Konfliktparteien oft nicht bewusst sind. Zum einen trifft der Dritte seine Entscheidung mindestens teilweise auf der Grundlage seiner eigenen Wert- und Beurteilungsmaßstäbe, die durchaus von denen der Konfliktparteien abweichen können. Vor allem aber verfügt der Dritte oft nur über eine eingeschränkte Wahrnehmung des tatsächlichen Konfliktgeschehens und ist bei seinen Bemühungen, den zu entscheidenden Sachverhalt zu ergründen, oft auf die Schilderungen der Konfliktparteien angewiesen. Diese Schilderungen beinhalten nach Haynes (2004, S. 117) regelmäßig

„drei Elemente:

1. *eine Version der Geschehnisse, die den Aussagenden im besten Licht erscheinen lässt,*
2. *eine Beschwerde über die andere Person, die diese im schlechtesten Licht dastehen lässt,*
3. *eine Problemdefinition, die eine Lösung zugunsten des Aussagenden enthält."*

Hieraus entwickelt der entscheidungsbefugte Dritte dann eine Vorstellung von der Wirklichkeit, die im Zweifelsfall mit der Realität nur wenig zu tun hat, gleichwohl aber der zu treffenden Entscheidung zugrunde gelegt wird.

Als Grundlage einer Konfliktlösung bzw. Konfliktregelung stehen drei Ansatzpunkte – nämlich Macht, Recht und Interessen – zur Verfügung (Ury, Brett & Goldberg, 1988), die jeweils mit spezifischen Vor- und Nachteilen verbunden sind.

Die machtbasierte Konfliktregelung

Konfliktregelung durch Machtentscheidung erfordert faktische Durchsetzungskraft.

Machtentscheidungen basieren ausschließlich auf Durchsetzungskraft, die im Verwaltungsbereich in der Regel aus der Stellung im hierarchischen Aufbau oder expliziten Zuständigkeitsregelungen abgeleitet wird. Eine inhaltliche Rechtfertigung der Machtentscheidung durch den Entscheidungsträger kann zwar erfolgen, ist aber nicht erforderlich. Der wesentliche Vorteil von Machtentscheidungen liegt darin, dass diese prinzipiell jederzeit, also auch kurzfristig, getroffen werden können; ein unter Umständen aufwendiges inhaltliches Befassen mit dem Konfliktgegenstand ist keine zwingende Voraussetzung für eine Machtentscheidung.

Machtentscheidungen begründen Gewinner-Verlierer-Situationen.

Da Machtentscheidungen in der Regel eine Gewinner-Verlierer-Situation zwischen den Konfliktparteien herbeiführen, ist mit ihnen ein großes Risiko verbunden: Sofern die Konfliktpartei, die ihr Anliegen nicht oder nicht ausreichend berücksichtigt sieht, dies als persönliche Niederlage bewertet, kann die Machtentscheidung die Grundlage für Rachegefühle und damit den Ansatzpunkt für neue Konflikte bilden, die sich sowohl gegen die obsiegende Konfliktpartei als auch gegen den Entscheidungsträger richten können (Lytle, Brett & Shapiro, 1999). Machtentscheidungen wirken demnach gegenüber der unterlegenen Partei tendenziell konfrontativ (vgl. Gelbrich & Müller, 2009).

Gut zu wissen

Die „der kann mich nicht leiden"-Falle

Führungskräfte, die Machtentscheidungen treffen, sind zu einer inhaltlichen Rechtfertigung nicht verpflichtet und verzichten dementsprechend in vielen Fällen darauf. Damit bleiben die Entscheidungsgründe für die Konfliktparteien intransparent. Kann die unterlegene Partei in der Machtentscheidung keine inhaltliche Rechtfertigung – etwa im Sinne der Widerlegung der eigenen Argumente – erkennen, ist es nicht ausgeschlossen, die Rechtfertigung im persönlichen Bereich zu suchen, also: „Der hat ja nur so entschieden, weil er mich nicht leiden kann".

Dies bedeutet: Das Risiko, dass eine Machtentscheidung als persönliche Niederlage (mit den oben beschriebenen möglichen Folgen) interpretiert wird, kann durch eine inhaltliche Rechtfertigung der Entscheidung vermindert werden.

Neben diesen eher psychologischen Aspekten ist bei Machtentscheidungen noch ein qualitatives Problem zu beachten: In der Praxis haben nach Regnet (2007, S. 47) „Führungskräfte zunehmend Mitarbeitende zu führen (...), die von ihrem Fachgebiet mehr verstehen als sie selbst"; dies wiederum hat zur Folge, dass bei inhaltlichen Konfliktentscheidungen durch Führungskräfte damit gerechnet werden muss, dass die Person mit der geringsten fachlichen Kompetenz entscheidet. Eine solche Konstellation kann wohl kaum im Interesse der Gesamtverwaltung sein.

Rechtbasierte Entscheidungen

Rechtbasierte Entscheidungen werden auf bestehende Normen und Prinzipien gestützt, die in der Regel allen Konfliktbeteiligten bekannt sind oder zumindest bekannt sein sollten. Normen, an deren Zustandekommen die Konfliktparteien selbst beteiligt waren, werden in der Regel als Entscheidungsgrundlage ohne große Diskussionen akzeptiert; in anderen Fällen kann die Normanwendung dadurch belastet sein, dass die Berechtigung der Norm selbst angezweifelt wird.

Rechtbasierte Entscheidungen erfordern Normen und Prinzipien.

Eine rechtbasierte Konfliktentscheidung führt tendenziell ebenfalls zu einer Gewinner-Verlierer-Situation, die allerdings abgemildert wird: Hier liefern die angewendeten Normen und Prinzipien zumindest eine Begründung, die unabhängig von den Konfliktparteien ist (Gelbrich & Müller, 2009), sodass hier die „der kann mich nicht leiden"-Falle eher vermieden werden kann.

Diesem Vorteil stehen aber bedeutsame **Nachteile** gegenüber:

- Zum einen sind die rechtlichen Rahmenbedingungen vieler Konflikte nicht so eindeutig, dass eine für alle Konfliktparteien nachvollziehbare Entscheidung getroffen werden kann; hier sei nur an die im Verwaltungsrecht bekannten Figuren des unbestimmten Rechtsbegriffs und vor allem des Ermessens erinnert.
- Des Weiteren sind Konfliktlagen insbesondere im Bereich der Beziehungs-, aber auch der Wertekonflikte vorstellbar, die einer rechtlichen Entscheidung gar nicht zugänglich sind.
- Schließlich ist es erforderlich, für die Rechtsanwendung den zu beurteilenden Lebenssachverhalt auf seinen „juristischen Gehalt" zu reduzieren, sodass unter Umständen faktisch bedeutsame, juristische aber unbeachtliche Gesichtspunkte unberücksichtigt bleiben müssen. So sind beispielsweise verjährte Ansprüche rechtlich nicht mehr durchsetzbar, können im Gefühlsleben der betroffenen Person aber durchaus noch überaus präsent sein.

Im Gegensatz zu Machtentscheidungen ist eine am Recht ausgerichtete Konfliktentscheidung a priori weder kooperativ noch konfrontativ (Gelbrich & Müller, 2009).

Interessenbasierte Konfliktentscheidung

Interessenbasierte Entscheidungen berücksichtigen, was die Konfliktparteien wirklich wollen.

Bei der **interessenbasierten Konfliktentscheidung** geht es schließlich darum, zunächst die hinter den von den Konfliktparteien vertretenen Positionen („wer will was von wem?") stehenden und oftmals verborgenen Interessen, also die wahren Wünsche, Bedürfnisse und Anliegen (das „warum?" zu den Positionen) kennenzulernen, um hierauf aufbauend eine zwischen den Konfliktparteien abgestimmte Lösung zu finden.

Die Fokussierung auf die Interessen der Konfliktparteien eröffnet den Parteien die Möglichkeit, gemeinsame Ziele, Prioritäten und Präferenzen zu entdecken, auf deren Grundlage sie im besten Fall eine Lösung entwickeln können, die für alle Beteiligten von Wert ist.

Interessenbasierte Entscheidungen weisen wichtige Vorteile auf.

Sieger-Verlierer-Konstellationen können im Wege der interessenbasierten Konfliktentscheidung meist vermieden werden; zudem erlaubt die Frage nach den jeweiligen Beweggründen der Konfliktparteien die Einbeziehung sämtlicher Aspekte, die für diese von Bedeutung sind, also auch nicht-justiziable oder juristisch nicht mehr verwertbare Aspekte. Die innere Rechtfertigung der interessenbasierten Konfliktentscheidung ergibt sich aus der systematischen Einbeziehung der Anliegen der Konfliktparteien in den Entscheidungsprozess.

Die interessenbasierte Konfliktbeilegung vermeidet damit zweifellos zentrale Nachteile macht- oder rechtbasierter Entscheidungen, der Weg dorthin ist aber durchaus anspruchsvoll: Zum einen erfordert die Erarbeitung der tatsächlichen Interessen einen umfangreichen Kommunikationsprozess, der Zeit in Anspruch nimmt. Zum anderen setzt dieser Ansatz ein Mindestmaß an Offenheit und Vertrauen voraus, das insbesondere bei stark eskalierten Konflikten zunächst mühsam erarbeitet werden muss.

Die wichtigsten Charakteristika der drei Ansätze sind in der nachstehenden Übersicht noch einmal zusammengefasst.

Übersicht – Charakteristika der drei Ansätze zur Konfliktregelung
(Abb. 2.2)

Kriterium	**machtbasiert**	**rechtbasiert**	**interessenbasiert**
Ergebnisstruktur	win-lose	win-lose	win-win
Entscheider	Dritter	Dritter	Konfliktparteien
Begründung	Machtposition, inhaltlich nicht erforderlich	Recht	eigene Festlegung aufgrund Einigung
Sachverhalts-relevanz	nach Entscheidung des Machtinhabers	Reduktion auf juristisch relevanten Anteil	vollumfänglich nach Wunsch der Konfliktparteien
Zeitaufwand	ad-hoc-Entscheidungen möglich	ggfls. Verfahrensdauer, Rechtsmittel	Erörterungsprozess unter Umständen zeitaufwendig

Tipp

Alternativen nutzen

Auch wenn der interessenbasierten Konfliktentscheidung gegenüber einer macht- oder rechtbasierten Vorgehensweise bedeutsame Vorteile zuzuschreiben sind, sollten in der Praxis alle drei Ansätze verfügbar sein. Schließlich sind Konfliktlagen vorstellbar, in denen eine interessenbasierte Vorgehensweise keinerlei Erfolgsaussichten verspricht, etwa wenn eine Konfliktpartei jede inhaltliche Auseinandersetzung verweigert. Eine ausführliche Darstellung zum strategischen Einsatz der drei Ansätze findet sich beispielsweise bei Lytle, Brett und Shapiro (1999).

Nach diesen grundlegenden Ausführungen wollen wir uns nun mit konkreten Verfahren zur Konfliktlösung und Konfliktregelung befassen. Wir werden dabei sehen, dass zahlreiche Optionen zum Umgang mit Konflikten bestehen. Bemerkenswerterweise wird die Vielzahl an Möglichkeiten in der Praxis oft nicht ausgeschöpft, was unterschiedliche Ursachen haben kann: teilweise sind die Optionen nicht oder nicht ausreichend bekannt, teilweise werden die damit verbundenen Vor- und Nachteile falsch eingeschätzt, teilweise stehen die zur Umsetzung einer Option erforderlichen Ressourcen nicht zur Verfügung. Zumindest den ersten beiden Problemen sollten wir mit den folgenden Ausführungen erfolgreich beikommen können.

2.3.2 Verfahrensarten

2.3.2.1 Verfahren ohne Beteiligung Dritter

Verfahren ohne Dritte vertrauen auf die Konfliktparteien.

Auf die Hinzuziehung Dritter zu verzichten, bedeutet auf eine Selbstregulierung des Konfliktes durch die Konfliktparteien zu vertrauen. Nach Lippmann (2003) erscheint dieses Vertrauen am ehesten gerechtfertigt, wenn

- die Konfliktparteien noch Perspektiven für eine Verhandlungslösung sehen,
- die Kommunikation noch nicht zu sehr gestört ist und
- die sonstigen Rahmenbedingungen günstig sind.

Wichtige Hinweise zur Einschätzung der Erfolgsaussichten im konkreten Einzelfall liefert die Konfliktanalyse, wobei der Beurteilung des Eskalationsgrads des Konfliktes (vgl. Abschnitt 1.3) sowie der Konfliktstrategien der Beteiligten (vgl. Abschnitt 1.5) eine erhebliche Bedeutung zukommt:

Selbstregulierung setzt entsprechende Rahmenumstände voraus.

- Insbesondere für Konflikte der Eskalationsstufen 1 – 3 kann angenommen werden, dass eine sachbezogene Auseinandersetzung noch möglich ist.
- Bei hocheskalierten Konflikten (Stufen 7 – 9) dürfte die Kommunikation bereits so weit gestört sein, dass die zur gemeinsamen Erarbeitung einer Verhandlungslösung erforderliche Gesprächsbereitschaft nicht mehr gegeben ist.
- Bei Konflikten der mittleren Eskalationsstufen (Stufen 4 – 7) kann in Einzelfällen eine vorübergehende Konfliktunterdrückung als eine die Verhandlungslösung vorbereitende Maßnahme zweckmäßig sein: Insbesondere wenn die Eskalation eher spontan, sozusagen „in der Hitze des Gefechts" zustande kam und noch nicht über einen längeren Zeitraum verfestigt ist, kann eine durch die Konfliktunterdrückung herbeigeführte „Auszeit" beruhigend auf die Gemüter einwirken. Nach entsprechender „Abkühlung" bestehen bei ansonsten günstigen Rahmenumständen durchaus Chancen für eine Selbstregulierung durch die Konfliktparteien.
- Günstig wirkt sich aus, wenn das von den Konfliktparteien gezeigte bzw. bevorzugte Verhalten (vgl. Abschnitt 1.5) den Kategorien „Kompromisse" oder „Problemlösen" zugeordnet werden kann.
- Erhebliche Schwierigkeiten sind zu erwarten, wenn mindestens eine Konfliktpartei den Kategorien „Attacke" oder „Widerstand" zuneigt.

Selbstregulierung ist mit bedeutsamen Vorteilen verbunden.

Die Selbstregulierung eines Konfliktes durch die Konfliktparteien weist einige bedeutsame Vorteile auf:

- Die eigentlichen Experten des konkreten Konfliktes, nämlich die Konfliktparteien, werden mit der Lösung befasst, sodass die inhaltlichen Aspekte durch die Betroffenen umfassend eingebracht und verhandelt werden können.
- Eine gelungene Lösung stärkt das Vertrauen der Beteiligten in ihre eigene Konfliktlösungskompetenz.
- Eine eigenständig erarbeitete Verhandlungslösung kann auch auf andere in Konflikte verstrickte Personen vorbildhaft wirken.
- Die Vorgehensweise ist ressourcensparend: Dritte werden nicht einbezogen, den Führungskräften bzw. den im Betrieblichen Konfliktmanagementsystem tätigen Personen kommt lediglich eine Beobachterrolle zu.

Die Selbstregulierung durch die Konfliktparteien ist eine Perspektive, die aufgrund der damit verbundenen Vorteile grundsätzlich genutzt werden sollte. Allerdings können Verfahren ohne Beteiligung Dritter durchaus auch einen ungünstigen Verlauf nehmen, etwa wenn sich die Konfliktparteien bei der inhaltlichen Erörterung ihrer Anliegen erneut zerstreiten und der Konflikt unter Umständen sogar eskaliert.

Eigenständige Lösungssuche nicht immer angebracht.

Mit wenig sachgerechten Ergebnissen ist zu rechnen, wenn wesentliche Voraussetzungen für eine Selbstregulierung nicht vorliegen; von ungünstigen Rahmenbedingungen ist beispielsweise auszugehen, wenn eine Konfliktpartei mit dem Konfliktverhalten „Attacke" eine andere Konfliktpartei mit dem Konfliktverhalten „Nachgeben" dominiert und eine inhaltliche Auseinandersetzung „auf Augenhöhe" unterbleibt. Solche Probleme treten am ehesten dann auf, wenn aufgrund einer falsch verstandenen Idealisierung der Selbstregulierung eine sorgfältige Prüfung der Voraussetzungen durch Führungskräfte oder die im Betrieblichen Konfliktmanagementsystem tätigen Personen unterbleibt.

Wichtig

Günstige Rahmenbedingungen für Selbstregulierung schaffen!

Obwohl die inhaltliche Konfliktbearbeitung im Sinne der Selbstregulierung den Konfliktparteien überlassen bleibt, kommen auf Führungskräfte bzw. die im Betrieblichen Konfliktmanagement tätigen Personen je nach Einzelfallgestaltung durchaus wichtige Aufgaben im Umfeld zu:

- Sie haben durch eine Konfliktanalyse sicherzustellen, dass die Voraussetzungen für eine Selbstregulierung gegeben sind, ansonsten ist eine andere Vorgehensweise zu wählen (Weichensteller-Funktion).
- Sie können Hinweise auf lösungsbegünstigende Strategien und Vorgehensweisen geben, um damit der Konfliktbearbeitung neue Perspektiven zu eröffnen (Mentoren-Funktion).
- Sie sollten in geeigneten Zeitabständen überprüfen, ob die mit dem Versuch der Selbstregulierung verbundenen Erwartungen auch erfüllt wurden (Controller-Funktion).

2.3.2.2 Verfahren mit Beteiligung Dritter

Wenngleich die Erfolgsaussichten der Selbstregulierung nicht zu gering zu veranschlagen sind, werden bei den meisten Konfliktinterventionen Dritte einbezogen. Dies entspricht ja auch einer inneren Logik: Wären die Konfliktparteien ohne Weiteres allein in der Lage, ihre Auseinandersetzung geordnet und lösungsorientiert auszutragen, wäre ja gar keine Konfliktintervention erforderlich.

Einbeziehung Dritter kann zusätzliche Belastungen der Konfliktlage auslösen.

Auch wenn in vielen Konflikten eine Konfliktlösung bzw. Konfliktregelung ohne die Beteiligung Dritter nicht erreicht werden kann, wird das aktuelle Konfliktgeschehen durch deren Einbeziehung unter Umständen zusätzlich belastet. Schauen wir uns – unter Verweis auf die Darstellungen bei Regnet (2007) – die vier zentralen Belastungsfaktoren an, die hierbei zu beachten sind:

Belastungfaktoren bei der Einbeziehung Dritter

- Erstens kann die Hinzuziehung Dritter als Dokument des persönlichen Scheiterns der Konfliktparteien eingestuft werden, was deren verwaltungsinternem Ansehen nicht unbedingt zuträglich ist.
- Zweitens findet eine personale Erweiterung des Konfliktes statt, die durch die üblichen Versuche der Konfliktparteien, in Dritten Verbündete zu gewinnen, eine besondere Bedeutung erfährt.
- Drittens kann Rollenunklarheit bei Interventionen durch interne Dritte zu zusätzlicher Verunsicherung und Verkomplizierung führen. Insbesondere bei der Einbeziehung von Führungskräften ist unklar, ob diese als Entscheider oder als Konfliktvermittler fungieren.
- Viertens kann mit der Einbeziehung Dritter eine Verhärtung der Fronten einhergehen, weil es nunmehr nicht nur um den Konflikt an sich geht, sondern auch darum, gegenüber einem Dritten nicht als Verlierer oder Schuldiger dazustehen.

Diese Risiken bilden den Hintergrund, vor dem die nunmehr vorzustellenden Verfahren zum Einsatz kommen. Nachfolgend werden sechs idealtypische Interventionsarten mit Beteiligung Dritter vorgestellt. Darüber hinaus finden sich im Schrifttum zahlreiche weitere Interventionsansätze, die jedoch regelmäßig als Mischformen oder Abwandlungen der hier behandelten Interventionsarten interpretiert werden können. Die Darstellung der idealtypischen Interventionsarten bietet zur eigenständigen Einschätzung dieser Mischformen und Abwandlungen eine ausreichende Grundlage, sodass auf diese nicht explizit einzugehen ist.

a.) Moderation

Moderation ist keine originäre Konfliktbearbeitungsmethode.

Die Moderation ist keine der Konfliktbearbeitung vorbehaltene Methode, sondern kann grundsätzlich bei allen Diskussions-, Kommunikations- und Kreativitätsprozessen eingesetzt werden (Proksch, 2010). Der Moderationsprozess wird üblicherweise in einzelne, voneinander abgegrenzte Phasen unterteilt, die eine strukturierte Vorgehensweise nahelegen.

Dem **Moderator** kommen im Moderationsprozess mehrere **Aufgaben** zu (Schiersmann & Thiel, 2009):

- Erstens soll er sicherstellen, dass der Phasenstruktur gefolgt wird, um so eine systematische und disziplinierte Bearbeitung des jeweiligen Teilbereiches zu erleichtern.
- Zweitens hat er darauf zu achten, dass alle Beteiligten gleichermaßen Gelegenheit zur Mitwirkung am Kommunikationsprozess erhalten, um so ein wechselseitiges Verständnis für die Sichtweise des jeweils anderen zu ermöglichen.
- Drittens soll er alle Beiträge visualisieren, damit im Prozessverlauf keine wesentlichen Aspekte verloren gehen.

Konfliktmoderation unterstützt die Kommunikation im Lösungsprozess.

Die Konfliktmoderation basiert auf der Annahme, dass die Konfliktparteien in der Lage sind, die sachbezogene Problematik des Konfliktes zu bearbeiten; lediglich der dazu erforderliche Kommunikationsprozess soll unterstützt werden.

Die in der Konfliktmoderation verfolgte Absicht, gegenseitiges Verständnis bei den Konfliktparteien zu wecken, weist eine hohe Passung zur interessenbasierten Konfliktbearbeitung auf. Sofern der Erörterung einschlägiger Normen in einem geordneten Kommunikationsprozess eine bedeutende Rolle zukommt, erscheint eine Konfliktmoderation auch bei einer ansonsten rechtbasierten Konfliktbehandlung als zweckmäßig.

Eine Konfliktmoderation sollte allerdings vermieden werden, wenn zwischen den Konfliktparteien ein Machtgefälle besteht. Die Konfliktmoderation erweist sich aufgrund ihres konzeptionellen Ansatzes (lediglich Unterstützung des Kommunikationsprozesses) als „machtblind“: Dies bedeutet, dass der Moderator Machtungleichgewichten im Rahmen der Konfliktbearbeitung nicht explizit entgegenwirkt.

Wie ist die Konfliktmoderation zu bewerten?

Vorteile	Nachteile
Konfliktmoderation	
■ Die Konfliktparteien als eigentliche Konfliktexperten bestimmen Inhalt und Verlauf des Verfahrens. ■ Es wird auf die Problemlösungskompetenz der Konfliktparteien vertraut. ■ Kommunikative Unterstützung erfolgt nur soweit diese erforderlich ist. ■ Es wird eine selbst erarbeitete und gemeinsame Lösung, die größere Umsetzungstreue erwarten lässt, ermöglicht. ■ Ressourcenaufwand und Methodik sind überschaubar.	■ Die Konfliktbeendigung ist nicht zwingend und hängt von den Konfliktparteien ab. ■ Eskalationsgrad und bisheriger Konfliktverlauf sind für Erfolgsaussichten bedeutsam. ■ Eine unter Umständen gewünschte umfassende Erörterung des Konfliktes kann zeitaufwendig sein.

b.) Mediation

Mediation: Konfliktlösung mit Tradition.

Bei der Mediation handelt es sich um ein Verfahren der informellen Konfliktlösung mit jahrhundertelanger Tradition (Duss-von Werdt, 2005). Im Laufe der Zeit wurden zahlreiche Anwendungsformen und Mediationsstile entwickelt, die sich in der Literatur in unterschiedlichen, im Kern aber weitgehend übereinstimmenden Definitionen niedergeschlagen haben (Trenczek, 2013). Seit der Verabschiedung des Mediationsgesetzes in 2012 liegt eine gesetzliche Begriffsbestimmung vor:

> § 1 Begriffsbestimmungen
>
> (1) Mediation ist ein vertrauliches und strukturiertes Verfahren, bei dem Parteien mithilfe eines oder mehrerer Mediatoren freiwillig und eigenverantwortlich eine einvernehmliche Beilegung ihres Konflikts anstreben.
>
> (2) Ein Mediator ist eine unabhängige und neutrale Person ohne Entscheidungsbefugnis, die die Parteien durch die Mediation führt.

Wenden wir uns den einzelnen Bestandteilen der Definition zu, um einen genaueren Eindruck davon zu gewinnen, wie die Konfliktbearbeitung in einem Mediationsverfahren angegangen wird.

Die innere Strukturierung des Mediationsverfahrens basiert auf einer feststehenden Abfolge aufeinander aufbauender Bearbeitungsschritte (Phasen), die in der nachfolgenden Abbildung 2.3 auf der Grundlage eines 5-Phasen-Modells im Überblick dargestellt sind:

5-Phasen-Modell der Mediation (Abb. 2.3)

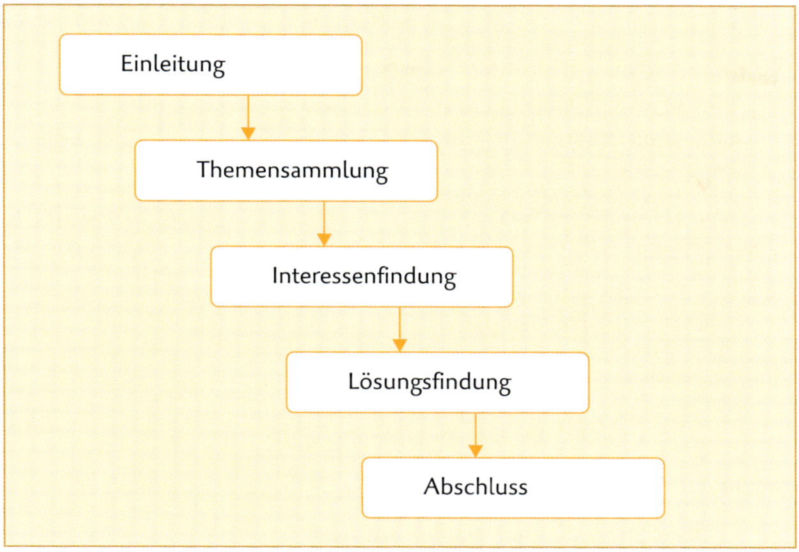

Schauen wir uns den idealtypischen Ablauf eines solchen Verfahrens einmal im Detail an:

1. Phase: Einleitung

Einleitungsphase: Vorbereitung des eigentlichen Verfahrens.

Das Mediationsverfahren beginnt mit der **Einleitungsphase**, die der Vorbereitung der inhaltlichen Konfliktbearbeitung dient. Zunächst erfragt der Mediator die Erwartungen der Konfliktparteien an das Verfahren und erläutert anschließend die grundlegenden Prinzipien und den idealtypischen Ablauf eines Mediationsverfahrens. Auf der Grundlage einer kurzen Beschreibung des Konfliktes entscheidet der Mediator, ob der Konflikt – inhaltlich und in Ansehen der Konfliktparteien – grundsätzlich mediationsgeeignet erscheint und ob er selbst die Mediation übernehmen möchte. Stimmen die Konfliktparteien ebenfalls dem Mediationsverfahren zu, vereinbaren sie – unter Anleitung des Mediators – zur Vorbereitung der inhaltlichen Erörterungen des Konfliktes verbindliche Regeln, die für eine geordnete Kommunikation erforderlich sind, wie z. B. Ausreden lassen, keine Beleidigungen, der Gegenseite aufmerksam zuhören, usw. Zum Ende der Einleitungsphase wird von Mediator und Konfliktparteien ein Mediationsvertrag geschlossen, in dem wesentliche Rahmenbedingungen zur Durchführung eines Mediationsverfahrens (Aufgabe des Mediators, Verschwiegenheit, Kostentragung, etc.) geregelt werden.

2. Phase: Themensammlung

Themensammlung: was inhaltlich erörtert werden soll.

Die nächste Phase dient der **Themensammlung**. Zu Beginn erhalten die Konfliktparteien die Möglichkeit, den Konflikt und seinen bisherigen Verlauf jeweils aus eigener Sicht heraus ausführlich zu schildern. Dabei stellt der Mediator sicher, dass alle Konfliktbeteiligten ungestört und im jeweils erforderlichen Umfang zu Wort kommen.

Die Darstellungen der Konfliktparteien sind in dieser Phase oft durch persönliche Vorwürfe und durch mehr oder weniger unverrückbar erscheinende Positionen (zwingende Forderungen an die Gegenseite, was diese tun oder lassen soll) geprägt. Obwohl es hierdurch gerade bei eskalierten Konflikten durchaus zu beachtenswerten emotionalen Spannungen kommen kann, werden dennoch für die weitere Konfliktbearbeitung bedeutsame Effekte erzielt:

- Der Mediator erfährt erstmals, worum es in dem Konflikt wirklich geht. Die in der Einleitungsphase erhaltenen Informationen dienten lediglich einer groben Einschätzung der Angelegenheit.
- Konflikte gehen oft mit erheblichen Beeinträchtigungen der Kommunikation zwischen den Konfliktparteien einher. Wie wir in Abschnitt 1.3 gesehen hatten, gerät mit zunehmender Konflikteskalation der sachliche Konfliktgegenstand aus dem Fokus. Die Einhaltung der in der Einleitungsphase vereinbarten Kommunikationsregeln eröffnet den Konfliktparteien die Möglichkeit, ihre Sicht der Dinge endlich einmal ausführlich und ohne Unterbrechungen durch die Gegenseite darstellen zu können. Der Eindruck, hierbei einiges „loswerden zu können", führt bereits zur emotionalen Entlastung.
- Schließlich können aus den Schilderungen abstrakte und positiv formulierte Themen entwickelt werden, die weiter zu behandeln sind. Die positive Formulierung der Themen dient dazu, vom in Konflikten vorherrschenden „negativen" Denken abzukommen. Die abstrakte Themenformulierung lässt oftmals bereits gemeinsame Anliegen erkennen, über die leichter verhandelt werden kann.

Zum Abschluss der Themensammlung werden die Themen zur weiteren Bearbeitung priorisiert.

3. Phase: Interessenfindung

Interessenfindung: wem was wirklich wichtig ist.

In der Phase der **Interessenfindung** wird versucht, die Interessen herauszuarbeiten, die hinter den in der Themenfindungsphase geäußerten Positionen stehen. Als „Interessen" werden diejenigen Ziele, Motive, Wünsche, Bedürfnisse, etc. aufgefasst, die das „warum" der im Konflikt vertretenen Forderungen erklären. Die Verlagerung des Fokus von den ursprünglich eingenommenen Positionen zu den Interessen ist mit zahlreichen Vorteilen für die weitere Konfliktverarbeitung verbunden (vgl. auch die allgemeinen Ausführungen in Abschnitt 2.3.1):

- Mit der Klärung der Interessen einer Konfliktpartei wird für die andere Konfliktpartei oft erstmals deutlich, warum die Gegenseite so vehement für ihre Position eingetreten ist. Da insbesondere eskalierte Konflikte durch eine gesteigerte Emotionalität und Unsachlichkeit geprägt sind, kann durch die Interessensklärung ein Stück Rationalität in der Konfliktbearbeitung wiedergewonnen werden.
- Zudem besteht die Möglichkeit, dass sich hinter unterschiedlichen Positionen übereinstimmende Interessen verbergen. In solchen Situationen erkennen die Konfliktparteien, dass sie hinsichtlich ihrer Zielsetzungen übereinstimmen und „nur noch" ein gemeinsamer Weg zur Erreichung dieses Ziels gefunden werden muss. Der ursprüngliche Konflikt kann bei übereinstimmenden Interessen zur gemeinsamen Aufgabe transformiert werden.

Gemeinsame Interessen: erster Schritt zur Lösung.

- Die Interessen können oft unter Zuhilfenahme von Leitwerten (z. B. Sicherheit, Harmonie, Neugier, Intensität; vgl. hierzu: Ponschab & Schweizer, 2004) formuliert werden. Der Vorteil dieser Leitwerte besteht darin, dass sie im menschlichen Zusammenleben von zahlreichen Menschen verfolgt werden und damit als allgemein bekannt und gesellschaftlich anerkannt eingestuft werden können. Selbst wenn die Konfliktparteien unterschiedliche Leitwerte verfolgen, können sie die Leitwerte der jeweiligen Gegenseite nachvollziehen und sie als ein Stück „Normalität" einstufen.
- Schließlich sind Interessen in der Regel umsetzungsoffen, es stehen also vielfältige Varianten zur Verfügung, wie einem Interesse entsprochen werden kann. Dies wiederum bedeutet, dass – wenn schon keine übereinstimmenden Interessen vorliegen – bei der Generierung von Lösungsoptionen wenigstens die Ideen bevorzugt werden können, die allen Interessen möglichst weitgehend entsprechen.

Die Identifikation und Offenbarung ihrer Interessen ist für viele Konfliktparteien ungewöhnlich und nicht ohne Weiteres leistbar. Dementsprechend unterstützt der Mediator die Konfliktparteien hierbei, insbesondere durch den Einsatz spezieller Fragetechniken.

Eine gelungene Interessenfindung lässt eine deutliche Verbesserung der Beziehung zwischen den Konfliktparteien erwarten: Das Gegenüber ist nun nicht mehr jemand, der der Verwirklichung der eigenen Vorstellungen konfrontativ-ablehnend gegenübersteht, sondern einer, der seinerseits berechtigte Interessen vertritt. Die interessenorientierte Vorgehensweise der Mediation stärkt somit das gegenseitige Verständnis. Zudem erlaubt die Offenbarung der eigenen Interessen der Gegenpartei einen ansonsten eher unüblichen Einblick in die eigene Wertewelt, was wiederum geeignet ist, als vertrauensbildende Maßnahme zu wirken.

4. Phase: Lösungsfindung

Lösungsfindung: gemeinsame Ideen sammeln, bewerten und ausarbeiten.

Auf der Grundlage der in der vorangegangenen Phase herausgearbeiteten Interessen werden in der sogenannten **Lösungsfindungsphase** Lösungsvorschläge zunächst erarbeitet und anschließend hinsichtlich ihrer Umsetzbarkeit bewertet. Das Ziel besteht in der Generierung einer Konfliktlösung, die vollumfänglich von allen Beteiligten getragen wird. Die Erarbeitung der Lösungsvorschläge und deren Bewertung bleiben den Konfliktparteien vorbehalten, die ja eine selbstbestimmte Lösung finden sollen. Die Aufgabe des Mediators besteht darin, durch den Einsatz geeigneter Kreativitätstechniken die Generierung von Lösungsvorschlägen zu unterstützen; im Übrigen beschränkt er sich auf die Protokollierung der Vorschläge und leitet gegebenenfalls den Bewertungsprozess an.

5. Phase: Abschluss

Abschlussphase: Lösung fixieren.

In der **Abschlussphase** wird, gegebenenfalls nach einer Prüfung der rechtlichen Zulässigkeit und der tatsächlichen Umsetzbarkeit, die ausgearbeitete Lösung in einer schriftlichen Vereinbarung fixiert, die von den Konfliktparteien gemeinsam unterzeichnet wird.

Wichtig

Die Reihenfolge der Phasen einhalten!

Das vorgestellte Phasenmodell (vgl. Abbildung 2.3) dient nicht nur der inneren Strukturierung des Verfahrensablaufs, sondern unterstützt die Parteien dabei, sich von einer vergangenheits- und problemorientierten Vorgehensweise (Beschreibung des bisherigen Geschehens, Positionen) abzuwenden und einer zukunfts- und lösungsorientierten Vorgehensweise (Interessen, Lösungsfindung) zuzuwenden. Dementsprechend können die einzelnen Phasen nicht beliebig vertauscht oder inhaltlich modifiziert werden.

Prinzipien der Mediation

Mediationsverfahren sind aber nicht nur durch die Abarbeitung des soeben vorgestellten Phasenmodells gekennzeichnet. Vielmehr basiert die Mediation auf einigen zentralen Prinzipien: Die Teilnahme am Mediationsverfahren ist für alle Beteiligten **freiwillig**; dies schließt das Recht ein, die Mediation jederzeit beenden zu können. Die Konfliktparteien agieren **eigenverantwortlich**; das heißt, dass sie inhaltlich für alles, was in der Mediation geschieht, besprochen und vereinbart wird, allein verantwortlich sind. Der Mediator übernimmt die Verantwortung für die ordnungsgemäße Verfahrensdurchführung und verhält sich inhaltlich **neutral**. Mediationsverfahren sind **vertraulich**, sodass alles, was in der Mediation geäußert und getan wird, nicht weitergegeben werden darf. Schließlich verpflichten sich die Konfliktparteien, sich gegenseitig über alle entscheidungserheblichen Angelegenheiten zu **informieren** und keine relevanten Informationen zurückzuhalten, da nur hierdurch eine eigenverantwortliche Entscheidung möglich wird.

Mediation in der Öffentlichen Verwaltung – eine Herausforderung

Hindernisse der praktischen Einsetzbarkeit beachten.

Für die Verwaltungspraxis ergeben sich aus diesen Prinzipien übrigens zwei beachtenswerte Herausforderungen, die zwar gemeistert werden können, über die aber nicht leichtfertig hinweggegangen werden darf:

- **Sicherstellung der Freiwilligkeit:** Teilweise werden in Betrieblichen Konfliktmanagementsystemen die Konfliktparteien verpflichtet, an einem Mediationsverfahren teilzunehmen, weil die Konfliktparteien auf eine interessenbasierte Auseinandersetzung hingelenkt werden sollen. Beschränkt sich die Verpflichtung auf die Teilnahme an einem ersten Erörterungstermin, in dem vor allem das Mediationsverfahren und die damit verbundenen Ziele erläutert werden, kann dies hingenommen werden, ohne dass von einer Verletzung des Prinzips der Freiwilligkeit auszugehen ist. Eine Beschränkung des Rechts, eine Mediation jederzeit abbrechen zu können, ist mit den Grundsätzen der Mediation jedoch nicht vereinbar.
- **Gewährleistung der Eigenverantwortlichkeit:** Bei zahlreichen Konflikten innerhalb der Öffentlichen Verwaltung muss aufgrund der üblicherweise hierarchischen Strukturen stets damit gerechnet werden, dass zwischen den Konfliktparteien Machtunterschiede bestehen, die zu einer Gefährdung der Eigenverantwortlichkeit der machtschwächeren Partei führen können. Hierzu ist zunächst festzustellen, dass nicht jeder Hierarchieunterschied unmittelbar zu einem die Eigenverantwortlichkeit gefährdenden Machtunterschied führt; des Weiteren ist zu beachten, dass auch andere Machtquellen bestehen (z. B. Fachwissen, Persönlichkeitseigenschaften, Gruppengröße, persönliche Beziehungen, etc.), die Hierarchieunterschiede durchaus aufwiegen können. Dies bedeutet, dass die Möglichkeit von Machtunterschieden stets und in jeder Hinsicht beachtet werden muss. Ist eine nachhaltige Beeinträchtigung der Eigenverantwortlichkeit anzunehmen, ist von einer Mediation abzusehen; erweist sich die Beeinträchtigung erst im Verfahrensverlauf, ist die Mediation abzubrechen.

Wie ist die Mediation zu bewerten?

Die Mediation ist mit vielfältigen Vorteilen verbunden, was dazu geführt hatte, dass die ersten Betrieblichen Konfliktmanagementsysteme fast ausschließlich auf die Etablierung der Mediation als Universalverfahren für alle Konflikte abzielten (vgl. Kirchhoff, 2012). Allerdings dürfen auch ihre Grenzen nicht übersehen werden, sodass die seinerzeitige Einschätzung der Mediation als „Allheilmittel" durch eine differenzierte Bewertung zu ersetzen ist:

Vorteile	Nachteile
Mediation	
■ Die Konfliktparteien als eigentliche Konfliktexperten bestimmen Inhalt und Verlauf des Verfahrens. ■ Es wird auf die Problemlösungskompetenz der Konfliktparteien vertraut. ■ Eine selbst erarbeitete und gemeinsame Lösung, die eine größere Umsetzungstreue erwarten lässt, wird ermöglicht. ■ Der Mediator kann psychische Prozesse initiieren, die zu einer dauerhaften Verbesserung der Beziehungsebene, dem Aufbau von gegenseitigem Verständnis und unter Umständen auch zu einer Versöhnung der Konfliktparteien führen sollen (vgl. Bastine, 2004). ■ Die Konfliktparteien können zusätzliche Kommunikations- und Konfliktlösungskompetenzen entwickeln. ■ Eine win-win-Lösung wird ausdrücklich angestrebt. ■ Den Konfliktparteien wird eine lösungs- und zukunftsorientierte Denkweise nahegelegt. ■ Ressourcenaufwand und Methodik sind überschaubar.	■ Die Konfliktbeendigung ist nicht zwingend und hängt von den Konfliktparteien ab. ■ Eskalationsgrad und bisheriger Konfliktverlauf sind für die Erfolgsaussichten bedeutsam. ■ Eine umfassende Erörterung des Konfliktes ist grundsätzlich erforderlich und kann zeitaufwendig sein.

c.) Schiedsverfahren

Schiedsverfahren: keine inhaltliche Enthaltsamkeit des Schiedsrichters.

Schiedsverfahren sind dadurch gekennzeichnet, dass eine nicht am Konflikt beteiligte Person bzw. Institution eine inhaltliche Beurteilung des Konfliktgegenstands vornimmt. Schiedsverfahren können durch Individualvereinbarung der Konfliktparteien initiiert werden oder auf allgemeinen Schiedsklauseln beruhen.

Je nach Vereinbarung bzw. Regelung kann das Ergebnis des Schiedsverfahrens für die Konfliktparteien verbindlich sein oder lediglich empfehlenden Charakter haben. Im zweiten Fall obliegt es den Konfliktparteien auf der Grundlage des Schiedsspruchs eine eigenständige Entscheidung zu treffen, wobei die im Schiedsspruch obsiegende Partei diesen zur Bestärkung der eigenen Position einsetzen wird. Vielfach kommt es in solchen Fällen zu einer Einigung, die nahe am Schiedsspruch liegt, bei der die unterlegene Partei aber darum bemüht ist, durch ein wenig „Ergebniskosmetik" ein vollständiges Obsiegen der Gegenpartei zu vermeiden; diese lässt sich meistens darauf ein, da sie in der Hauptsache eine Entscheidung im eigenen Sinne verbuchen kann.

Einengende Rahmenbedingungen von Schiedsverfahren

Schiedsverfahren dienen in der Regel der Einzelfallentscheidung eines in der Vergangenheit abgeschlossenen Sachverhalts. Hieraus ergibt sich insbesondere im Vergleich zur Mediation eine thematische Beschränkung, sodass Lösungen, die auf einer „Vergrößerung des Kuchens" basieren, kaum anzutreffen sind.

Da der Dritte eine eigenständige Rolle als Konfliktbeurteiler bzw. -entscheider wahrnimmt, bemüht er sich oft darum, der eigenen Beurteilung eine Legitimation zu verleihen, um sich nicht dem Vorwurf der Willkür auszusetzen. Sofern es nicht gelingt, im Rahmen des Schiedsverfahrens übereinstimmende Interessen der Konfliktbeteiligten zu identifizieren, liegt es nahe, eine am Recht orientierte Entscheidung zu treffen. Sollten einschlägige Normen nicht vorhanden sein, kommen allgemeine Erwägungen und Einschätzungen zum Tragen, die jedoch seitens der Konfliktparteien angezweifelt werden können.

In Schiedsverfahren können durchaus nicht justiziable Aspekte erörtert werden; inwieweit diese bei der Beurteilung des Dritten zum Tragen kommen, unterliegt dessen Ansatz zur Begründung seiner Beurteilung. Sofern die Beurteilung ausschließlich auf Normen gestützt wird, dürften solche Aspekte keine Rolle spielen.

Weitreichende Unterschiede für die Konfliktparteien gegenüber Mediation und Moderation.

Die Konfliktbeurteilung durch den Dritten bestimmt nicht nur dessen Rolle im Konfliktgeschehen; gegenüber der Konfliktmoderation und der Mediation zeigen sich weitreichende Veränderungen für die Konfliktparteien: Zum ersten überantworten sie die Konfliktentscheidung einem Dritten, der von den Folgen seiner Entscheidung nicht betroffen ist. Zum zweiten findet keine entscheidende eigene inhaltliche Beteiligung an der Ergebnisfindung mehr statt, sondern es geht nur noch darum, den Dritten im Rahmen der Konfliktschilderung zu überzeugen oder zumindest zu beeindrucken. Der eigene Vortrag in der Sache wird dementsprechend wesentlich mehr an taktischen Gesichtspunkten ausgerichtet. Aus einem „miteinander reden" wie in der Moderation und in der Mediation ist nunmehr ein „übereinander reden" beim Dritten geworden.

Wie ist das Schiedsverfahren zu bewerten?

Vorteile	Nachteile
Schiedsverfahren	
■ Es kommt auf jeden Fall zu einer inhaltlichen Entscheidung der strittigen Angelegenheit. ■ Es können auch nicht-justiziable Aspekte berücksichtigt werden.	■ Die Konfliktparteien geben ihre eigene Entscheidungskompetenz auf, müssen aber das Ergebnis tragen. ■ Die Entscheidung erfolgt auf der Grundlage des vom Dritten wahrgenommenen Sachverhalts. ■ Ein Lerneffekt in Bezug auf die Entwicklung eigener Konfliktlösungskompetenz kann nicht erreicht werden. ■ Die Entscheidung findet ihre inhaltliche Grundlage im Wesentlichen in der Vergangenheit. ■ Die Entscheidung führt meist zu einer Gewinner-Verlierer-Situation ■ Die durch den Konflikt möglicherweise verursachten Störungen im sozialen Miteinander werden nicht explizit aufgearbeitet.

d.) Verwaltungsinterne rechtbasierte Entscheidung

Rechtbasierte Entscheidung sind in Konfliktfällen eher selten.

Die Verpflichtung der Öffentlichen Verwaltung auf Recht und Gesetz legt zunächst die Vermutung nahe, dass ein Großteil verwaltungsinterner Konflikte einer Entscheidung auf der Grundlage des bestehenden Rechts zugeführt werden kann. Diese Vermutung erweist sich jedoch bei näherer Durchsicht der in Abschnitt 1.2.3 angeführten Konfliktgegenstände in Bezug auf verwaltungsinterne Konflikte als irrig. So fehlt es bei Strategie-, Verteilungs-, Struktur- und Beziehungskonflikten regelmäßig an Normen, die eine rechtbasierte Entscheidung überhaupt ermöglichen. Bei Informations- und Sachverhaltskonflikten ist der Konfliktgegenstand der eigentlichen Rechtsanwendung vorgelagert. Lediglich bei Werte- bzw. Normkonflikten kommt der Anwendung geltenden Rechts zentrale Bedeutung zu.

Neben den – insbesondere gesetzlichen – Normen, deren Anwendung zwingend vorgeschrieben ist, bestehen in zahlreichen Verwaltungen auch verwaltungsinterne Normen, die als Auffangregelung für die Fälle vorgesehen sind, in denen eine eigenständige Entscheidung durch die Konfliktbeteiligten nicht gelingt.

Beispiel

Auffangregeln bei fehlender Einigung

Für eine Dienststelle, in der stets eine Mindestbesetzung erforderlich ist, wurde zwischen der Verwaltungsleitung und dem Personalrat folgende Regelung zur Urlaubsplanung vereinbart:

Die Urlaubstermine sollen grundsätzlich zwischen den Beschäftigten selbst ausgehandelt werden. Kann hierbei keine Einigung erreicht werden, ist Personen mit Kindern, die noch die Schule besuchen, in den Sommerferien stets Urlaub zu gewähren.

Bei der aktuellen Urlaubsplanung gibt es zwischen zwei Kolleginnen eine massive Auseinandersetzung, da beide für die erste Hälfte der Sommerferien Urlaub beantragt haben: auf der einen Seite eine Mitarbeiterin mit einem fast achtzehnjährigen Sohn, der kurz vor dem Abitur steht und bereits seit drei Jahren nicht mehr mit seinen Eltern in Urlaub fährt, auf der anderen Seite eine unverheiratete Mitarbeiterin, die seit zehn Jahren in einer festen Partnerschaft mit einem Lehrer lebt. Nachdem sich die beiden nicht einigen konnten, entscheidet der Amtsleiter aufgrund der beschriebenen Regelung zugunsten der Mitarbeiterin mit dem bald achtzehnjährigen Sohn, da dieser noch die Schule besucht.

Die tatsächliche Bedeutung verwaltungsinterner Rechtsentscheidungen ist in Bezug auf verwaltungsinterne Konflikte als relativ gering einzuschätzen: die Entscheidungsgrundlagen sind in der Regel allen Beteiligten bereits im Vorfeld bekannt, sodass die im konkreten Fall zu erwartende Entscheidung absehbar ist – der Konflikt „lohnt“ also nicht.

Durch Verweis auf die Entscheidungsnorm kann der Entscheider auf eine eigenständige inhaltliche Begründung verzichten; auf eventuelle Unmutsäußerungen der unterlegenen Partei kann mit Verweis auf die bestehende Norm und die daraus unmittelbar abzuleitende Entscheidung reagiert werden.

Wie sind verwaltungsinterne Rechtsentscheidungen zu bewerten?

Vorteile	Nachteile
Verwaltungsinterne rechtbasierte Entscheidung	
▪ Es kommt auf jeden Fall zu einer inhaltlichen Entscheidung der strittigen Angelegenheit. ▪ Das Ergebnis ist für alle Beteiligten vorhersehbar. ▪ Da eine aus Sicht einer Konfliktpartei negative Entscheidung als Ergebnis einer Normanwendung interpretiert werden kann, besteht keine unmittelbare Veranlassung, diese als persönliche Niederlage zu bewerten.	▪ Verwaltungsinterne Rechtsentscheidungen sind auf eindeutige und explizit geregelte Tatbestände beschränkt; für die meisten Konfliktfälle dürfte es an entsprechenden Grundlagen fehlen. ▪ Die Bezugnahme auf bestehende Normen verhindert zudem Weiterentwicklungen, die durch Konflikte ansonsten erreicht werden könnten: an die Stelle der Suche nach einer inhaltlichen Rechtfertigung tritt die unhinterfragte Rechtsanwendung. ▪ In den Fällen, in denen die Normsetzung nicht auf einem Verhandlungsergebnis der Betroffenen beruht, sondern auf einer Machtentscheidung der Verwaltungsleitung, wird sogar eine Scheinlegitimation geliefert, indem die Machtentscheidung über den Umweg der Rechtsanwendung verdeckt wird. ▪ Soweit die bei der Rechtsanwendung unterliegende Konfliktpartei die Sinnhaftigkeit der Norm generell infrage stellt, kann eine neue Konfliktsituation entstehen; zum Ursprungskonflikt tritt dann ein Konflikt mit der für die Norm verantwortlichen Person hinzu. ▪ Die soziale Beziehung zwischen den Konfliktbeteiligten wird nicht gepflegt (Schaffung von Verständnis und Vertrauen).

e.) Gerichtsentscheid

Gerichtsentscheidungen erfordern keine Rücksichtnahme auf verwaltungsinterne Gegebenheiten.

Für einen Teil verwaltungsinterner Konflikte besteht die Möglichkeit, eine gerichtliche Entscheidung anzustreben. Dies setzt allerdings voraus, dass der Konfliktgegenstand justiziabel ist, also ein durch Klage durchsetzbarer Anspruch besteht. Hiervon kann bei einer Vielzahl von verwaltungsinternen Konflikten gar nicht ausgegangen werden; auf die entsprechenden Ausführungen zu den verwaltungsinternen rechtbasierten Entscheidungen kann verwiesen werden. Zusätzlich verhindert bei Struktur- und Verteilungskonflikten in vielen Fällen die Organisationshoheit der jeweiligen Verwaltung einen richterlichen Entscheid bzw. ermöglicht lediglich eine Missbrauchskontrolle.

Wie sind Gerichtsentscheidungen zu bewerten?

Vorteile	Nachteile
Gerichtsentscheidungen	
▪ Es kommt auf jeden Fall zu einer inhaltlichen Entscheidung der strittigen Angelegenheit. ▪ Die Entscheidung wird durch eine Person getroffen, die der Verwaltung nicht angehört und deshalb auf verwaltungsinterne Gegebenheiten keine Rücksicht nehmen muss.	▪ Gerichtsentscheidungen setzen einen im Klageweg durchsetzbaren Anspruch voraus. Konfliktaspekte, die hiervon nicht erfasst sind, müssen unberücksichtigt bleiben. ▪ Die Bezugnahme auf bestehende Normen verhindert interne Weiterentwicklungen, die durch Konflikte ansonsten erreicht werden könnten: an die Stelle der Suche nach einer inhaltlichen Rechtfertigung tritt die unhinterfragte Rechtsanwendung. ▪ Der Richter entscheidet in der Regel auf der Grundlage eines nicht selbst erlebten Sachverhalts, sondern aufgrund der Darstellungen der Konfliktparteien; dies kann unter Umständen dazu führen, dass der aus Sicht des Richters zu entscheidende Sachverhalt vor allem ein Erzeugnis der Rhetorik der Vortragenden und weniger ein Abbild der Wirklichkeit ist. ▪ Die soziale Beziehung zwischen den Konfliktbeteiligten wird nicht gepflegt (Schaffung von Verständnis und Vertrauen). ▪ Gerichtsverfahren sind zeit- und teilweise auch kostenintensiv. ▪ Da durch den Gerichtsentscheid eine win-lose-Situation begründet wird, muss damit gerechnet werden, dass Ausweichreaktionen der unterlegenen Konfliktpartei („dem werd ich's dann woanders zeigen“) erfolgen.

Wichtig

Vor Gericht und auf hoher See ...

Gerichtsverfahren bergen für alle Konfliktbeteiligten erhebliche Risiken, da sie die Entscheidung über ihre eigene Angelegenheit an das Gericht abgeben. Besonders unkalkulierbar sind gerichtliche Auseinandersetzungen, bei denen der richterliche Amtsermittlungsgrundsatz gilt, wie wir ihn beispielsweise in § 86 Abs. 1 Verwaltungsgerichtsordnung (VwGO) für verwaltungsgerichtliche Verfahren kennen: Hier ist das Gericht an die Anträge der Beteiligten und deren Zielsetzungen nicht gebunden. Dies kann im

Einzelfall dazu führen, dass durch das Gericht eine Entscheidung getroffen wird, die für alle Beteiligten nicht vorhersehbar und schon gar nicht gewünscht war.

f.) Machtentscheid durch Vorgesetzte

Zahlreiche verwaltungsinterne Konflikte sind durch Führungskräfte oder mit besonderen Entscheidungsbefugnissen ausgestattete Organisationseinheiten zu entscheiden, etwa weil eine weitere Fortführung des Konfliktes zeitlich und sachlich nicht geboten oder der Konfliktinhalt einer gerichtlichen Entscheidung nicht zugänglich ist.

Der Machtentscheid durch Vorgesetzte gründet allein auf Zweckmäßigkeitserwägungen oder Wertvorstellungen des Entscheidungsberechtigten. Eine inhaltliche Begründung der Entscheidung gegenüber den Konfliktparteien ist nicht erforderlich; teilweise wird bewusst darauf verzichtet, um mit der Erläuterung keinen neuerlichen Konfliktanlass zu geben.

Wie sind Machtentscheide durch Vorgesetzte zu bewerten?

Vorteile	Nachteile
Machtentscheid durch Vorgesetzte	
■ Es kommt auf jeden Fall zu einer inhaltlichen Entscheidung der strittigen Angelegenheit. ■ Die Entscheidung kann ad-hoc erfolgen.	■ Es wird in der Regel eine Gewinner-Verlierer-Situation erzeugt, die die bereits thematisierten Folgen zwischen den Konfliktparteien nach sich ziehen kann. ■ Da die Entscheidung allein aus der Machtposition heraus erfolgt, fehlt ihr die inhaltliche Überzeugungskraft. ■ Die Konfliktlösungskompetenz der Konfliktbeteiligten wird durch diese Form der Entscheidung nicht gestärkt. Die in Konflikten grundsätzlich möglichen Lernprozesse unterbleiben. ■ Die soziale Beziehungsebene zwischen den Konfliktbeteiligten wird in der Regel nicht gepflegt (Schaffung von Verständnis und Vertrauen). ■ Der Entscheider wird durch seine Entscheidung zum Konfliktbeteiligten; je nach Entscheidung kann die Grundlage für einen weiteren Konflikt mit einer Konfliktpartei oder sogar mit allen Beteiligten gelegt werden. ■ Erweist sich die Entscheidung im Nachhinein als fehlerhaft, leidet zudem die Reputation der Führungskraft.

2.3.3 Kriterien zur Strategieauswahl

Wie wir im vorstehenden Abschnitt gesehen haben, sind alle Strategien zum Umgang mit Konflikten mit Vor- und Nachteilen verbunden, ein „Allheilmittel" steht also nicht zur Verfügung. Somit haben wir uns nunmehr mit der Frage zu befassen, nach welchen Kriterien die Vorgehensweise im konkreten Konfliktfall festzulegen ist. Um die weiteren Ausführungen nicht unnötig zu verkomplizieren, wollen wir dabei die Frage nach der Bereitstellung der jeweils erforderlichen Ressourcen bewusst ausklammern.

Entscheidungsunterstützung: Stufenmodell der Konflikteskalation

Eskalation eines Konfliktes als wichtiges Entscheidungskriterium berücksichtigen

Erinnern wir uns noch einmal an Glasls Modell der Stufen der Konflikteskalation: Hierin wurde dargestellt, dass

- eine zunehmende Konflikteskalation
- mit einer zunehmenden Emotionalisierung
- bei gleichzeitig abnehmender Bezogenheit auf den ursprünglichen Inhalt der Auseinandersetzung einhergeht.

Dies bedeutet, dass die Fähigkeit der Konfliktparteien, selbst eine inhaltliche Lösung des Konfliktes zu finden – Glasl (2013, S. 77) verwendet hierfür den Begriff der „Selbstheilungspotenziale" – mit zunehmender Konflikteskalation abnimmt (s. Abb. 2.4).

Selbstheilungspotenziale (Abb. 2.4)

Eskalationsstufen	Selbstheilungspotenziale
1 und 2	„intakt, aber gefordert"
3 und 4	„angeschlagen, aber erst recht herausgefordert"
ab 5	„nicht mehr funktionierend, überfordert"

Dementsprechend kann eine erfolgreiche Konfliktbearbeitung durch die Konfliktparteien nur so lange erwartet oder erhofft werden, als die Selbstheilungspotenziale hierzu ausreichen.

Eine zunehmende Konflikteskalation betrifft jedoch nicht nur die unmittelbar Konfliktbeteiligten; vielmehr ist damit zu rechnen, dass

- über die Versuche zur Koalitionsbildung andere Kollegen einbezogen werden,
- durch die Konfliktfixierung die Arbeitsfähigkeit und Arbeitsleistung sinkt und

- sich schädigendes Verhalten auch auf die Gesamtverwaltung auswirkt.

Mit zunehmender Konflikteskalation wächst also der Druck auf die Führungskräfte zu intervenieren, um Schäden für die Gesamtorganisation abzuwenden. Regnet (2008, S. 57) hält eine Intervention an der Schwelle von Stufe 3 zu Stufe 4, die gleichbedeutend ist mit dem Wechsel von einer win-win-Situation zu einer win-lose-Situation, für „dringend erforderlich".

Wir können die bisherigen Überlegungen dahingehend zusammenfassen, dass die Frage, *ob* zu intervenieren ist, mit Bezugnahme auf den erreichten Eskalationsgrad überzeugend beantwortet werden kann: Spätestens ab Eskalationsstufe 4 kann nicht mehr darauf vertraut werden, dass die Konfliktparteien zu einer eigenständigen Lösung ohne jegliche Unterstützung kommen. Eine Intervention ist erforderlich.

„Welche Vorgehensweise soll gewählt werden?"

Auswahl der Interventionsart: Effektivität und Effizienz.

Nachdem wir einen Ansatz gefunden haben, die Frage nach dem *ob* einer Konfliktintervention zu beantworten, bleibt nun die Frage nach dem *wie* der Konfliktintervention. Beginnen wir mit einigen Vorüberlegungen, die teilweise an die vorstehende Diskussion der Vor- und Nachteile der einzelnen Verfahrensarten anknüpfen:

- Zunächst muss die Intervention geeignet sein, den schädigenden Wirkungen des Konfliktes entgegenzutreten. Insbesondere bei hocheskalierten Konflikten ist eine rasche Entscheidung gefordert, die von den stark emotionalisierten Konfliktparteien jedoch regelmäßig nicht erwartet werden kann. Dies legt eine Machtentscheidung durch Vorgesetzte nahe.
- Einige Verfahren bevorzugen eine unmittelbare Beteiligung der Konfliktparteien an der inhaltlichen Problembearbeitung; hierdurch werden die von der Angelegenheit unmittelbar betroffenen Personen, die eigentlichen Konfliktexperten, unmittelbar in die Konfliktbearbeitung einbezogen und damit in ihrer Konfliktbearbeitungskompetenz gestärkt. So wünschenswert diese Einbeziehung der Konfliktparteien auch ist, können die angesprochenen Effekte nur erreicht werden, wenn ein Mindestmaß an Offenheit und Kommunikationsbereitschaft vorhanden ist. Somit dürfte eine eigenständige Verhandlungslösung, eine Konfliktmoderation oder eine Mediation zunächst nur bei eher schwach eskalierten Konflikten in Betracht kommen.
- Rechtbasierte Entscheidungen durch Dritte (Schiedsentscheidung, Gerichtsentscheidung) führen zwar zu einer inhaltlichen Positionierung zum Konfliktinhalt, erzeugen aber regelmäßig eine Gewinner-

Verlierer-Situation. Der zu Beginn des Konfliktes möglich erscheinenden win-win-Lösung wird dies nicht gerecht, sodass eine rechtbasierte Entscheidung durch Dritte bei einer geringen Konflikteskalation (Stufen 1 – 3) eher vermieden werden sollte. Zudem ist stets zu beachten, dass nicht alle Konflikte inhaltlich einer rechtbasierten Entscheidung zugänglich sind, diese Option also nur eingeschränkt zur Verfügung steht.

In der Gesamtschau dieser Überlegungen, die durchaus noch weiter fortgeführt werden könnten, wird deutlich, dass auch bei der Auswahl der Verfahrensart der Grad der Konflikteskalation von besonderer Bedeutung ist. In Modifikation eines von Lippmann (2003, S. 351) vorgestellten Schemas können die Interventionsarten den Eskalationsstufen wie folgt zugeordnet werden:

Auch das „Wie" wird durch den Eskalationsgrad bestimmt.

Phasen	vorgeschlagene Intervention
1 – 3	Moderation
3 – 7	Mediation
6 – 8	Schieds-/Gerichtsverfahren
7 – 9	Machtentscheidung

Allerdings ist eine allein auf diese Zuordnung abstellende Vorgehensweise nicht sachgerecht, weil andere bedeutsame Aspekte außer Betracht bleiben. Fügen wir also einige Überlegungen hinzu:

- Hocheskalierte Konflikte erzeugen bei den Beteiligten einen erheblichen Leidensdruck, der teilweise sogar in der Stufe 9 eine, manchmal zwar nur sehr schwach ausgeprägte, aber immerhin noch ansprechbare, Offenheit für eine einvernehmliche Verhandlungslösung – in solchen Fällen am ehesten durch eine Mediation zu erreichen – erkennen lässt.
- Wir hatten gesehen, dass recht- und machtbasierte Entscheidungen mit teilweise gravierenden Nachteilen (z. B. Gewinner-Verlierer-Struktur) verbunden sind, die dazu führen können, dass mit einer entsprechenden Vorgehensweise in einem Konflikt bereits die Grundlage für den nächsten Konflikt gelegt wird. Um solchen Problemen auszuweichen, kann man versuchen, den Konflikt so weit zu deeskalieren, dass eine interessenbasierte Konfliktlösung und damit eine dauerhafte Befriedung der Konfliktparteien ermöglicht werden. Ein probates Mittel auf diesem Weg besteht darin, nur unbedingt erforderliche Teilaspekte eines Konfliktes macht- oder rechtbasiert zu entscheiden und den Rest wieder an die Konfliktparteien zur weiteren Bearbeitung zurückzugeben.

Konfliktdeeskalation eröffnet neue Optionen.

- Liegen Vorerfahrungen mit den Konfliktbeteiligten vor, die darauf hindeuten, dass mit einer massiven Konflikteskalation gerechnet werden muss, kann unter Umständen bereits ein sehr frühzeitiger Machteingriff angeraten sein. Schließlich macht es keinen Sinn, zuzuwarten bis die niedrigen Eskalationsstufen sämtlich durchlaufen und dabei beispielsweise andere in den Konflikt hineingezogen wurden, um dann erst nach allen Irrungen und Wirrungen der Konfliktbeteiligten eine Machtentscheidung zu treffen.

Konfliktfremde Erwägungen können bedeutsam sein.

- Im Übrigen können auch sonstige, mit dem konkreten Konflikt nur mittelbar verbundene Erwägungen eine Rolle spielen. So kann es durchaus wünschenswert sein, in bestimmten Konstellationen eine von Externen zu verantwortende Entscheidung anzustreben, etwa um eigenen Haftungsrisiken zu entgehen oder um eine Präzedenzentscheidung zu erreichen. In diesen Fällen bedarf es gar keiner nennenswerten Konflikteskalation, um ein Schieds-/Gerichtsverfahren anzustreben.
- Schließlich ist darauf hinzuweisen, dass lediglich die Mediation konkrete Ansatzpunkte zur Verbesserung der sozialen Struktur zwischen den Konfliktparteien (Verständnis, Vertrauen) beinhaltet. Insbesondere dann, wenn die Konfliktparteien auf eine dauerhafte und vertrauensvolle Zusammenarbeit angewiesen sind, sollte versucht werden, zu einer Mediation zu kommen.

Interventionsentscheidung kann nicht schematisiert werden.

Die Frage, ob und gegebenenfalls mit welcher Vorgehensweise in einem konkreten Konflikt reagiert werden sollte, kann angesichts der vorstehenden Überlegungen nicht unter Beiziehung eines starren Schemas beantwortet werden. Der erreichte Eskalationsgrad ist sicherlich als bedeutsames Entscheidungskriterium angemessen zu berücksichtigen, der alleinige Rückgriff hierauf erscheint aber verfehlt. Vielmehr sind im Rahmen einer qualifizierten Konfliktanalyse möglichst umfangreiche Informationen zur Einschätzung des Konfliktes und seiner Rahmenbedingungen einzuholen, um zu einer sachgerechten Entscheidung zu kommen. Hierbei sind ein ausgeprägtes Erfahrungswissen im Umgang mit Konflikten und ein Stück Intuition sicherlich hilfreich.

2.4 Wie können Konflikte bewusst geschürt werden? – Konfliktstimulation

Die bisherigen Ausführungen basieren auf einer eher pessimistischen Sicht auf Konflikte, bei der Eskalationsgefahren und negative Folgen für die Beteiligten im Vordergrund stehen. Allerdings können Konflikten auch zahlreiche positive Funktionen zugeschrieben werden: Konflikte weisen auf bestehende Probleme hin, sie wecken Neugier und

Engagement, sie erlauben die Revision überholter Strukturen, sie dienen der Verklarung von Standpunkten und Interessen, sie ermöglichen insbesondere aufgrund ihrer Dynamik Veränderungen und Weiterentwicklungen, sie erlauben die Identifikation mit der eigenen Gruppe sowie die Abgrenzung gegenüber anderen und vieles mehr (Wenninger, 1999; Spisak, 2003; Lippmann, 2003; Schwarz, 2010).

Bei der Konfliktstimulation geht es darum, durch gezielte Aktionen die Konfliktentstehung zu provozieren, um die sich hieraus entwickelnden Prozesse zur Veränderung überkommener Strukturen und Arbeitsweisen zu nutzen. Weil es sich hierbei um einen in der Praxis eher selten anzutreffenden Ansatz handelt, wollen wir uns zunächst ein Beispiel für eine Konfliktstimulation ansehen:

Beispiel

Personalknappheit in der Wohnungsbauförderung

In der Wohnungsbauförderung einer Kreisverwaltung sind seit Jahren fünf Personen mit Sachbearbeitungsaufgaben betraut. Organisationsuntersuchungen und interkommunale Vergleiche legen nahe, dass lediglich die Besetzung von 3,5 Planstellen erforderlich ist.

Anfragen aus anderen Abteilungen nach einer zumindest vorübergehenden Personalüberlassung wurden vom Leiter der Wohnungsbauförderung stets abschlägig beschieden; alle Kolleginnen und Kollegen seien unverzichtbar.

Im Zusammenhang mit einem Großprojekt verfügt die Landrätin, dass die Wohnungsbauförderung für drei Jahre auf zwei Sachbearbeiterinnen verzichten muss.

Die Entscheidung der Landrätin führt dazu, dass ein Verteilungskonflikt deutlich wird.

Literatur zur Konfliktstimulation ist nur spärlich vorhanden.

Obwohl in der Literatur immer wieder die durchaus positiven Folgen angeführt werden, die sich aus einem Konflikt ergeben können, finden sich nur wenige Ausführungen zur Konfliktstimulation. Über die Gründe für diese Zurückhaltung kann nur spekuliert werden; drei Ansatzpunkte drängen sich auf:

- Konflikte werden insgesamt und allen anderslautenden Beteuerungen zum Trotz als etwas **„Negatives"** interpretiert, dem man am liebsten ganz aus dem Weg geht bzw. im Fall der Fälle mit möglichst kurzfristig wirkenden Verfahren zur Konfliktbeendigung beikommen will.

- Konflikte werden als **überflüssig** eingestuft, da die mit Konflikten in Verbindung zu bringenden positiven Effekte, etwa die Veränderung überkommener Strukturen, bei „vernünftiger" Vorgehensweise auch ohne Konflikt erreicht werden können. Allerdings wäre bei dieser Argumentation zu fragen, warum die entsprechenden Änderungen dann nicht bereits viel eher in Angriff genommen worden sind.
- Konfliktstimulation beinhaltet angesichts der Konfliktdynamik in gewissem Maß auch ein **„Spiel mit dem Feuer"**, auf das man sich nur einlassen sollte, wenn man sich in der Lage sieht, die Risiken zu kontrollieren (Berkel, 2005, S. 85). Allerdings ist im Vorfeld weder abschätzbar, inwieweit eine solche Kontrolle überhaupt möglich ist noch inwieweit die befürchteten Nachteile den erwarteten Konfliktnutzen übersteigen. Alle Eventualitäten umfassende Konzepte können auf dieser Grundlage nicht entwickelt werden.

Konfliktstimulation: ja, wenn sich ein Konflikt voraussichtlich lohnt.

Während sich in den ersten beiden Ansätzen eine insgesamt konfliktablehnende Grundhaltung niederschlägt, die mit den Zielen der Konfliktstimulation nicht in Einklang zu bringen sind, wird im dritten Ansatz eine Risiko-Nutzen-Abwägung eingeführt, mit der wir noch einige Überlegungen verbinden wollen.

Gehen wir einmal davon aus, dass es keine absolut zuverlässige Möglichkeit gibt, die mit einem Konflikt verbundenen Risiken kontrollieren oder begrenzen zu können, dann stehen sich der erhoffte Konfliktnutzen und der befürchtete Konfliktschaden als Alternativen gegenüber, jeweils modifiziert durch die Eintrittswahrscheinlichkeiten. Wäre absehbar, dass einem hohen erwarteten Konfliktnutzen lediglich ein geringer und zudem unwahrscheinlicher Konfliktschaden gegenübersteht, würden viele vermutlich eine Konfliktstimulation riskieren; umgekehrt würde sich wohl kaum jemand zu einer Konfliktstimulation hinreißen lassen, wenn nur geringe Aussichten auf einen zudem geringen Nutzen, dafür aber beste Chancen auf einen dramatischen Konfliktschaden bestehen. Zusammengefasst bedeutet dies, dass die Bereitschaft zu einer Konfliktstimulation umso höher ist, je mehr sich diese voraussichtlich lohnen wird.

Im Sinne der vorstehenden Überlegungen sollte nur dann eine Konfliktstimulation erwogen werden, wenn bedeutsame Ziele diese rechtfertigen und ein Konfliktverzicht ebenfalls zu nachteiligen Folgen führen würde.

Zweckmäßigkeit der Konfliktstimulation

Ein trifftiger Grund zur Konfliktstimulation liegt vor, wenn die Leistung von Organisationseinheiten deutlich hinter deren Möglichkeiten zurückbleibt und dies darauf zurückzuführen ist, dass es sich Führungskräfte und Mitarbeiter in einem „Friede, Freude, Eierkuchen"-Harmonie-Miteinander bequem eingerichtet haben (Berkel, 2005).

Eine Konfliktstimulation sollte nach Robbins (1978) erwogen werden, wenn beispielsweise

- Führungskräfte vor allem von „Ja-Sagern" umgeben sind,
- bedeutsame Entscheidungsträger ein unangemessen großes Aufhebens bei für andere unangenehmen Entscheidungen machen oder
- das allgemeine Betriebsklima die Entwicklung neuer Ideen erheblich behindert.

Konfliktstimulation – aber wie?

Sofern eine Konfliktstimulation als zweckmäßig eingestuft wird, schließt sich die Frage nach der Umsetzung unmittelbar an.

Umsetzung der Konfliktstimulation

- An die Kategorisierung nach Konfliktgegenständen (vgl. Abschnitt 1.2.3) knüpft Berkel (2005) bei seinen Vorschlägen an und schlägt beispielsweise zur Stimulation von Ressourcenkonflikten die Verknappung oder veränderte Zuteilung von Ressourcen vor; zur Stimulation von Beziehungskonflikten wird die Zusammenführung von ursprünglich autonom arbeitenden Beschäftigten in einem Team angeregt.
- Wesentlich provokativer sind die Vorschläge von Robbins (1978) einzuschätzen, der beispielsweise Manipulationen der Kommunikationswege anregt und Veränderungen des persönlichen Führungsverhaltens vorschlägt, um dadurch Irritationen im Rollenverhalten auszulösen.

Zur Beurteilung der Erfolgsaussichten der vorgeschlagenen Vorgehensweisen besteht kein einheitlicher Maßstab. Bei den von Berkel (2005) vorgelegten Vorschlägen besteht die Gefahr, dass die Stimulation nicht „zündet" (etwa, wenn sich die zu einem Team zusammengefassten Beschäftigten leidlich miteinander arrangieren). Die von Robbins (1978) eingebrachten Ideen geraten unter Umständen recht manipulativ und sind mit einem wertschätzenden Umgang mit den Beschäftigten kaum vereinbar. Allerdings bleibt festzuhalten, dass die zur Konfliktstimulation zu ergreifenden Maßnahmen selbstverständlich sehr stark von den jeweiligen örtlichen Gegebenheiten abhängen und daher einer allgemeinen Darstellung nur wenig zugänglich sind.

Wichtig

Konfliktstimulation birgt Risiken!

Gerade weil die mit einer Konfliktstimulation verbundenen Risiken nicht gänzlich ausgeschlossen werden können, sollten bereits im Vorfeld Interventionsstrategien für den Fall eventueller Fehlentwicklungen vorbereitet werden, die bis zur Rücknahme der zur Stimulation ergriffenen Maßnahmen reichen können. Ansonsten kann es allzu leicht anstelle der ursprünglich beabsichtigten „Reibungswärme" zu einem kaum einzudämmenden „Flächenbrand" kommen.

3 Betriebliches Konfliktmanagement und Betriebliches Konfliktmanagementsystem

Verwaltungen sind besonders konfliktträchtige Gebilde.

Wie wir bereits gesehen haben, sind Verwaltungen aufgrund ihrer Strukturen, ihrer Aufgaben und den Rahmenbedingungen der Aufgabenerledigung von jeher als „besonders konfliktträchtige Gebilde" (Duve, Eidenmüller & Hacke, 2011, S. 338) einzustufen. Im Umgang mit dem hieraus resultierenden und in zahlreichen Verwaltungen sowohl quantitativ als auch inhaltlich beachtlichen Konfliktspektrum folgen viele Führungskräfte noch immer „tradierten Verfahrenspfaden oder individuell-intuitiven Entscheidungen" (Kirchhoff & Gläßer, 2013, S. 533). Allerdings ist – unter Bezugnahme auf eine Darstellung von Conbere (2001) – ernsthaft in Zweifel zu ziehen, ob eine Fortführung dieser Vorgehensweise gerechtfertigt werden kann.

Wichtige Trends zwingen zum Umdenken

1. Aufgabeninhalte und Art der Aufgabenerledigung in der Öffentlichen Verwaltung waren und sind erheblichen Veränderungsprozessen unterworfen:

Dies kommt unter anderem in zunehmender Teamarbeit, gestiegenen Abstimmungserfordernissen bei komplexen (Planungs-)Prozessen sowie in der oft weit reichenden Dezentralisierung von Aufgabenwahrnehmung und Verantwortung zum Tragen. Dies alles kann jedoch nur effektiv und effizient umgesetzt werden, wenn die beteiligten Personen in der Lage sind, auftretende Konflikte zu überwinden.

Demographischer Wandel verlangt andere Personalarbeit.

2. Das Personal entwickelt sich zunehmend zum kritischen Erfolgsfaktor jeglichen Verwaltungshandelns:

Der demographische Wandel und die daraus erwachsenden Schwierigkeiten, neues Personal zu gewinnen, führen dazu, dass der Bindung des vorhandenen Personals und seiner Motivation besondere Aufmerksamkeit zu schenken ist. Zugleich sehen sich die Beschäftigten in zahlreichen Verwaltungen mit durchaus ungünstigen Rahmenbedingungen konfrontiert (z. B. Wiederbesetzungs- und Beförderungssperren, Aufgabenverdichtung, steigende Fehlquoten infolge eines signifikant steigenden Durchschnittsalters der Belegschaft, teilweise geringe öffentliche Anerkennung). Dauerhaft ungelöste, destruktive Konflikte, mit denen angesichts der Rahmenumstände vermehrt gerechnet werden muss, erweisen sich in diesem Gesamtzusammenhang als weitere, bedeutsame Belastung. Da für die meisten Beschäftigten in der Öffentlichen Verwaltung ein Wechsel in die Privatwirtschaft vermutlich keine realistische Option darstellt, ist anzunehmen, dass sich das Unbehagen mit der beruflichen Lage anders ausdrückt: Motivationsabfall, innere Kündigung, psychische Erkrankungen.

3. Die Zweifel an der Leistungsfähigkeit der traditionellen Instrumente zur Konfliktbearbeitung, insbesondere der rechtbasierten Entscheidungen, wachsen:

Juristische Auseinandersetzungen erweisen sich immer wieder als äußerst zeit- und kostenintensiv. Zudem verheißt eine gerichtliche Entscheidung aufgrund der hierbei oftmals ausgelösten Gewinner-Verlierer-Situation in vielen Fällen keine dauerhaft Befriedung der Konfliktparteien. Außerdem nimmt auch die Bereitschaft ab, das eigene Wohl und Wehe in die Hand von Dritten zu legen und keine eigenen Steuerungs- und Einflussmöglichkeiten zu besitzen. Ebenfalls darf nicht übersehen werden, dass sich gerade die moderne Verwaltung immer häufiger mit bedeutsamen und hochkomplexen Fragestellungen, etwa bei Planungsprozessen oder weitreichenden Investitionsentscheidungen, befassen muss: hier bildet das juristische Regelwerk bestenfalls den formalen Rahmen (Vorgehensweise, Beteiligte, etc.) der Entscheidungsfindung, zur Beantwortung der inhaltlichen Fragen kann aber kein überzeugender Beitrag erwartet werden.

Ganzheitlicher Ansatz des Betrieblichen Konfliktmanagements.

Den vorgenannten Anforderungen kann mit der herkömmlichen, individuell-situativ ausgerichteten Vorgehensweise nicht entsprochen werden, vielmehr bedarf es des **Betrieblichen Konfliktmanagements** im Sinne eines einheitlichen Ansatzes zum Umgang mit Konflikten und anderen Problemen am Arbeitsplatz (Conbere, 2001). Die zur Umsetzung erforderlichen Strukturen und Rahmenbedingungen werden über **Betriebliche Konfliktmanagementsysteme** bereitgestellt. Die entscheidenden Festlegungen, wie in einer Verwaltung mit Konflikten umgegangen werden soll, werden dementsprechend mit der Gestaltung eines Betrieblichen Konfliktmanagementsystems getroffen, sodass wir uns schwerpunktmäßig auf diesen Bereich konzentrieren können.

So geht's weiter ...

Wir werden uns zunächst mit den konzeptionellen **Grundlagen** des Betrieblichen Konfliktmanagements befassen, um den inhaltlichen Kern dessen, was in und mit Betrieblichen Konfliktmanagementsystemen umgesetzt werden soll, zu verdeutlichen.

Hieran schließt sich eine **detaillierte Beschreibung** an, was wir unter einem „Betrieblichem Konfliktmanagementsystem“ verstehen wollen und welche Ziele damit verfolgt werden können.

Darauf aufbauend werden **zentrale Bestandteile** eines Betrieblichen Konfliktmanagementsystems dargestellt und erläutert. Der erfolgreiche Einsatz eines Betrieblichen Konfliktmanagementsystems in einer Verwaltung wird wesentlich durch die **erfolgreiche Einführung** bestimmt, sodass hierauf explizit einzugehen ist.

Diese theoretisch-konzeptionellen Darstellungen und Erläuterungen werden durch einen praxisnahen Abschnitt abgeschlossen, in dem ein Muster einer Dienstvereinbarung zur Einrichtung eines Betrieblichen Konfliktmanagementsystems vorgestellt und ausführlich erläutert wird.

Wichtig

Ein eigenes System entwickeln!

Bereits hier ist darauf hinzuweisen, dass bei der Einrichtung eines Betrieblichen Konfliktmanagementsystems die besonderen Verhältnisse vor Ort umfassend zu berücksichtigen sind und Konzepte anderer nicht einfach übernommen werden können; dennoch bieten die Musterdienstvereinbarung und die Erläuterungen zu den einzelnen Regelungen umfangreiche Ansatzpunkte für eigene Entscheidungen und Festlegungen. In diesem Sinne ist die Musterdienstanweisung weniger als „Blaupause" als vielmehr als „Diskussionsgrundlage" bei der Gestaltung des eigenen Konfliktmanagementsystems anzusehen.

3.1 Worum geht es bei Betrieblichen Konfliktmanagementsystemen genau? – Konzept, Definition und Zielsetzung

3.1.1 Konzeptionelle Grundlagen

Konzepte sind oft als Handlungsanweisungen ausgestaltet.

Erste Ansätze zur Entwicklung Betrieblicher Konfliktmanagementsysteme sind auf Anfang der 1990er Jahre zu datieren (Conbere, 2001). Dabei zeichnet sich ein Großteil des seither veröffentlichten Schrifttums dadurch aus, dass Praktiker auf der Grundlage ihrer betrieblichen Erfahrungen allgemeine „Handlungsanweisungen" vorlegen und anhand beispielhafter Fallstudien illustrieren; systematische empirische Arbeiten zu den Gründen der jeweils berichteten Erfolge und den Wirkungsmechanismen der ergriffenen Maßnahmen wurden bisher allerdings kaum veröffentlicht (Roche & Teague, 2012).

Eine umfassende Darstellung aller bisher entwickelten Ansätze und Theorien würde den hier zur Verfügung stehenden Rahmen deutlich überschreiten. Stattdessen wollen wir uns darauf beschränken, zwei bedeutsame Modelle herauszugreifen und näher zu untersuchen. Dies reicht völlig aus, um eine erste Orientierung zu ermöglichen und die weiteren Ausführungen zu Betrieblichen Konfliktmanagementsystemen in zentralen Bereichen konzeptionell zu stützen.

Wichtig

Theoretische Grundlagen für die eigene Praxis erarbeiten!

Die nachfolgend dargestellten konzeptionellen Überlegungen werden im Vorfeld der Gestaltung eigener Konfliktmanagementsysteme teilweise als rein theoretisches oder gar überflüssiges „Geplänkel" abgetan. Dies führt oft dazu, dass einzelne Bestandteile aus unterschiedlichen, bereits eingeführten Systemen „zusammenkopiert" werden, ohne darauf zu achten, inwieweit hieraus ein konsistentes Gesamtsystem entsteht.

Auch wenn es Ihnen vielleicht manchmal etwas mühsam erscheinen mag: Bitte setzen Sie sich vor der Gestaltung Ihres eigenen Betrieblichen Konfliktmanagementsystems mit den konzeptionellen Grundlagen solcher Systeme gründlich auseinander; vollziehen Sie dabei wesentliche Gedankengänge nach und prüfen Sie, ob und inwieweit Sie den vorgestellten Annahmen und Vorschlägen folgen können. Nur so können Sie gravierende Fehler vermeiden.

Das Modell von Ury, Brett und Goldberg

Pionierarbeit von Ury, Brett & Goldberg.

Das erste Konzept, mit dem wir uns eingehend befassen wollen, wurde von Ury, Brett und Goldberg (1988) mit dem Buch *Getting disputes resolved* vorgelegt.

Zunächst unterscheiden die Autoren drei grundlegende Ansatzpunkte, zu einer inhaltlichen Konfliktentscheidung zu kommen, nämlich Interessen, Recht und Macht. In der Praxis sollen nach Möglichkeit interessenbasierte Konfliktlösungen angestrebt werden, da diese in der Gesamtschau geringere finanzielle und persönliche Belastungen verursachen und zugleich die Belange der Konfliktbeteiligten umfangreicher einbeziehen als andere Verfahren. Auf die Vor- und Nachteile dieser Ansatzpunkte waren wir bereits in Abschnitt 2.3.1 ausführlich eingegangen.

Sechs Leitgedanken zur Gestaltung eines Konfliktmanagementsystems.

Der Bevorzugung interessenbasierter Konfliktlösungen soll bei der Gestaltung eines Konfliktmanagementsystems durch die Berücksichtigung der nachfolgend beschriebenen sechs Prinzipien Rechnung getragen werden:

Sechs Leitgedanken zur Gestaltung eines Konfliktmanagementsystems

- Grundsätzlich sollte versucht werden, eine von den Konfliktparteien selbstständig erarbeitete, interessenbasierte Konfliktlösung zu erreichen, da diese den Konfliktparteien am ehesten gerecht wird.
- Selbst wenn zunächst keine interessenbasierte Konfliktlösung erreicht werden kann und die Konfliktparteien recht- oder machtbasierte Strategien wählen, sollte eine Verhandlungslösung als Rückfalloption stets bereitstehen. Die drei zur Verfügung stehenden Strategien sind dementsprechend nicht als unumkehrbare Eskalationsstufen (von interessenbasiert über rechtbasiert zu machtbasiert) anzusehen.
- Sofern die Konfliktparteien auf recht- oder machtbasierte Strategien zurückgreifen wollen, sollten möglichst kostengünstige Verfahren in Anspruch genommen werden. Beispielsweise ist im Bereich der rechtbasierten Verfahren ein verbindliches Schiedsverfahren einer gerichtlichen Auseinandersetzung vorzuziehen, während im Bereich der machtbasierten Verfahren bei Konflikten mit mehreren Beteiligten einfache Mehrheitsentscheidungen vorstellbar sind.
- In Konfliktsituationen ist regelmäßig die Kommunikation zwischen den Beteiligten beeinträchtigt. Dementsprechend soll möglichst frühzeitig ein umfassender Informationsaustausch zwischen den Konfliktparteien erfolgen, auch um das gegenseitige Verständnis der Konfliktparteien zu entwickeln. Nach Abschluss des Konfliktbearbeitungsprozesses ist ein umfassendes gegenseitiges Feedback vorzusehen, um beispielsweise die Gefahr des neuerlichen Wiederaufbrechens des Ursprungskonfliktes zu reduzieren und Ansatzpunkte zur Verbesserung betrieblicher Strukturen und Abläufe herauszufinden.
- Jede Art mit einem Konflikt umzugehen, löst finanzielle und persönliche Belastungen aus. Die möglichen Vorgehensweisen sollen nach zunehmender Belastung gereiht und in entsprechender Reihenfolge (also beginnend mit der geringstmöglichen Belastung) in Anspruch genommen werden.
- Schließlich ist darauf zu achten, dass die zur Umsetzung dieser Prinzipien erforderliche Motivation bei allen Beteiligten sichergestellt ist, die zum sachgerechten Einsatz der Verfahren erforderlichen Kompetenzen vorhanden sind und die notwendigen Ressourcen bereitstehen. Nur so werden die Beteiligten in die Lage versetzt, im konkreten Einzelfall das Verfahren auszuwählen, das den Bedürfnissen der Beteiligten am ehesten gerecht wird.

Wie leicht zu erkennen ist, fixieren Ury, Brett und Goldberg (1988) kein abgeschlossenes System, das mehr oder weniger unverändert übernommen werden kann. Stattdessen liefern die Prinzipien einen eher allgemeinen Rahmen, innerhalb dessen betriebliche Strukturen und Besonderheiten angemessen berücksichtigt werden können.

Das Modell von Slaikeu und Hasson

Das von Slaikeu und Hasson (1998) vorgestellte Konzept weist einige Ähnlichkeiten zu dem vorstehend beschriebenen Modell von Ury, Brett und Goldberg (1988) auf, sodass wir uns in diesen Bereichen auf kurze Anmerkungen beschränken können:

- Wir finden auch hier die Unterscheidung von interessen-, recht- und machtbasierten Konfliktbearbeitungsverfahren; als weitere Option wird die Möglichkeit vorgestellt, bewusst auf die Verfolgung einer der vorgenannten Strategien zu verzichten – also: Nichtstun.
- Die möglichen Vorgehensweisen bei der Konfliktbearbeitung werden ebenfalls priorisiert; hierbei ergibt sich folgende Reihenfolge:
  1. Lösung aufgrund der Eigeninitiative der Konfliktbeteiligten,
  2. unterstützte Verhandlungslösung, z. B. durch Konfliktmoderation,
  3. Mediation,
  4. rechtbasierte Entscheidung,
  5. Machtentscheidung.
- Auch hier soll es den Konfliktparteien freistehen, zwischen diesen Vorgehensweisen zu wählen und die jeweilige Wahl auch wieder zu revidieren.

Sieben Checkpoints für den Erfolg eines Konfliktmanagementsystems.

Begnügten sich Ury, Brett und Goldberg (1988) noch mit der Formulierung eher allgemein gehaltener Prinzipien zur Gestaltung eines Konfliktmanagementsystems, hängt der Erfolg eines solchen Systems nach Slaikeu und Hasson (1998) davon ab, inwieweit die folgenden sieben „Checkpoints" (Abb. 3.1) berücksichtigt sind, auf die in den jeweils angegebenen Textstellen noch näher eingegangen wird:

Sieben Checkpoints für den Erfolg eines Konfliktmanagementsystems (Abb. 3.1)

Checkpoint	Was ist erforderlich?
Strategie *Abschnitt 3.3;* *Musterdienstvereinbarung (MusterDV) insgesamt, Präambel,* *§ 6 MusterDV*	Eine klar definierte Strategie zum Umgang mit Konflikten und zur Vorgehensweise in konkreten Konfliktsituationen ist zu formulieren und umzusetzen.
Rollen und Verantwortlichkeiten *Abschnitt 3.2.5;* *§§ 2, 6, 7 MusterDV*	Die Rollen und Verantwortlichkeiten aller am Konfliktmanagementsystem Beteiligten sind klar zu definieren. Hierzu sind organisationsinterne Unterstützungsleistungen genauso zu berücksichtigen wie der Einsatz Dritter, sei es als Mediator, Schlichter oder Richter.
Dokumente *Abschnitt 3.2.5;* *MusterDV insgesamt, insbesondere § 5*	Alle dafür geeigneten Dokumente, insbesondere Arbeitsverträge und Dienstanweisungen, sind so zu gestalten, dass hierdurch der Einsatz des Konfliktmanagementsystems unterstützt wird.

Checkpoint	Was ist erforderlich?
Personalauswahlentscheidungen *Abschnitt 3.2.5,* *§ 5 MusterDV*	Bei Personalauswahlentscheidungen sind die Entscheidungskriterien und Auswahlverfahren so zu gestalten, dass die interessenbasierte Konfliktbearbeitung bei Beschäftigten und Leitungspersonal stärker verankert werden.
Aus- und Weiterbildung *Abschnitt 3.2.3,* *§§ 3, 4, 5 (2) MusterDV*	Durch geeignete Maßnahmen zur Aus- und Weiterbildung sind die zur Umsetzung der Leitgedanken des Konfliktmanagementsystems erforderlichen Fähigkeiten zu entwickeln und zu vertiefen.
Unterstützung *Abschnitte 3.2.1 und 3.2.2,* *§§ 6, 7 MusterDV*	Möglichkeiten zur möglichst frühzeitigen Unterstützung in der Phase der Konfliktentstehung, etwa im Rahmen eines Coachings, sind vorzusehen.
Evaluation *Abschnitt 3.2.4,* *§ 9 MusterDV*	Auf der Grundlage geeigneter Daten ist eine Evaluation des bestehenden Systems vorzunehmen, um weitere Verbesserungen zu erreichen.

Insgesamt können wir feststellen, dass das Modell von Slaikeu und Hasson (1998) zwar durchaus beachtenswerte Gemeinsamkeiten mit dem Modell von Ury, Brett und Goldberg (1988) aufweist, andererseits mit den sieben „Checkpoints" aber doch zu einer bemerkenswerten Schärfung und Konkretisierung der in der Praxis erforderlichen Gestaltungsinhalte beiträgt.

Kehren wir nach der Vorstellung dieser beiden Modelle wieder zu unseren eigenen Überlegungen zurück und fragen, welche wesentlichen Schlussfolgerungen hieraus für die Entwicklung eines Betrieblichen Konfliktmanagementsystems in der Öffentlichen Verwaltung gezogen werden können.

Schlussfolgerungen für Betriebliche Konfliktmanagementsysteme in der Öffentlichen Verwaltung

Unterscheidung zwischen macht-, recht- und interessenbasierter Vorgehensweise ist wichtig.

Zunächst sollten wir festhalten, dass die Unterscheidung zwischen einer macht-, recht- und interessenbasierten Vorgehensweise von erheblicher Bedeutung ist. Wie bereits in Abschnitt 2.3.1 dargestellt, sind mit allen Strategien weitreichende Folgen verbunden.

Wichtig

Keine beliebige Verfahrensauswahl!

Aufgrund der mit den einzelnen Strategien verbundenen Vor- und Nachteile sollte durch ein Betriebliches Konfliktmanagementsystem sichergestellt werden, dass die Verfahrenswahl nicht dem situativen Belieben der Führungskräfte überlassen bleibt, sondern einer genauen und sachgerechten Abwägung folgt. Im Rahmen dieser Abwägung sind sowohl finanzielle Belange als auch die zu erwartenden Belastungen der Konfliktbeteiligten angemessen zu berücksichtigen.

Mediation spielt eine besondere Rolle, ist aber kein Allheilmittel.

Zum zweiten ist festzustellen, dass mit der klaren Bevorzugung einer interessenbasierten Vorgehensweise der Mediation eine zentrale Rolle in einem Betrieblichen Konfliktmanagementsystem zukommt. In den vorgestellten Konzepten wird aber auch deutlich, dass eine allein interessenbasierte Vorgehensweise nicht ausreichend ist, alle denkbaren Konflikte angemessen zu bearbeiten; dementsprechend sind recht- und machtbasierte Verfahren als Alternativen stets zu beachten.

Wichtig

Verfahrensvielfalt vorsehen – Erfolgsaussichten verbessern!

Der Erkenntnis, dass Mediation nicht als „Allheilmittel" taugt und je nach Situation durchaus sogar ungeeignet sein kann, wird mittlerweile dadurch Rechnung getragen, dass neuere Ansätze zur praktischen Einführung von Betrieblichen Konfliktmanagementsystemen auf die Einführung umfassender Komponentenmodelle mit einem wesentlich breiteren Zugang zu unterschiedlichen Ansätzen zur Konfliktbearbeitung ausgerichtet sind (Kirchhoff, 2012).

Betriebliches Konfliktmanagement als strategischer Ansatz zum Umgang mit Konflikten.

Schließlich sollten wir uns bewusst sein, dass mit der Einführung eines Betrieblichen Konfliktmanagementsystems ein strategischer Ansatz zum Umgang mit Konflikten verfolgt wird. Dies dürfte nur dann erfolgreich gelingen, wenn klare Rahmenbedingungen vorhanden und eine organisationsweite Umsetzung sichergestellt sind. Deshalb sollten wir uns nochmals die früheren Ausführungen zur Konfliktkultur (Abschnitt 1.4.4) und zum Konfliktverhalten (Abschnitt 1.5) in Erinnerung rufen:

Eine durch die Einführung des Betrieblichen Konfliktmanagementsystems beabsichtigte Veränderung der Konfliktkultur und hierauf aufbauend eine Veränderung im individuellen Konfliktverhalten kann nur dann erwartet werden, wenn die Inhalte des Betrieblichen Konfliktmanagementsystems glaubhaft vermittelt und konsequent umgesetzt werden. Durch lediglich sporadische und unkoordinierte Einzelaktionen können solche Veränderungsprozesse nicht wirksam initiiert werden.

3.1.2 Definition und Zielsetzung Betrieblicher Konfliktmanagementsysteme

Trotz der intensiven Befassung mit entsprechenden Fragestellungen in Theorie und Praxis besteht bisher kein umfassender Konsens darüber, was unter einem Betrieblichen Konfliktmanagementsystem zu verstehen ist und welche Ziele damit verfolgt werden sollen (Aula & Siira, 2010). Diese definitorischen Unklarheiten wirken sich insbesondere dadurch als gravierend aus, als sie die Auswertung und Interpretation von bisherigen Erfahrungsberichten – und ebensolche bestimmen im Wesentlichen das bisherige Schrifttum (Roche & Teague, 2012) – mit ihren teilweise höchst unterschiedlichen zugrundeliegenden Konzepten und Rahmenbedingungen erheblich erschweren.

Ausgehend vom aktuellen Diskussionsstand soll in Anlehnung an Proksch (2010, S. 84) und Kirchhoff (2012, S. 8) der Begriff des (inner-) Betrieblichen Konfliktmanagementsystems folgendermaßen definiert und hinsichtlich der damit verfolgten Ziele bestimmt werden:

Definition

Was ist ein Konfliktmanagementsystem?

Ein (innerbetriebliches) Konfliktmanagementsystem ist

- ein innerbetrieblich normiertes und
- aus mehreren Komponenten zusammengesetztes Gesamtsystem,

das dazu dient,

- innerbetriebliche Spannungen,
- Differenzen und
- Konflikte

in einem

- strukturierten,
- verlässlichen und
- transparenten

Rahmen zu bearbeiten.

Hierdurch sollen insbesondere folgende Ziele erreicht werden:

- Schädigungen der Verwaltung und der Beschäftigten durch hocheskalierte Konflikte verhindern,
- positive Potenziale von Konflikten nutzen,
- Führungskräfte unterstützen und
- auch den jeweiligen Konfliktbeteiligten alternative Möglichkeiten zum Umgang mit Konflikten eröffnen.

Da diese Definition (einschließlich der darin enthaltenen Ziele) für unsere weiteren Überlegungen von erheblicher Bedeutung ist, wollen wir uns einzelne Aspekte näher anschauen. Dabei können wir uns teilweise mit recht knappen Anmerkungen zufrieden geben, sofern an anderer Stelle bereits ausreichende Ausführungen gemacht wurden.

Zunächst ist festzuhalten, dass es um **innerbetriebliche** Konfliktmanagementsysteme geht. Damit reduziert sich unser Interesse auf Konflikte innerhalb einer Verwaltung, die sich von Konflikten mit externer Beteiligung in vielfacher Hinsicht unterscheiden (Duve, Eidenmüller & Hacke, 2011).

Des Weiteren liegt dem Konfliktmanagementsystem einer **innerbetriebliche Normierung** zugrunde. Dies bedeutet zunächst, dass die inhaltliche Ausgestaltung keinen von außen vorgegebenen Regelungen zu folgen hat, sondern vollständig der eigenen Gestaltung unterliegt. Dies erlaubt die umfängliche Berücksichtigung örtlicher Besonderheiten, beispielsweise hinsichtlich personeller oder finanzieller Ressourcen; allerdings ist damit das Risiko verbunden, dass Regelungen eingeführt werden, die sich als eher unzweckmäßig darstellen – etwa wenn der Eindruck erweckt wird, dass ein wesentliches Ziel in der Vermeidung oder gar Unterdrückung von Konflikten besteht (zur Problematik von Konfliktvermeidung und Konfliktunterdrückung vergleiche die Ausführungen in Abschnitt 2.1).

Innerbetriebliche Normierung hat über das Konfliktmanagement hinausgehende Wirkungen.

Dadurch, dass die Normierung des Betrieblichen Konfliktmanagementsystems auf der Grundlage verwaltungsinterner Diskussionen und Entscheidungen erfolgt, können sich vor allem in zweifacher Hinsicht Folgewirkungen für andere Bereiche des täglichen Miteinanders ergeben, die in der Praxis oft übersehen werden:

- Auch wenn die Einführung eines Betrieblichen Konfliktmanagementsystems in der Regel auf der Grundlage einer mit dem Personalrat verhandelten Dienstvereinbarung erfolgt, werden die Regelungsinhalte oft vor allem als Positionierung der Verwaltungsleitung zum gewünschten Umgang mit verwaltungsinternen Auseinandersetzungen interpretiert. Die Glaubwürdigkeit und Akzeptanz des Regelwerks hängt wesentlich davon ab, inwieweit sich Verwaltungsleitung und Führungskräfte selbst hieran halten (vgl. Proksch, 2010). Bedenken wir nun, dass in Betrieblichen Konfliktmanagementsystemen in der Regel interessenbasierte Vorgehensweisen deutlich in den Vordergrund gestellt werden, steht Führungskräften die ansonsten durchaus beliebte Option der Konfliktbeendigung durch Machtentscheid nur noch eingeschränkt zur Verfügung.

- Weiterhin ist damit zu rechnen, dass Festlegungen zum Betrieblichen Konfliktmanagementsystem von Beschäftigten auch auf andere Bereiche, etwa Arbeits- und Entscheidungsstrukturen sowie allgemeine Kommunikationsprozesse, als Handlungsmaximen übertragen werden. Die entsprechende Argumentation ist ebenso naheliegend wie plausibel: Warum sollen Regeln, die in schwierigen Konfliktsituationen eine sachgerechte Auseinandersetzung ermöglichen sollen, nicht auch in alltäglichen Arbeitssituationen gelten?

Beispiel

Diskrepanz von Konfliktkultur und Alltagssituation

In einer Stadtverwaltung wird erstmals ein Betriebliches Konfliktmanagementsystem eingerichtet. Ein zentraler Bestandteil hierbei ist die Vorgabe, für sämtliche Konflikte eine interessenbasierte Lösung anzustreben.

Nach einer Woche geraten der Fachbereichsleiter Kultur, Erwin Bertram, und der Fachbereichsleiter Bildung, Klaus Beilstein, im Verwaltungsvorstand hinsichtlich der organisatorischen Anbindung der neu zu gründenden Musikschule dermaßen aneinander, dass die Sitzung abgebrochen werden muss.

Am Folgetag werden Bertram und Beilstein zum Oberbürgermeister zitiert, der ihnen lapidar mitteilt, dass er beschlossen habe, dass die Musikschule dem Bereich Bildung zugeschlagen werde. Auf überraschte Nachfrage von Erwin Bertram nach den Gründen dieser Entscheidung, antwortet der Oberbürgermeister: „Der einzige Grund besteht in meiner Entscheidungskompetenz als Verwaltungschef. Ich will das so und basta!"

Halten wir nach diesen Überlegungen also fest: Mit der Normierung des Betrieblichen Konfliktmanagementsystems werden in der Regel Festlegungen getroffen, die deutlich über den Bereich des Betrieblichen Konfliktmanagements hinausreichen. Verwaltungsleitung und Führungskräften sollte bewusst sein, dass ein Betriebliches Konfliktmanagementsystem nur akzeptiert und angenommen wird, wenn sie selbst die Normierungsinhalte zugleich als Selbstverpflichtung verstehen.

Das Konfliktmanagementsystem als Mehr-Komponenten-Modell.

Das Betriebliche Konfliktmanagement im Rahmen eines **aus mehreren Komponenten zusammengesetzten Gesamtsystems** zu organisieren, folgt den vorgestellten Konzeptionierungen, die macht-, recht- und interessenbasierte Verfahren zur Konfliktbearbeitung vorsehen sowie Beratungs- und Unterstützungsangebote einfordern. Auch wenn die vorgestellten Konzeptionierungen eine eindeutige Präferenz für interessenbasierte Verfahren enthalten, darf dies nicht als verbindliche Normierung für alle Konfliktfälle missverstanden werden; vielmehr ist im Rahmen des Gesamtsystems der differenzierte und einzelfallbezogene Einsatz unterschiedlicher Vorgehensweisen und Methoden vorzusehen, wobei auch unternehmensstrategische Rahmenbedingungen – z. B. im Rahmen eines Risiko- und Chancen-Managements – angemessen zu berücksichtigen sind (Kirchhoff, 2012). Von erheblicher Bedeutung für eine nicht willkürliche, sondern sachgerechte Auswahl von Vorgehensweise und Methoden ist eine umfangreiche Konfliktanalyse, die die Besonderheiten des Einzelfalls angemessen berücksichtigt; für nähere Einzelheiten sei auf Abschnitt 1.6 verwiesen.

Für Präventionsmaßnahmen erweiterter Konfliktbegriff.

Möglicherweise etwas verwundern dürfte die Bezugnahme auf **Spannungen, Differenzen und Konflikte**, da hiermit die bisherige ausschließliche Bezugnahme auf Konflikte (scheinbar) aufgegeben wird. Tatsächlich geht es darum, den Zugang zum Betrieblichen Konfliktmanagementsystem unabhängig von begrifflichen Spitzfindigkeiten – ist das nun schon ein Konflikt oder noch nicht – zu eröffnen und gegebenenfalls im Vorfeld der Konfliktentstehung eine Intervention zu ermöglichen anstatt erst eine Konflikteskalation abzuwarten.

Weiterhin soll das Betriebliche Konfliktmanagementsystem einen **strukturierten** Rahmen für die Konfliktbearbeitung bieten. Das Betriebliche Konfliktmanagementsystem dient dazu, je nach Situation aktiv in Konflikte und damit auch in die Beziehungsebene zwischen den Konfliktbeteiligten einzugreifen. Solche Eingriffe sind umso überzeugender und vermeiden den Vorwurf der Willkür umso eher, je mehr sie einem bekannten Rahmen und einem im Vorfeld definierten Ablauf folgen. Der strukturierte Rahmen schafft also Transparenz, dass das jeweilige Tätigwerden nichts mit Sympathie/Antipathie für die Konfliktbeteiligten zu tun hat, sondern allgemeinen Leitlinien folgt.

Erforderliche Ressourcen müssen zur Verfügung stehen.

Die Forderung nach einem **verlässlichen** Rahmen bezieht sich darauf, dass die Umsetzung eines Betrieblichen Konfliktmanagementsystems finanzielle und personelle Ressourcen erfordert. Diese müssen jederzeit zur Verfügung stehen, um bei aufkommenden Konflikten, insbesondere bei rascher Eskalation, schnell eingreifen zu können. Bei knappen finanziellen und/oder personellen Ressourcen ist sehr genau darauf zu achten, in welcher Weise die Konflikte ausgewählt werden, die im Rahmen des Betrieblichen Konfliktmanagementsystems angegangen werden sollen. Werden entsprechende Auswahlentscheidungen nicht transparent gemacht, kann dies die Glaubwürdigkeit und Akzeptanz des Gesamtsystems in der Verwaltung erheblich beeinträchtigen.

Ebenso sind die Regelungen des Betrieblichen Konfliktmanagementsystems für alle Führungskräfte und Beschäftigte **transparent** zu machen. Über eine offene Kommunikation kann versucht werden, die verwaltungsinterne Konfliktkultur zu beeinflussen. Darüber hinaus ist die für jeden nachvollziehbare Darstellung dessen, was wann warum passiert, eine wichtige Voraussetzung für alle Beteiligten um Vertrauen in das Betriebliche Konfliktmanagementsystem entwickeln zu können.

Die Zielsetzung Betrieblicher Konfliktmanagementsysteme

Zentrales Ziel ist die Vermeidung von Schädigungen.

Das zentrale Ziel eines Betrieblichen Konfliktmanagementsystems besteht in der Vermeidung von **Schädigungen** der Konfliktbeteiligten, ihres Umfeldes sowie der Gesamtverwaltung oder Teilen davon. Diese Festlegung verdeutlicht zunächst, dass nicht Konflikte an sich als problematisch eingestuft wird, sondern lediglich die Folgewirkungen nicht angemessen bearbeiteter Konflikte. Zusammen mit dem Hinweis, dass die **positiven Potenziale** von Konflikten nicht ungenutzt bleiben sollen, kann sich hieraus für zahlreiche Konfliktbeteiligte eine erhebliche psychische Entlastung ergeben: An einem Konflikt beteiligt zu sein, ist nicht per se negativ zu bewerten, Konfliktbeteiligte sind keine „schlechten Menschen".

Tipp

Den richtigen Maßstab finden

Mit dem Begriff „Schädigungen" sind Auswirkungen gemeint, die eine gewisse, durch Dritte auch nachvollziehbare Mindestrelevanz für die Beteiligten bzw. die Verwaltung haben, wobei ein objektiver Maßstab, wann diese Mindestrelevanz erreicht ist, fehlt. Allerdings dürfte kein Zweifel daran bestehen, dass Störungen eines ausgeprägten Harmoniebedürfnisses („Man sollte sich einfach nie streiten!") oder unangenehme Gefühle der Beteiligten aufgrund der Konfliktlage nicht als „Schädigungen" im Sinne unserer Definition einzustufen sind. Im diesem Zusammenhang ist zudem daran zu erinnern, dass mit der Einführung eines Betrieblichen Konfliktmanagementsystems keine konfliktfreie Verwaltung angestrebt wird, sondern ein konstruktiver Umgang mit Konflikten erreicht werden soll.

Unterstützung für Führungskräfte und Beteiligte.

Mit einem Betrieblichen Konfliktmanagementsystem sollen vor allem Konfliktbeteiligte und Führungskräfte unterstützt werden:

- Den Konfliktbeteiligten werden alternative Möglichkeiten zum Umgang mit Konflikten eröffnet. Im Zusammenhang mit der präferierten interessenbasierten Konfliktbearbeitung beinhaltet dies vor allem die Bereitstellung von Unterstützungsangeboten zur eigenständigen Konfliktlösung, etwa in Form einer Mediation.
- Die Führungskräfte sollen bei der Klärung unterstützt werden, ob und in welcher Weise bei einem konkreten Konflikt eine Intervention erforderlich ist. Eine solche Frage kann umso eher beantwortet werden, je mehr konzeptionelles und Erfahrungswissen im Umgang mit Konflikten besteht. Da ein solches Wissen aber bei Führungskräften in der erforderlichen Tiefe und Breite nicht generell erwartet werden kann, ist es wichtig, im Bedarfsfall auf qualifizierte Unterstützungsleistungen zurückgreifen zu können.

3.2 Was gehört zu einem Betrieblichen Konfliktmanagementsystem dazu? – Bestandteile

In den vorangegangenen Ausführungen zur Konzeption, Definition und Zielsetzung von Betrieblichen Konfliktmanagementsystemen haben wir uns ausführlich mit der Frage beschäftigt, „was" mit einem Betrieblichen Konfliktmanagementsystem erreicht werden soll. In diesem Abschnitt wollen wir uns mit dem „wie" der Umsetzung befassen. Zur Beantwortung dieser Frage stehen drei Ansätze zur Verfügung, die in der nachfolgenden Übersicht (Abb. 3.2) deutlich werden:

Ansätze zur Entwicklung eines Konfliktmanagementsystems (Abb. 3.2)

Vorgehensweise	Bewertung
Übernahme eingeführter Konzepte	Zwar kommt der Übernahme der „best practice" in der Öffentlichen Verwaltung in den letzten Jahren in zahlreichen Bereichen große Bedeutung zu. Allerdings stellt sich hierbei stets die Frage, inwieweit örtliche Besonderheiten ausreichend berücksichtigt werden können. Zudem bleiben die Überlegungen, die zu dem Ursprungssystem geführt haben, oft unklar, sodass die Weiterentwicklung eines solchen Systems aufgrund veränderter Anforderungen im Zweifelsfall nicht überzeugend gelingt.
Theoriefreie Eigenentwicklung	Grundsätzlich besteht die Möglichkeit, beispielsweise auf der Grundlage eines *Brainstormings*, möglichst zahlreiche Ideen für geeignete Maßnahmen, Angebote, Unterstützungsleistungen usw. zu entwickeln, um diese anschließend zu einem Gesamtsystem zu verdichten. Dies führt jedoch vermutlich zu einem nur schwer einschätzbaren Sammelsurium von Vorschlägen, deren Funktionieren in einem Gesamtsystem eher anzuzweifeln ist.

Vorgehensweise	Bewertung
Ableitung aus konzeptionellen Überlegungen	Bei diesem Ansatz wird die Frage, „wie" ein Betriebliches Konfliktmanagement zu gestalten ist, aus dem „was" (damit erreicht werden soll) abgeleitet. Hierdurch wird sichergestellt, dass das Ergebnis als System zu erkennen ist und der Weg zu diesem System auch von Dritten nachvollzogen werden kann. Hierzu liefern die in Abschnitt 3.1.1 vorgestellten und ausführlich beschriebenen Konzepte wertvolle Informationen.

In den nachfolgenden Ausführungen wollen wir dem dritten Ansatz folgen, da er die nachhaltigsten Ergebnisse erwarten lässt. Schauen wir uns also an, wie die in Abschnitt 3.1.1 aufgestellten konzeptionellen Forderungen in der Praxis umgesetzt werden können.

3.2.1 Einrichtung von Konfliktanlaufstellen

Konflikte lösen Unsicherheiten aus.

Auch wenn Konflikte etwas Alltägliches darstellen, sind sie gleichwohl für alle mittelbar oder unmittelbar Beteiligten immer wieder mit Unsicherheiten und Fragen verbunden:

- Was genau ist passiert?
- Wie kann es weitergehen?
- Was soll ich als nächstes tun?

Gerade bei Konflikten am Arbeitsplatz kommen weitere Fragen hinzu:

- Wie denken die Führungskräfte über den Konflikt?
- Werden sie eingreifen?
- Wenn ja: auf welcher Seite, in welcher Form?

Spiegelbildlich stellen sich für die Führungskräfte entsprechende Fragen:

- Soll ich eingreifen?
- Muss ich sogar eingreifen?
- Und wenn ich eingreife: in welcher Form und wann?

Ein Teil dieser Fragen könnte auf der Grundlage einer handlungsorientierten Konfliktanalyse rasch beantwortet werden; hinsichtlich der weiteren Schritte wäre im Sinne einer möglichst sachgerechten Entscheidung von erheblichem Vorteil, wenn den Konfliktparteien bzw. den Führungskräften möglichst viele alternative Methoden und Verfahren zur Konfliktbearbeitung bekannt wären und sie insbesondere die damit verbundenen Vor- und Nachteile qualifiziert einschätzen könnten. Allerdings stehen die Konfliktparteien sowie mittelbare Konfliktbeteiligte (beispielsweise Kollegen aus dem engeren Arbeitsumfeld) und Führungskräfte je nach Konfliktlage, Eskalationsgrad und Rahmenumständen unter großem emotionalem Druck (Grosser, 2012). Insbesondere in solchen Situationen kann von ihnen weder eine systematische Konfliktanalyse erwartet werden noch dürften sie in der Lage sein, selbstständig ihnen bisher nicht bekannte Verfahren zur Konfliktbearbeitung richtig einzuschätzen. Kurzum: Sie bedürfen einer qualifizierten Unterstützung. Dementsprechend bildet die Einrichtung einer Konfliktanlaufstelle einen ersten wichtigen Baustein für ein Betriebliches Konfliktmanagementsystem (Gläßer & Kirchhoff, 2011).

Gut zu wissen

Alternative Bezeichnungen für die „Konfliktanlaufstelle"

Anstelle des hier verwendeten Begriffs „Konfliktanlaufstelle" werden häufig andere Bezeichnungen verwendet, mit denen in der Regel – aber leider nicht immer! – gleiche oder sehr ähnliche Inhalte verbunden werden. Alternative Begriffe sind etwa: Konfliktlotse, Konfliktberater, Konfliktersthelfer, Konfliktnavigator, Ombudsperson.

Da die Begriffe in Literatur und Praxis nicht einheitlich verwendet werden, ist bei der Sichtung weiterer Literatur in den jeweiligen Beiträgen möglichst genau zu untersuchen, welches Begriffsverständnis zugrunde liegt.

Mit der Einrichtung einer Konfliktanlaufstelle und deren Verankerung im Betrieblichen Konfliktmanagementsystem wird einerseits eine „frühzeitige Erfassung von Konflikten" ermöglicht und andererseits ein „transparentes Angebot kundiger Ansprechpartner" unterbreitet (Kirchhoff, 2012, S. 7).

Frühzeitige Konfliktbehandlung lässt auf noch geringe Konflikteskalation hoffen.

Vertiefen wir zunächst den Aspekt der *frühzeitigen Erfassung von Konflikten*: Wir hatten in Abschnitt 1.3 gesehen, dass Konflikte mit zunehmender Eskalation immer unsachlicher und zugleich persönlicher ausgetragen werden. Sofern sich also ein Konflikt noch im Frühstadium befindet, kann davon ausgegangen werden, dass die Kommunikationsbeziehung und das Vertrauensverhältnis der Konfliktparteien noch einigermaßen intakt ist. Auf dieser Grundlage ist es in der Regel schnell möglich, mit geringem Unterstützungsaufwand zu einer konstruktiven Konfliktbearbeitung durch die Beteiligten zurückzukehren.

Tipp

Für die Konfliktanlaufstelle werben

Machen Sie Ihre Konfliktanlaufstellen verwaltungsintern gut bekannt und stellen Sie deren rasche Erreichbarkeit sicher. Je eher sich die Konfliktparteien oder andere aus deren Umfeld an die Konfliktanlaufstelle mit der Bitte um Unterstützung wenden können, umso günstiger ist die Ausgangslage für deren Arbeit.

Selbstklärung der Konfliktparteien

Sofern eine Konfliktanlaufstelle von einer Konfliktpartei aufgesucht wird, ist diese zunächst bei der konfliktbezogenen Selbstklärung zu unterstützen. Selbstklärung heißt hier, dass die Konfliktpartei durch entsprechende Fragen angeleitet wird, für sich selbst genauer zu untersuchen,

- worum es in diesem Konflikt geht,
- was ihr dabei selbst wichtig ist,
- welche Ziele sie verfolgt und
- wie ihre aktuelle Gefühlslage ist.

Dieser Prozess kann als subjektive Konfliktanalyse aufgefasst werden, bei der auch die Konfliktanlaufstelle wertvolle Informationen über den Konflikt erhält. Bemerkenswerterweise wird die Konfliktbearbeitung oft dadurch erschwert, dass die Konfliktparteien selbst gar nicht so recht wissen, was sie eigentlich möchten; dieser Aspekt ist im Erstgespräch unbedingt zu beachten, da ansonsten unter Umständen völlig falsche Annahmen zur weiteren Vorgehensweise gemacht werden.

Beispiel

Selbstklärung im Erstgespräch

Die Mitarbeiterin Elvira Kleinfeld hat die Konfliktanlaufstelle aufgesucht. Hier schildert sie, bald in Tränen ausbrechend, dass sie die Art ihres Gruppenleiters Michael Hartwig als kalt empfindet und dieser sie zu oft und zu hart kritisiere. „Den kleinsten Fehler meckert der an; der sollte doch einfach mal verstehen, dass ich auch nur ein Mensch bin!", erläutert Elvira Kleinfeld ihre Sicht der Dinge.

Im weiteren Verlauf des Gesprächs stellt sich heraus, dass sie um das Leben ihres Ehemannes bangt, der sich vor einigen Wochen einer sehr schweren Operation unterziehen musste. Hierüber konnte sie sich jedoch seither mit niemandem mal richtig aussprechen, da sie unmittelbar nach der Arbeit zu ihrem Mann ins Krankenhaus fährt und von dort nach Hause.

Nachdem Elvira Kleinfeld ihre Lage ausführlich geschildert hat, meint sie: „Dieses Gespräch hat mir jetzt mal richtig gut getan und ich fühle mich sehr erleichtert. Ich glaube, ich spreche gleich mal mit meinem Gruppenleiter; der wird sicherlich verstehen, warum ich zurzeit so angefressen bin."

In diesem Fall führt das Gespräch in der Konfliktanlaufstelle bereits zu einer deutlichen Entemotionalisierung der Situation zwischen Elvira Kleinfeld und ihrem Gruppenleiter; weitere Maßnahmen sind aktuell nicht erforderlich.

Weitere Vorgehensweise abstimmen

Erörterung der weiteren Vorgehensweise.

Nach der Selbstklärung ist die weitere Vorgehensweise zu erörtern. In diesem Zusammenhang sollten auch unterschiedliche Ansätze zur Konfliktbearbeitung mit ihren jeweiligen Vor- und Nachteilen angesprochen und hinsichtlich ihrer Eignung untersucht werden. Hinsichtlich der weiteren Schritte sind sehr unterschiedliche Entwicklungen vorstellbar, die in ihrer Vielfältigkeit hier nicht einmal ansatzweise vorgestellt werden können, sondern letztlich der situativen Einschätzung durch die Konfliktpartei(en) und die Konfliktanlaufstelle unterliegen.

Beispiel

Möglichkeiten der situativen Einschätzung durch die Konfliktparteien und die Konfliktanlaufstelle

Die 17-jährige Auszubildende Carmen Hilger berichtet von ständigen Auseinandersetzungen mit ihrem Ausbilder.

Im Rahmen der Konfliktanalyse stellt sich heraus, dass das Verhalten des Vorgesetzten eindeutig als sexuelle Belästigung einzustufen ist. Nach Abstimmung mit der Auszubildenden informiert die Konfliktanlaufstelle die Verwaltungsleitung und die Gleichstellungsbeauftragte, die sich des Falles annehmen.

Die beiden Abteilungsleiter Gernot Degen und Siegfried Helmich suchen gemeinsam die Konfliktanlaufstelle auf, weil es zwischen ihnen immer wieder zu heftigen Auseinandersetzungen kommt.

Die gemeinsame Konfliktanalyse führt zu dem Ergebnis, dass eine wesentliche Konfliktursache im Informationsverhalten des gemeinsamen Vorgesetzten Wolfgang Schmidt liegt. Die Konfliktanlaufstelle vermittelt eine Mediation mit den beiden Abteilungsleitern und ihrem Vorgesetzten.

Der Leiter der Finanzbuchhaltung unterrichtet die Konfliktanlaufstelle darüber, dass die Urlaubsplanung für den gesamten Bereich in den vergangenen Jahren immer wieder zu Tumulten geführt hat. Ihm war es jeweils nicht gelungen, für die Teambesprechungen, in denen die Urlaubsplanung gemeinsam verhandelt werden sollte, einen geordneten Rahmen zu gewährleisten.

Die Konfliktanlaufstelle empfiehlt eine Moderation für die nächste Planungsrunde.

Zwei Betreuer in einer Jugendeinrichtung können sich nicht über die üblicherweise von ihnen autonom festzusetzenden Öffnungszeiten an Heiligabend und Silvester einigen.

Die Konfliktanlaufstelle wirkt auf den Vorgesetzten ein, kurzfristig eine Entscheidung zu treffen; die beiden Betreuer haben vorab erklärt, eine entsprechende Entscheidung zu akzeptieren.

Erforderliche persönliche Eigenschaften der Berater in der Konfliktanlaufstelle.

Haben wir uns bisher mit der Frage beschäftigt, welche Aufgaben in einer Konfliktanlaufstelle wahrzunehmen sind, wollen wir uns nunmehr mit den persönlichen Eigenschaften und Qualifikationen befassen, über die die in einer Konfliktanlaufstelle tätigen Personen – im Folgenden unter dem Begriff **Konfliktberater** zusammengefasst – möglichst verfügen sollten. Dabei ist allerdings zu beachten, dass wir die entsprechenden Anforderungen aus dem hier vertretenen Verständnis von Konfliktanlaufstellen heraus entwickeln, sodass Vertreter anderer Modelle in Teilbereichen durchaus zu hiervon verschiedenen Anforderungsprofilen kommen können (vgl. etwa Proksch, 2010, und Grosser, 2012).

Welche Voraussetzungen muss ein Konfliktberater mitbringen?

Zunächst, und dieser Aspekt wird manchmal übersehen, ist es erforderlich, dass die Konfliktberater grundsätzlich **konfliktaffin** sind. Hiermit ist gemeint, dass die in einer Konfliktanlaufstelle tätigen Personen ausreichend motiviert sind,

- sich dauerhaft und immer wieder aufs Neue mit Konflikten und deren Begleitumständen auseinanderzusetzen,
- sich auf teilweise emotional sehr aufgeladene Situationen einzulassen und
- die ratsuchenden Personen in gelegentlich sehr schwierigen Auseinandersetzungen zu begleiten.

Gut zu wissen

Wenn das Harmoniestreben nicht weiterhilft

Personen, die ein sehr ausgeprägtes Harmoniebedürfnis verspüren oder Konflikte als grundsätzlich „negativ" einstufen, sind dementsprechend für eine Tätigkeit als Konfliktberater nicht geeignet.

Gemeinsam mit den Ratsuchenden müssen die Konfliktberater zunächst die aktuelle Konfliktlage ergründen. Dies setzt voraus, dass sie in der Lage sind, sich **offen** und **flexibel** auf neue Situationen einzulassen, ihrem Gegenüber **gut zuhören können** und durch gezielte Fragen, also auf der Grundlage **kommunikativer Kompetenzen**, Hintergründe und Rahmenumstände ergründen können (so auch Proksch, 2010). Von entscheidender Bedeutung für den dauerhaften Erfolg der Arbeit der Konfliktanlaufstelle ist die **strikte Verschwiegenheit** aller Konfliktberater über sämtliche in der Beratungstätigkeit bekanntgewordenen Informationen und Einschätzungen (so auch beispielsweise Ortmann, 2011). Sofern die Konfliktberater Informationen an andere weitergeben möchte, ist der Inhalt der Informationsweitergabe explizit abzustimmen, damit nicht gegen die Verschwiegenheitspflicht verstoßen wird.

Empathie ist in der Konfliktberatung wichtig.

Die mit Konflikten oft verbundene hohe emotionale Belastung der Konfliktparteien setzt zudem voraus, dass die Konfliktberater den Ratsuchenden **empathisch** begegnen und dabei in der Lage sind, alle aktuelle Emotionalität und teilweise auch Irrationalität geduldig mitfühlend zu begleiten. Gleichzeitig erscheint es aber erforderlich, bei allem Verständnis und Mitgefühl inhaltlich **neutral** zu bleiben.

Neutralität – eine wichtige Maßgabe:

- Zu allererst gehört eine Einschätzung, wer in einem konkreten Konfliktfall „recht" und „unrecht" hat, überhaupt nicht zu den Aufgaben der in einer Konfliktanlaufstelle tätigen Personen.
- Zum zweiten würde bei einer parteiergreifenden Einlassung eines Konfliktberaters die ratsuchende Konfliktpartei unter Umständen in ihrer Position („das, was ich mache, ist richtig") bestärkt, was die Chancen auf eine interessenbasierte Konfliktbearbeitung verschlechtern könnte.
- Drittens empfiehlt es sich generell nicht, bei Konflikten eine Einschätzung nur auf die subjektive Wahrnehmung und Schilderung lediglich einer Seite zu stützen.
- Weiterhin können bei einer fehlerhaften Einschätzung von „recht" und „unrecht" in der Folgezeit Zweifel an der Kompetenz der in der Konfliktanlaufstelle tätigen Personen entstehen.

- Schließlich ist immer damit zu rechnen, dass die andere Konfliktpartei zu einem anderen Zeitpunkt ebenfalls die Konfliktanlaufstelle in Anspruch nehmen will; hat sich nun in einem ersten Konfliktfall der Konfliktberater gegen diese Konfliktpartei engagiert, ist kaum zu erwarten, dass im zweiten Verfahren das dringend erforderliche Vertrauensverhältnis aufgebaut werden kann.

Fachliche Qualifikation der Konfliktberater unbedingt nötig.

Die Tätigkeit der Konfliktberater erfordert neben diesen eher allgemeinen Eigenschaften und Verhaltensweisen eine aufgabenangemessene fachliche Qualifikation (so auch Grosser, 2012). Ein besonderes Augenmerk ist dabei darauf zu richten, dass die unterschiedlichen Konfliktbearbeitungsverfahren hinsichtlich ihres jeweiligen Ansatzes, ihrer bevorzugten Einsatzbereiche, ihrer Eignung für bestimmte Konfliktsituationen sowie hinsichtlich ihrer konkreten Vor- und Nachteile bestens bekannt sind. Die Konfliktberater müssen in der Lage sein, aufgrund einer Konfliktanalyse geeignete Konfliktbearbeitungsverfahren auszuwählen und das Ergebnis gegenüber der ratsuchenden Konfliktpartei nachvollziehbar und überzeugend zu kommunizieren.

Gut zu wissen

Anforderungen den Aufgaben anpassen

In Literatur und Praxis finden sich durchaus unterschiedliche Einschätzungen zu den in einer Konfliktanlaufstelle wahrzunehmenden Aufgaben; insbesondere besteht keine gesetzliche oder sonst wie verpflichtende Aufgabendefinition (vgl. hierzu etwa Grosser, 2012, S. 157 ff.). So kann beispielsweise die Ansicht vertreten werden, dass je nach Konfliktlage bereits durch den Konfliktberater erste Versuche zur Konfliktvermittlung unternommen werden sollen. Es ist zu beachten, dass demzufolge je nach Aufgabenstellung die Anforderungen, die an die in einer Konfliktanlaufstelle eingesetzten Personen zu formulieren sind, recht unterschiedlich ausfallen können.

Günstige Rahmenbedingungen für die Tätigkeit der Konfliktberater schaffen!

Die erfolgreiche Tätigkeit einer Konfliktanlaufstelle hängt allerdings nicht nur von den Eigenschaften und Qualifikationen der dort tätigen Konfliktberater ab, sondern auch von den durch die Verwaltungsleitung geschaffenen und zu verantwortenden Rahmenbedingungen.

Günstige Rahmenbedingungen – drei wesentliche Aspekte

1. Schweigerecht
Den Konfliktberatern muss es durch verwaltungsinterne Regelungen ermöglicht werden, ihrer Schweigepflicht gerecht zu werden. Zwar unterliegen Beschäftigte innerhalb der Verwaltung grundsätzlich einer allgemeinen Verschwiegenheitspflicht im Rahmen ihrer Aufgabenwahrnehmung. Für die in einer Konfliktanlaufstelle tätigen Personen sollte diese Verpflichtung allerdings nochmals dahingehend konkretisiert werden, dass sie gegenüber jedermann – also auch gegenüber der Verwaltungsleitung – dieser Schweigepflicht unterliegen und dies nicht durch eine Einzelanweisung aufgehoben werden darf; zur Absicherung ist bei Beschäftigten eine entsprechende Nebenabrede zum Arbeitsvertrag vorstellbar. Sofern Ausnahmen von der Schweigepflicht vorgesehen sind, etwa wenn im Rahmen einer Konfliktberatung Hinweise auf strafbare Handlungen offenkundig werden, muss dies ausdrücklich geregelt und gegenüber allen, die die Konfliktanlaufstelle in Anspruch nehmen wollen, kommuniziert werden.

2. Freistellung
Die Konfliktberater müssen zur Wahrnehmung ihrer Aufgaben von anderen Tätigkeiten freigestellt werden. Sofern keine ausschließliche Tätigkeit für die Konfliktanlaufstelle in Betracht kommt, ist sicherzustellen, dass einerseits eine kurzfristige Erreichbarkeit gegeben ist und andererseits Interessenkollisionen mit der sonstigen Tätigkeit ausgeschlossen sind. Dabei ist der Begriff der Interessenkollision sehr weitgefasst zu verstehen: Hiermit sollte auch jede Tätigkeit ausgeschlossen werden, in der Konfliktberater zu Verhaltensweisen veranlasst sind, die sich im Sinne der Glaubwürdigkeit mit einer ergebnisoffenen Beratungstätigkeit nicht vereinbaren lässt. So dürfte beispielsweise eine „Rest-Tätigkeit" im Rechtsamt problematisch sein, da hier eindeutig eine rechtbasierte Vorgehensweise präferiert wird. Die beste Regelung besteht sicherlich darin, dass ein „geteilter" Einsatz von Konfliktberatern generell unterbleibt.

3. Benachteiligungsverbot
Schließlich sollte ein Benachteiligungsverbot ausgesprochen werden, wonach den in der Konfliktanlaufstelle tätigen Personen aus ihrer Tätigkeit keine Nachteile – weder in der Konfliktanlaufstelle noch hinsichtlich ihrer weiteren beruflichen Entwicklung – entstehen dürfen.

Insgesamt empfiehlt es sich, die Rahmenbedingungen der Aufgabenwahrnehmung in der Konfliktanlaufstelle denjenigen des Personalrates, der Gleichstellungsbeauftragten bzw. der Schwerbehindertenvertretung entsprechend auszugestalten.

3.2.2 Bereitstellung von Unterstützungsleistungen zur Konfliktbearbeitung

Wie wir in den Abschnitten 2.2 und 3.1 gesehen hatten, stehen drei grundlegende Strategien (interessen-, recht-, machtbasierte Strategie) und hierauf aufbauende Methoden und Verfahren (z. B. Mediation) zum Umgang mit Konflikten zur Verfügung, die jeweils mit spezifischen Vor- und Nachteilen verbunden sind. Im Konfliktfall sollen – den beiden vorgestellten Konzepten zufolge – die Konfliktbeteiligten die Möglichkeit haben, zwischen den unterschiedlichen Vorgehensweisen zu wählen und zu wechseln, wobei der interessenbasierten Konfliktbearbeitung grundsätzlich Vorrang eingeräumt werden soll.

Unkenntnis über mögliche Vorgehensweisen entgegenwirken.

Mit der praktischen Umsetzung dieses Anliegens sind zwei grundsätzliche Probleme verbunden: Zum einen sind den Konfliktparteien die in Betracht kommenden Verfahren oft nicht oder nur unzureichend bekannt. Diesem Problem kann durch eine qualifizierte Beratung in der Konfliktanlaufstelle, durch die Bereitstellung allgemein verfügbarer Informationen (z. B. Informationsbroschüren) sowie durch zielgerichtete Schulungs- und Weiterbildungsangebote begegnet werden.

Zum anderen setzt der praktische Einsatz eines Verfahrens in der Regel spezielle Kenntnisse und Erfahrungen voraus, deren Bereitstellung in einer Verwaltung einen hier nicht näher zu bestimmenden Ressourceneinsatz (z. B. Aus- und Weiterbildung eigenen Personals, Honorar für Externe, usw.) erfordert. Hieraus ergeben sich bei der Gestaltung eines Betrieblichen Konfliktmanagementsystems zwei Fragen:

1. Welche Unterstützungsleistungen sollen angeboten werden?
2. Wer soll die Unterstützungsleistung konkret erbringen?

Welche Unterstützungsleistungen angeboten werden sollen

In Abschnitt 2.2 hatten wir uns mit der Beschreibung einiger Grundtypen von Unterstützungsleistungen begnügt, die jedoch in der Praxis oft in zahlreichen Varianten und Kombinationen (z. B. Mediation mit Coaching-Anteilen) vertreten sind. Vermutlich dürfte keine noch so große Verwaltung in der Lage sein, die gesamte Vielfalt an unterschiedlichen Unterstützungsleistungen tatsächlich anbieten zu können, so dass eine Auswahl erforderlich ist. Gehen wir von der Dreiteilung der Ansätze in interessen-, recht- und machtorientiert aus, stellen wir zunächst fest, dass in der Öffentlichen Verwaltung einige recht- und machtbasierte Verfahren zur Konfliktentscheidung bereits institutionalisiert zur Verfügung stehen (z. B. hierarchischer Aufbau, Widerspruchsverfahren, Klageweg).

Mediation

Mediationsangebot unbedingt vorsehen!

Unbedingt empfehlenswert erscheint ein Mediationsangebot:

- Die Mediation ist thematisch nicht beschränkt, kann also bei allen denkbaren Konfliktkonstellationen eingesetzt werden.
- Positiv zu bewerten ist, dass die Mediation nicht vom Vorhandensein besonderer oder gar außergewöhnlicher Kompetenzen der Konfliktparteien abhängt; erforderlich ist lediglich ein Minimum an Kommunikationsfähigkeit und Kommunikationsbereitschaft.

- Zudem ist der mit einem Mediationsverfahren verbundene Durchführungsaufwand bei verwaltungsinternen Konflikten in der Regel überschaubar. Schließlich widmet sich die Mediation sowohl dem persönlichen Verhältnis zwischen den Konfliktparteien als auch der inhaltlichen Sachklärung, sodass der Einsatz weitgehend unabhängig vom Eskalationsgrad eines Konfliktes möglich ist.

Moderation

Moderationsangebote kommen grundsätzlich nur für schwach eskalierte Konflikte in Betracht, die aber auch im Rahmen einer Mediation bearbeitet werden können. Interessant erscheinen Moderationsangebote vor allem im Bereich der Konfliktprävention, wenn also absehbar ist, dass bedeutsame Verhandlungen einer qualifizierten Anleitung bedürfen, um befürchteten Konflikten entgegenzuwirken. Ein entsprechender Bedarf erscheint aber nur in Ausnahmefällen gegeben.

Schlichtung

Der Schlichtung als weiterem rechtsbasierten Ansatz kommt bei verwaltungsinternen Auseinandersetzungen bisher nur eine untergeordnete Rolle zu. Dies kann vermutlich darauf zurückgeführt werden, dass an deren Stelle in der Praxis (machtbasierte) Vorgesetztenentscheidungen bevorzugt werden dürften. Aufgrund der mit einer Schlichtungsentscheidung verbundenen Nachteile (Gewinner-Verlierer-Struktur) sind nur wenige Fälle vorstellbar, in denen sich eine echte Entschärfung der Konfliktsituation auf der Grundlage einer Schlichtungsentscheidung aufdrängt.

Coaching

Coaching – ein Ansatz zur Prävention.

Als eher präventive Maßnahme soll noch kurz auf das Coaching eingegangen werden. Coaching – für nähere Ausführungen zu diesem Themenbereich kann auf Kniep-Taha (2013) verwiesen werden – stellt ein individuelles Beratungs- und Begleitungsangebot dar und wendet sich damit (zumindest von der Grundidee her) lediglich an eine Konfliktpartei. Ein Coaching erscheint dann hilfreich, wenn bei einer Einzelperson Hemmnisse, Probleme, fehlende Ressourcen oder schlichtweg fehlenden Kompetenzen identifiziert werden können, die sich im konfliktbezogenen Kommunikations- und Problemlösungsprozess als entscheidende Hinderungsfaktoren darstellen. In bereits eskalierten Konflikten sind offene Coaching-Angebote oft problematisch, da diese von den anderen Konfliktbeteiligten als Parteinahme (miss-)verstanden werden können. Dementsprechend sind Coaching-Maßnahmen vor allem im präventiven Bereich empfehlenswert, etwa wenn im Rahmen einer evaluativen Konfliktanalyse im Umfeld einzelner Personen Konflikthäufungen festgestellt wurden.

Tipp

Interessenbasierte Konfliktbearbeitungsverfahren stets einbeziehen!

Die Entscheidung, welche Unterstützungsleistungen in einem Konfliktmanagementsystem konkret angeboten werden sollen, ist verwaltungsspezifisch zu treffen. Allerdings sollte nicht übersehen werden, dass ohne ein adäquates Angebot aus dem Bereich der interessenbasierten Konfliktbearbeitungsverfahren vermutlich keinerlei grundlegende Verbesserung gegenüber der traditionellen Art der Konfliktbearbeitung in der Öffentlichen Verwaltung erreicht werden kann.

Wer die Unterstützungsleistung erbringen soll

Die etwas andere Machtfrage: wer macht was?

Wenden wir uns nach diesen Überlegungen zu den anzubietenden Unterstützungsleistungen nun der zweiten Frage zu, wer die angebotenen Unterstützungsleistungen erbringen soll. Wir wollen diese Fragestellung beispielhaft für die Mediation beantworten; für die anderen Angebote sind vergleichbare Überlegungen anzustellen.

Unterstützungsleistungen können sinnvollerweise nur angeboten werden, wenn dauerhaft ausreichende finanzielle bzw. personelle Ressourcen zu deren Umsetzung zur Verfügung stehen. Die Frage, ob und inwieweit Mediationsverfahren mit eigenen, entsprechend ausgebildeten Kräften durchgeführt werden sollen oder ob eher Externe zu bevorzugen sind, kann nicht generell beantwortet werden. Sehen wir uns einige Aspekte etwas näher an:

Interne Kräfte	Externe Kräfte
Vorteile	
▪ Rahmenumstände zahlreicher Konfliktsituationen sind aus eigener Anschauung/Erfahrung bekannt ▪ schnelleres Vordringen zum Kern des Konfliktes aufgrund besserer Kenntnis der Beteiligten und der Rahmenumstände des Konfliktes ▪ stehen in der Regel schneller zur Verfügung ▪ Einbettung in das Betriebliche Konfliktmanagement-Gesamtsystem	▪ unbefangene und offene Herangehensweise möglich; Unklares wird hinterfragt und nicht durch eigene Einschätzungen „ergänzt" ▪ für die Konfliktparteien peinliche Sachverhalte werden nach Abschluss des Verfahrens „mitgenommen"; erhöhte Vertraulichkeit ▪ Einsatz/Bereitstellung erfolgt bedarfsorientiert, keine „Vorhaltekosten"

Interne Kräfte	Externe Kräfte
Nachteile	
■ sofern mit den Konfliktparteien bereits selbst Konflikte ausgetragen wurden, besteht der Verdacht, dass „alte Rechnungen beglichen" werden könnten ■ nicht einsetzbar bei Konflikten mit Führungskräften, da hier Machtstrukturen wirksam sein können ■ Auslastung nicht immer sichergestellt ■ bei Problemen (z. B. Unzufriedenheit zahlreicher Konfliktbeteiligter) ist ein Austausch nicht ohne Weiteres möglich ■ Misstrauen in Wahrung der Vertraulichkeit	■ höhere Kosten je Stunde ■ Qualifikation und Vorgehensweise im Vorfeld nicht genau einschätzbar ■ Einbindung in internes Konfliktmanagementsystem nur anlassbezogen; keine Anbindung z. B. an Konfliktkultur ■ unter Umständen Verzögerung des Verfahrens, um eigene Vergütung zu steigern

Die vorstehenden Überlegungen können dahingehend zusammengefasst werden, dass jede Variante mit Vor- und Nachteilen verbunden ist. In großen Verwaltungen dürfte der weitgehende oder sogar vollständige Einsatz eigener Kräfte durchaus überzeugend gelingen, wohingegen es gerade für kleine Verwaltungen zweckmäßig sein kann auf externen Sach- und Fachverstand zurückzugreifen.

Manchmal ist externe Unterstützung unbedingt geboten.

Gramm (2011, S. 34) empfiehlt – unabhängig von den vorstehenden Überlegungen – in drei Fällen generell auf externe Mediatoren zurückzugreifen:

1. bei hoch eskalierten Konflikten,
2. bei Konflikten auf der Führungsebene sowie
3. bei rechtlich oder organisatorisch komplexen Konflikten.

Tipp

Auswahl externer Kräfte – auf Ausbildung und Erfahrung achten!

Bei der Auswahl externer Kräfte ist auf eine umfangreiche und breitgefächerte Ausbildung und entsprechende Erfahrungen unbedingt zu achten. Inwieweit Verwaltungskenntnisse oder Verwaltungserfahrungen zur Mediation verwaltungsinterner Konflikte hilfreich sein können, ist umstritten; einerseits wird argumentiert, dass mit entsprechenden Vorkenntnissen eine bessere Durchdringung der jeweiligen Problemlage möglich ist, dem wird andererseits entgegengehalten, dass sich aus den Vorerfahrungen möglicherweise bereits Vorfestlegungen ergeben haben, die die wünschenswerte Offenheit und Neutralität im aktuellen Konflikt gefährden kann.

Nähere **Informationen** zu den unterschiedlichen Qualifikationswegen sowie Informationen über Mediatoren finden sich im Internet bei den Mediationsverbänden, z. B.

- Deutsche Gesellschaft für Mediation (**www.dgm-web.de**),
- Bundesverband für Mediation in Wirtschaft und Arbeit e. V. (**www.bmwa-deutschland.de**),
- Bundesverband Mediation e. V. (**www.bmev.de**),
- Deutsche Gesellschaft für Mediation in der Wirtschaft (**www.dgmw.de**).

Im Übrigen kann der Austausch zwischen Verwaltungen, mit welchem Mediator man in welchen Fällen gute bzw. schlechte Erfahrungen gemacht hat, äußerst hilfreich sein.

Die Kosten für die Inanspruchnahme der Unterstützungsleistungen sollten unbedingt aus dem zentralen Personalbudget bezahlt und nicht den einzelnen Organisationseinheiten belastet werden. Ansonsten ist zu befürchten, dass einzelne Budgetverantwortliche die Inanspruchnahme des Betrieblichen Konfliktmanagementsystems zu hintertreiben versuchen.

Führungskräfte als Mediatoren?

Führungskräfte sind als Mediatoren eher nicht geeignet.

Abschließend wollen wir uns noch kurz mit einer Frage beschäftigten, die in der Praxis gelegentlich aufgeworfen wird, nämlich ob Führungskräfte bei Konflikten ihrer Mitarbeiter als Mediatoren tätig werden sollen. Als Pluspunkt ist zunächst zu nennen, dass die Führungskraft die Konfliktparteien sowie die Rahmenumstände des Konfliktes möglicherweise sehr gut kennt. Zudem wird die Führungskraft möglicherweise als aktiver Förderer und Unterstützer innovativer Wege zur Konfliktbearbeitung eingestuft, was die Glaubwürdigkeit des installierten Konfliktmanagementsystems erhöht.

Dem stehen jedoch gravierende Nachteile gegenüber, die in der Gesamtbewertung dazu führen, dass Führungskräfte nicht als Mediatoren vorzusehen sind:

- Grundsätzlich ist zu hinterfragen, ob und inwieweit die Führungskräfte überhaupt über eine ausreichende fachliche Qualifikation und Erfahrung zur Durchführung einer Mediation verfügen.
- Dann ist zu berücksichtigen, dass eine Führungskraft möglicherweise von den Konfliktparteien ungeachtet ihrer Tätigkeit als Mediator weiterhin als Führungskraft gesehen wird. Dies kann das Verhalten der Konfliktparteien in mehrfacher Hinsicht beeinflussen:

- Die Konfliktparteien können ein überzogen konstruktiv-kooperatives Verhalten zeigen, um die Führungskraft für sich einzunehmen; hierdurch würde der eigentliche Konflikt verwässert.
- Für den Konflikt bedeutsame Aspekte, die die Führungskraft gegenüber beiden Konfliktparteien zu vertreten hat, werden nicht angesprochen; erfolgt dies doch, wird der Mediator selbst zur Konfliktpartei und kann nicht mehr als neutraler Dritter auftreten.
- Die Bereitschaft, über persönliche Anliegen und Ziele offen zu berichten, könnte durch die Befürchtung eingeschränkt werden, dass die Führungskraft hiervon später Gebrauch machten könnte.
- Unter Umständen müsste über eigenes dienstliches Fehlverhalten berichtet werden; dies bringt auch den Mediator insoweit in große Schwierigkeiten, als er dieses Fehlverhalten als Führungskraft möglicherweise ahnden müsste.

- Schließlich muss immer damit gerechnet werden, dass eine Mediation scheitert. In diesem Fall kommt unter Umständen eine recht- oder machtbasierte Entscheidung durch die Führungskraft in Betracht. In diesem Fall verfügt die Führungskraft über Informationen aus der Mediation, die sie wegen des Grundsatzes der Vertraulichkeit aber nicht verwenden darf. Allerdings erscheint es wenig realistisch, dass eine in der Mediation erlangte Information bei einem späteren, eigenständigen Entscheidungsprozess vollständig ausgeblendet werden kann.

3.2.3 Angebote zur Schulung und Weiterbildung

Mit der Einführung eines Betrieblichen Konfliktmanagementsystems sind erhebliche Schulungs- und Weiterbildungsbedarfe verbunden, denen unbedingt entsprochen werden muss. Wird hier an der falschen Stelle „gespart“, kann nicht mit überzeugenden Ergebnissen gerechnet werden.

Unterschiedliche Angebote nach Personengruppen.

Schauen wir uns die unterschiedlichen Bedarfe etwas genauer an.

- Personen, die als Konfliktberater vorgesehen sind, sind vor ihrem Einsatz den Anforderungen des örtlichen Konfliktmanagementsystems entsprechend auszubilden; auf die Ausführungen zur Qualifikation in Abschnitt 3.2.1 kann hier verwiesen werden. In der Praxisphase sollte eine regelmäßige Weiterbildung zu neuen Entwicklungen im Bereich des Konfliktmanagements vorgesehen werden; zudem sind Möglichkeiten zum fachlichen Erfahrungsaustausch (z. B. Supervision) zu schaffen.

- Sofern Unterstützungsleistungen in der Konfliktbearbeitung (vgl. Abschnitt 3.2.2) durch eigene Kräfte erbracht werden sollen, ist eine entsprechende Fachausbildung vorzusehen.
- Für Führungskräfte stellt sich die Einführung eines Betrieblichen Konfliktmanagementsystems unter Umständen als sehr ambivalent dar. Einerseits stehen ihnen nun Beratungsangebote zum Umgang mit Konflikten zur Verfügung; insbesondere die Bereitstellung von Unterstützungsleistungen kann zu erheblichen Entlastungen führen, weil hierdurch das eigene, teilweise ungeliebte Engagement bei Konflikten vermieden werden kann. Andererseits werden im Rahmen der interessenbasierten Konfliktbearbeitung zahlreiche Auseinandersetzungen auf der Beschäftigtenebene gehalten und dort auch gelöst; dies reduziert die Einflussmöglichkeiten der Führungskräfte. Allerdings können sie nunmehr die Zeitanteile, die sie vorher für die konkrete Konfliktbearbeitung eingesetzt haben, für präventive Konfliktarbeit einschließlich des Coachings ihrer Mitarbeiter einsetzen. Hierfür benötigen sie eine adäquate Vorbereitung. Der Schulung und Weiterbildung der Führungskräfte spricht Conbere (2001) dementsprechend eine zentrale Bedeutung für die Leistungsfähigkeit des Betrieblichen Konfliktmanagementsystems zu.

Auswirkungen des Konfliktmanagementsystems auf Führungskräfte angemessen berücksichtigen.

- Allen Beschäftigten sollte die Möglichkeit eröffnet werden, an Schulungs- und Weiterbildungsmaßnahmen teilzunehmen, in denen die persönliche Konfliktkompetenz weiterentwickelt werden kann. Dabei sollten insbesondere folgende Themenbereiche abgedeckt werden:
  - Basiswissen Konflikte und Konfliktentstehung
  - Kommunikation
  - Kreativitätstechniken
  - Selbstmanagement
  - Konstruktive Verhandlungstechniken
  - Mediative Konfliktlösung

Tipp

Strohfeuer-Effekt vermeiden

Die Neueinführung eines Betrieblichen Konfliktmanagementsystems löst zunächst einen erheblichen Aus- und Weiterbildungsbedarf aus, dem in der Praxis meist entsprochen wird. Die Bedeutung hieran anschließender Fortsetzungsmaßnahmen, in denen die ursprünglichen Lerninhalte weiter gefestigt und vertieft werden, wird jedoch oftmals unterschätzt.

Umfangreiche initiale Aus- und Weiterbildungsmaßnahmen, denen eine adäquate Fortsetzung fehlt, lösen lediglich einen „Strohfeuer-Effekt" aus;

nachhaltige Verbesserungen können damit in der Regel nicht erreicht werden.

An die Bedeutung (mehrfacher) Trainings für das persönliche Konfliktverhalten (vgl. Abschnitt 1.4.3) sowie die Konfliktkultur der Verwaltung (vgl. Abschnitt 1.4.4) sei an dieser Stelle nochmals erinnert.

Hilfreiche Informationen zur Planung solcher Aus- und Weiterbildungsmaßnahmen können der in dieser Buchreihe erschienenen Arbeit von Lendner und Scholer (2012) entnommen werden.

3.2.4 Evaluation

Ein Betriebliches Konfliktmanagementsystem kann noch so hervorragend vorbereitet und eingeführt (näheres hierzu in Abschnitt 3.3) worden sein, perfekt ist es vermutlich nicht. Zudem ist bereits bei der Einführung absehbar, dass sich die Rahmenbedingungen des Miteinanders in der Verwaltung im Laufe der Zeit verändern werden, sodass auch ein ursprünglich den örtlichen Gegebenheiten gut angepasstes Konfliktmanagementsystem irgendwann einmal nicht mehr richtig „passt".

Berücksichtigen wir nun, dass ein Betriebliches Konfliktmanagementsystem nicht zum Selbstzweck eingerichtet und betrieben wird, sondern der Erreichung konkreter Ziele dient, wird schnell deutlich, dass im Rahmen regelmäßiger Evaluationen zu untersuchen ist, inwieweit Veränderungen und Anpassungen vorzunehmen sind. Hierbei ist auch zu berücksichtigen, dass mit dem Betrieblichen Konfliktmanagementsystem ein unter Umständen erheblicher finanzieller und personeller Aufwand verbunden ist, der nur gerechtfertigt werden kann, wenn diesem ein entsprechender Nutzen gegenüber steht.

Evaluation ist mit praktischen Schwierigkeiten verbunden.

Allerdings ist die Evaluation eines Konfliktmanagementsystems mit einigen Umsetzungsschwierigkeiten verbunden, von denen vier beispielhaft aufgeführt werden sollen:

- Jeder Konflikt kann als einmaliger Einzelfall aufgefasst werden. Zu jeder Form der Konfliktbearbeitung kann im Nachhinein kritisch angefragt werden, ob die Angelegenheit nicht noch besser mit noch geringerem Aufwand hätte geregelt werden können.
- Bestimmte Entwicklungen können nicht ohne Weiteres eindeutig interpretiert werden. Nimmt die Zahl der in einer Konfliktanlaufstelle bekannt gewordenen Konflikte ab, kann dies beispielsweise auf eine

gute Präventionsarbeit zurückgeführt werden, die dazu führt, dass es gar nicht zu einer Konfliktentstehung kommt. Genauso gut ist aber auch in Betracht zu ziehen, dass Konflikte verheimlicht werden, etwa weil nach schlechten Erfahrungen, z. B. mit der Sicherstellung der Vertraulichkeit, kein Zutrauen in das Konfliktmanagementsystem mehr besteht.

- Unklar ist auch, welcher Erfolgsmaßstab perspektivisch anzulegen ist, wenn beispielsweise die Konfliktfreiheit einer Verwaltung gar nicht das Ziel ist.
- Konfliktmanagementsysteme sind Beratungs- und Unterstützungsangebote. Es bleibt den Konfliktparteien letztlich selbst überlassen, ob und inwieweit sie auf diese Angebote eingehen. Dementsprechend ist oft nur schwer einschätzbar, ob in einem konkreten Fall das Beratungs- und Unterstützungsangebot wirksam war oder andere Faktoren den Konfliktverlauf wesentlich bestimmt haben.

Evaluation ist mehr als Statistik.

Der Versuch, die Evaluation des Betrieblichen Konfliktmanagementsystems allein auf der Grundlage „harter Zahlen" durchzuführen, dürfte nach diesen Überlegungen vermutlich als aussichtslos einzustufen sein. Vielmehr werden im Rahmen der Evaluation **subjektive Einschätzungen** eine angemessene Rolle spielen müssen. Entsprechende Informationen können auf vielfältige Weise gewonnen werden:

- Unabdingbar ist die Befragung der im Rahmen des Betrieblichen Konfliktmanagements tätigen Personen (Beratung und Unterstützung), da diese über Informationen „aus erster Hand" verfügen.
- In der Regel recht fundierte Einschätzungen können darüber hinaus oft von Ansprechpartnern gewonnen werden, die in der Verwaltung gut vernetzt sind; hier ist vor allem zu denken an
  - Personalratsmitglieder,
  - Gleichstellungsbeauftrage,
  - Mitglieder der Schwerbehindertenvertretung sowie
  - Mitglieder der Jugendauszubildendenvertretung.
- Die Beschäftigten können in ihrer Gesamtheit im Rahmen einer Mitarbeiterbefragung einbezogen werden, wobei Mitarbeiterbefragungen aufgrund des damit verbundenen Aufwands nur in größeren Zeitabständen durchgeführt werden sollten.

Um das Vertrauen in das Betriebliche Konfliktmanagementsystem aufrecht zu erhalten, sind die Ergebnisse der Evaluation transparent zu machen und gegebenenfalls durch konkrete Anpassungen umzusetzen.

Tipp

Alternative Erklärungsmuster diskutieren

Bei der Evaluation kommt es immer wieder zu Fehlinterpretationen vorhandener Informationen, auf deren Grundlage falsche Entscheidungen getroffen werden. Insbesondere bei ausschließlich quantitativen Informationen werden aufgrund statistischer Zusammenhänge (Korrelationen) oft Ursächlichkeiten (Kausalitäten) angenommen, die tatsächlich gar nicht bestehen. Dieser Problematik kann man nur dadurch begegnen, dass auf der logischen Ebene behauptete Zusammenhänge kritisch hinterfragt (kann das wirklich eine überzeugende Begründung sein?) und darüber hinaus alternative Erklärungsmuster entwickelt und hinsichtlich ihrer Tragfähigkeit diskutiert werden.

Unabhängig von der verwaltungsinternen Evaluation sollte gerade in der Startphase eines neuen Betrieblichen Konfliktmanagementsystems der intensive Austausch mit anderen Organisatoren und Experten gesucht werden. Schließlich steht dort zu zahlreichen Fragestellungen umfangreiches Erfahrungswissen zur Verfügung, das allerdings aufgrund der fehlenden Verschriftlichung nicht allgemein zugänglich ist (Gläßer & Kirchhoff, 2011).

3.2.5 Regelwerk und Gesamtsystem

In den beiden in Abschnitt 3.1 vorgestellten Konzeptionen wurde gefordert, die Rollen und Verantwortlichkeiten aller an einem Konfliktmanagementsystem beteiligten Personen eindeutig zu definieren und die erforderlichen Ressourcen bereitzustellen.

Ein einheitliches Regelwerk führt einzelne Komponenten zu einem Gesamtsystem zusammen.

Entsprechende Festlegungen sowie die Zusammenführung der in den vorangegangenen Abschnitten behandelten Bestandteile eines Konfliktmanagementsystems zu einem Gesamtsystem erfolgen zweckmäßigerweise in einem einheitlichen Regelwerk.

Hierbei handelt es sich um

- die Gesamtheit der verwaltungsinternen,
- mit einem Mindestmaß an Verbindlichkeit versehenen,
- schriftlichen Festlegungen
- zum Betrieblichen Konfliktmanagementsystem.

In der Praxis bildet meist eine Dienstvereinbarung zur Einrichtung eines Betrieblichen Konfliktmanagementsystems das Regelwerk (vgl.

Abschnitt 3.4); ergänzend kommen auch ein verwaltungseinheitliches Leitbild zum Umgang mit Konflikten sowie eine Dienstanweisung für Führungskräfte zum Konfliktverhalten in Betracht.

Funktionen des Regelwerks

Das Regelwerk beinhaltet wichtige Festlegungen.

Dem Regelwerk kommen zahlreiche Funktionen zu, von denen folgende von besonderer Bedeutung sind:

- Das Regelwerk stellt eine für alle Führungskräfte (hier einmal ohne die Verwaltungsleitung) und Beschäftigte sichtbare und nachprüfbare Aussage der Verwaltungsleitung zum in der Verwaltung erwarteten Umgang mit Konflikten dar.
- Durch eine Staffelung der Konfliktbearbeitungsverfahren kann die Präferenz zugunsten der interessenbasierten Konfliktbearbeitung dokumentiert werden; eine entsprechende praktische Umsetzung lässt mittel- bis langfristig eine Veränderung der Konfliktkultur erwarten.
- Die verwaltungseinheitliche Vorgehensweise bei Konflikten wird durch die Schaffung von Verfahrensstandards unterstützt.
- Es wird Verbindlichkeit in Bezug auf den Umgang mit einzelnen Konflikten geschaffen. Hierdurch wird für die Konfliktparteien nachvollziehbar dokumentiert, welche Verfahrensschritte bei einem Konflikt gewählt werden. Hiermit kann eventuellen Fehleinschätzungen („das machen die ja nur, weil ich davon betroffen bin ...") vorgebeugt werden.
- Durch im Regelwerk fixierte Ressourcenbereitstellung können diesbezügliche Auseinandersetzungen im konkreten Konflikt vermieden werden.
- Rechte und Pflichten der an einem Konfliktmanagementsystem beteiligten Personen werden transparent gemacht. Dies kann Vertrauen schaffen, beispielsweise hinsichtlich der Verschwiegenheitspflicht der Konfliktberater.

Wichtig

Regelwerk bildet nur den Rahmen!

Das Regelwerk bildet (lediglich) den formalen Rahmen eines Konfliktmanagementsystems. Von zentraler Bedeutung für das Erreichen der mit dem Konfliktmanagementsystem verfolgten Ziele ist die Umsetzung durch die in diesem Bereich tätigen Personen – unabhängig davon, ob es sich um Externe oder verwaltungsangehörige Personen handelt.

> Dementsprechend ist zwar darauf zu achten, dass ein in der Realität umsetzbarer und brauchbarer Handlungsrahmen durch das Regelwerk bereitgestellt wird; das Hauptaugenmerk ist allerdings auf die Auswahl sowie auf die qualifizierte Aus- und Weiterbildung der in diesem Bereich tätigen Personen zu richten.

3.3 Wie wird ein Betriebliches Konfliktmanagementsystem vorbereitet? – Einführungsstrategie

Die Einführungsstrategie ist für den Erfolg des Systems von großer Bedeutung.

Insbesondere bei der erstmaligen Einführung eines Betrieblichen Konfliktmanagementsystems kommt der Einführungsstrategie eine herausragende Bedeutung für die spätere Akzeptanz sowie Funktionsfähigkeit des Gesamtsystems zu. Beides kann am ehesten erreicht werden, wenn bei der Einführung des (neuen) Konfliktmanagementsystems an die bisherige Konfliktkultur angeknüpft wird und die beabsichtigten Veränderungen nachvollziehbar und glaubwürdig kommuniziert werden. Gelingt eine solche „Initialzündung" nicht, muss befürchtet werden, dass das für den optimalen Einsatz des Gesamtsystems erforderliche Vertrauen der Konfliktparteien in die Leistungsfähigkeit und Wirksamkeit des System nicht erreicht wird.

Die Einführung eines Betrieblichen Konfliktmanagementsystems kann in drei Phasen unterteilt werden:

- Zunächst sind umfangreiche **Grundlagenarbeiten** zu leisten, indem für spätere Phasen erforderliche Informationen eingeholt und wichtige Grundsatzentscheidungen getroffen werden.
- Danach kommt es zum **Aufbau** des vorgesehenen Betrieblichen Konfliktmanagementsystems; dies umfasst die Erarbeitung des Regelwerks sowie die Bereitstellung der zur Umsetzung erforderlichen persönlichen und sonstigen Ressourcen.
- Schließlich erfolgt der eigentliche **Start** des Konfliktmanagementsystems, der ausführlich und werbend zu kommunizieren ist.

Gut zu wissen

Wer ist eigentlich für die Einführung zuständig?

Die Einführung eines Betrieblichen Konfliktmanagementsystems ist eine sehr komplexe Aufgabe, die sich auf die gesamte Organisation auswirkt.

Dementsprechend sind sowohl Entscheidungs- als auch know-how-Träger daran zu beteiligten. Die Aufgabe der know-how-Träger liegt in der inhaltlichen Gestaltung, die der Entscheidungsträger in der verwaltungsinternen Verankerung.

Die vorbereitenden Arbeiten können sowohl Facheinheiten der Verwaltung (in der Regel der Personalbereich) als auch Projektgruppen übertragen werden. Dabei ist eine enge Verzahnung mit Verwaltungsleitung und Personalrat sicherzustellen.

Schauen wir uns nunmehr die Inhalte der einzelnen Phasen und ihre Bedeutung für das Gelingen des Einführungsprozesses genauer an.

3.3.1 Grundlagenarbeiten

Zentrale Fragen sind durch die Verwaltungsleitung vorab zu beantworten.

Die Konzeption und inhaltliche Gestaltung eines Betrieblichen Konfliktmanagementsystems ist mit erheblichem Aufwand verbunden. Dieser Aufwand kann nur dann gerechtfertigt werden, wenn mit einiger Wahrscheinlichkeit angenommen werden kann, dass ein entsprechendes System überhaupt zum Einsatz kommt und leistungsfähig ausgestaltet werden kann. Daher sind von der Verwaltungsleitung **drei zentrale Fragen** zu beantworten, bevor irgendwelche Anstrengungen zur inhaltlichen Gestaltung des Betrieblichen Konfliktmanagementsystems unternommen werden:

1. Welche Ziele sollen mit der Einführung des Konfliktmanagementsystems verfolgt werden?
2. Inwieweit decken sich diese Ziele mit anderen strategischen Festlegungen und sind eventuell erforderliche Anpassungen erreichbar?
3. Können die zur Erreichung dieser Ziele erforderlichen Ressourcen dauerhaft zur Verfügung gestellt werden?

Zu Frage 1: Die Zielfestlegung

Ziele müssen realistisch sein.

Zunächst ist zu fragen, ob die Ziele, die mit der Einführung des Konfliktmanagementsystems erreicht werden sollen, überhaupt erreichbar sind. Teilweise werden mit der Einrichtung eines Konfliktmanagementsystems Vorstellungen verbunden, die völlig unrealistisch sind; beispielhaft sind die Etablierung einer konfliktfreien Organisation oder der völlige Verzicht auf recht-, insbesondere aber machtbasierte Konfliktentscheidungen zu nennen. Solche, für den erfahrenen Praktiker teilweise sehr verwunderliche, Ideen gründen sich oft auf deutlich verkürzte, werbende und idealisierende Darstellungen, die immer wieder gerne zur Vorbereitung einer späteren Auftragsakquise in Tagungsvorträgen und Werbebroschüren externer Berater zum Besten gegeben werden. Stellen sich bestehende Zielvorstellungen nach näherer Prüfung als unrealistisch heraus, sollte das Projekt aufgegeben werden oder eine Neuformulierung der Zielvorstellungen erfolgen.

Konfliktmanagementsystem nur, wenn Ziele nicht einfacher erreicht werden können!

Sofern die Zielvorstellungen als realistisch einzustufen sind, ist zu fragen, ob die Zielvorstellungen die Einrichtung eines Betrieblichen Konfliktmanagementsystems überhaupt erfordern oder ob eine „einfachere" Möglichkeit zur Zielerreichung besteht. Der mit der Einrichtung und dem laufenden Betrieb des Betrieblichen Konfliktmanagementsystems verbundene Aufwand muss durch die zu erreichenden Ziele gerechtfertigt werden. Um es deutlich zu formulieren: Betriebliches Konfliktmanagement ist kein Selbstzweck; ein entsprechendes System vor allem deshalb einzurichten, weil es „modern" ist oder andere Verwaltungen „das auch haben", erscheint wenig überzeugend.

Zum Nachdenken

Wirtschaftlichkeit im Auge behalten

Einen im Wesentlichen an den wirtschaftlichen Folgewirkungen anknüpfenden Ansatz zum professionellen Umgang mit organisationsinternen Konflikten vertreten Insam, Reimann und Achterholt (2009) in der sogenannten KPMG-Konfliktkostenstudie.

Zunächst unterscheiden sie zwischen dysfunktionalen Konflikten, die den Organisationszielen zuwider laufen, und funktionalen Konflikten, die den Organisationszielen eher dienlich und damit wünschenswert sind. Interventionen bei dysfunktionalen Konflikten sind wirtschaftlich nur vertretbar, wenn der damit verbundene Aufwand hinter den reduzierten Konfliktkosten zurückbleibt.

Übertragen wir diesen Ansatz auf das gesamte Betriebliche Konfliktmanagementsystem, dann ist dieses wirtschaftlich nur sinnvoll, wenn die hiermit verbundenen Kosten durch die verminderten Konfliktkosten mindestens ausgeglichen werden.

Zu Frage 2: Die Zielabstimmung

Breitenwirkung des Konfliktmanagementsystems beachten.

Wie bereits an verschiedenen Stellen dargestellt, wirkt die Einrichtung eines Betrieblichen Konfliktmanagementsystems in der Regel über den Bereich der unmittelbaren Konfliktbearbeitung hinaus und kann unter Umständen auf den Bereich der allgemeinen Personalarbeit, auf die Gestaltung von Planungs- und Entscheidungsprozessen und insbesondere auf das Verhältnis von Führungskräften und ihren Mitarbeitern ausstrahlen. Die das Betriebliche Konfliktmanagementsystem tragenden strategischen Überlegungen müssen mit den strategischen Gegebenheiten in anderen Bereichen abgeglichen werden. Werden hierbei Abweichungen festgestellt, sind die Unterschiede auszuräumen, bevor die Ausarbeitung des Betrieblichen Konfliktmanagementsystems vorangetrieben wird. Sollte sich die Verwaltungsleitung zur Ausräumung dieser Unterschiede – aus welchen Gründen auch immer – nicht in der Lage sehen, ist der Verzicht auf ein Betriebliches Konfliktmanagementsystem ernsthaft in Erwägung zu ziehen.

Zu Frage 3: Die Ressourcenbereitstellung

Ressourcenbereitstellung frühzeitig sicherstellen.

Die dritte Frage, ob und inwieweit die dauerhafte Ressourcenbereitstellung zur Umsetzung des Betrieblichen Konfliktmanagementsystems gewährleistet werden kann, ist angesichts knapper Kassen im Bereich der Öffentlichen Verwaltung recht naheliegend. Ist zumindest zweifelhaft, ob die notwendigen Ressourcen dauerhaft bereitgestellt werden können, sollte von der Etablierung des Konfliktmanagementsystems schon allein wegen des Vorbereitungsaufwands abgesehen werden.

Wichtig

Den Eindruck einer halbherzigen Lösung vermeiden!

Unter Umständen ist zu prüfen, in welchem (reduzierten) Umfang eine dauerhafte Ressourcenbereitstellung erfolgen kann, um wenigstens ein „kleines" System gewährleisten zu können (vgl. Gläßer & Kirchhoff, 2011); hierbei ist aber darauf zu achten, dass ein eher bescheidenes System verwaltungsintern nicht als halbherzige Lösung, die lediglich das Desinteresse der Verwaltungsleitung dokumentiert, diskreditiert wird.

Neben der Auseinandersetzung mit diesen strategischen Fragen sollte im Rahmen der Grundlagenarbeiten eine Analyse des bisherigen Konfliktverhaltens und der verwaltungsinternen Konfliktkultur erfolgen. Mit Duve, Eidenmüller und Hacke (2011) können wir auf zwei grundlegende Funktionen hinweisen, die dieser Analyse zukommen: Einerseits wird hierdurch eine Schwachstellenanalyse ermöglicht, die wichtige Hinweise auf zentrale Verbesserungs- und Änderungsbedarfe liefert; andererseits kann hieraus ein Benchmark entwickelt werden, aus dem später Leistungsfähigkeit und Wirksamkeit des etablierten Systems abzuleiten sind.

Die Grundlagenarbeiten sollten – sofern sie zu befriedigenden Ergebnissen geführt haben – durch eine Grundsatzentscheidung der Verwaltungsleitung zur Einrichtung eines Betrieblichen Konfliktmanagementsystems abgeschlossen werden, in der die umfassende Unterstützung für dieses Projekt und die Bereitstellung der zur späteren Umsetzung erforderlichen Ressourcen zugesagt werden (Duve, Eidenmüller & Hacke, 2011).

Tipp

Vorbildfunktion frühzeitig wahrnehmen

Mitarbeiter orientieren sich in ihrem Verhalten an den Führungskräften. Dabei werden nicht nur eindeutig kommunizierte Verhaltenserwartungen und Anweisungen beachtet, vielmehr kommt auch lediglich beobachteten Verhaltensweisen eine erhebliche Bedeutung zu. Proksch (2010, S. 86) schlussfolgert hieraus:

„Wenn das Management eine offene und direkte Kommunikations- und Konfliktkultur vorlebt, dann ist es wahrscheinlich, dass auch die Mitarbeiter den Mut haben, sich Differenzen und Konflikten zu stellen und sie austragen."

In Bezug auf die erfolgreiche Etablierung eines Betrieblichen Konfliktmanagementsystem bedeutet dies: Es reicht nicht aus, dass die Verwaltungsleitung Beschlüsse zur Einrichtung eines Betrieblichen Konfliktmanagementsystems fasst; sie muss vielmehr selbst die darin formulierten Kerngedanken vorleben. Und hierbei gilt: je eher, umso besser.

3.3.2 Aufbau des Konfliktmanagementsystems

Von der Grundsatzentscheidung der Verwaltungsleitung ausgehend geht es nun um die konkrete Entwicklung des Betrieblichen Konfliktmanagementsystems. Hierbei sind insbesondere die in der vorangegangenen Phase deutlich gewordenen Rahmenbedingungen angemessen zu berücksichtigen; hierzu gehören insbesondere:

- die nach den Vorgaben der Verwaltungsleitung mit der Einführung des Betrieblichen Konfliktmanagementsystems zu erreichenden Ziele,

- die bereitgestellten Ressourcen,
- die Ergebnisse aus der Analyse des bisherigen Konfliktverhaltens und der verwaltungsinternen Konfliktkultur.

Auch wenn beim Vergleich zwischen einzelnen Verwaltungen möglicherweise manche Ähnlichkeiten in den Rahmenbedingungen feststellbar sind, dürfte doch deutlich werden, dass ein den örtlichen Verhältnissen entsprechendes Konfliktmanagementsystem jeweils passgenau selbst zu entwickeln ist. Systeme anderer Verwaltung oder sogar von privatwirtschaftlichen Unternehmen können aufgrund der unterschiedlichen Rahmenbedingungen nicht als „Blaupause" übernommen werden; gegen eine Hinzuziehung als „Ideen-Steinbruch" ist allerdings nichts einzuwenden.

Aktive Beteiligung der Beschäftigten

Frühzeitige und umfassende Mitarbeiterbeteiligung als wichtiger Erfolgsfaktor.

Unsere Überlegungen zum Aufbau des Betrieblichen Konfliktmanagements wollen wir mit zwei Überlegungen zur frühzeitigen und umfassenden Mitarbeiterbeteiligung abschließen, die auf entsprechende Ausführungen von Duve, Eidenmüller und Hacke (2011, S. 345 f.) zurückgehen: Zum einen hängt der praktische Nutzen des Betrieblichen Konfliktmanagementsystems nicht nur von der Unterstützung durch die Verwaltungsleitung, sondern auch von der Akzeptanz aller Beschäftigten ab. Diese kann am ehesten erreicht werden, wenn über die mit der Einführung des Betrieblichen Konfliktmanagementsystems beabsichtigten Veränderungen frühzeitig und ausführlich informiert wird und den Beschäftigten darüber hinaus Gelegenheit gegeben wird, in Schulungen weitergehende Informationen über alternative Konfliktlösungsmethoden zu erhalten und die eigene Konfliktkompetenz weiter zu entwickeln. Zum anderen sollte versucht werden, die Beschäftigten an der Entwicklung des Konfliktmanagementsystems aktiv zu beteiligen; hierdurch kann einerseits vorhandenes Erfahrungswissen genutzt und andererseits auf eine größere Akzeptanz des unter eigener Mitarbeit entwickelten Gesamtsystems gehofft werden. Bei einer solchen Vorgehensweise besteht zudem die Chance, bestehende und funktionstüchtige Strukturen zur Konfliktbearbeitung zu nutzen, anstatt sie als Bestandteil eines dringend überarbeitungsbedürftigen Altsystems zu brandmarken.

3.3.3 Start der inhaltlichen Arbeit

Sobald die genannten Schritte abgeschlossen sind, kann der „offizielle Startschuss" gegeben und die inhaltliche Arbeit im Rahmen des Betrieblichen Konfliktmanagementsystems aufgenommen werden.

Vom Konzept ins „echte" Leben.

Um eine möglichst zügige und wirksame Aufnahme der neuen Konfliktbearbeitungsmechanismen in die Verwaltungspraxis und damit in die verwaltungsinterne Konfliktkultur zu erreichen, sollten Ziele und Inhalt des Systems kommuniziert werden.

Nachfolgende Checkliste (Abb. 3.3) zeigt, welche Informationen unbedingt weitergegeben bzw. dauerhaft bereitgestellt werden sollten:

Q04083

Download Checkliste – Bereitstellung von Informationen

Checkliste – Bereitstellung von Infomationen (Abb. 3.3)

Zeitpunkt	**Informationen/Materialien**	**Bereitstellung**
Einführung	Zusammenfassende Information über wesentliche Regelungsinhalte; Kurzeinweisung für erste Orientierung	einmalig Papier, dauerhaft IntraNet
	Vollständiges Regelwerk zum Betrieblichen Konfliktmanagement	einmalig Papier, dauerhaft IntraNet, ggfls. Internet als Image-Maßnahme
	Verzeichnis aller Personen bzw. Organisationseinheiten, die konkret benannte Aufgaben im Betrieblichen Konfliktmanagementsystem wahrzunehmen haben einschließlich Angaben zur Erreichbarkeit	dauerhaft IntraNet
	Kurzbeschreibung der bei konkreten Konflikten anzuwendenden Verfahren zur Vermeidung von Unsicherheiten beim „Erst-Kontakt"	mehrmals bei organisationsinternen Veranstaltungen mündlich, dauerhaft IntraNet, ggfls. Internet als Image-Maßnahme
	Hinweise auf etwaige Einführungsveranstaltungen	Einladung über Aushänge, Mails, IntraNet
	Hinweise und Beschreibungen zu Aus- und Weiterbildungsangeboten	Aushänge, IntraNet
nach ca. 4 Wochen	Nochmalige KurzInformation mit einer Zusammenfassung der wesentlichen Regelungsinhalte; Hinweis auf das Verzeichnis der Personen bzw. Organisationseinheiten, die konkret benannte Aufgaben im Betrieblichen Konfliktmanagementsystem wahrzunehmen haben	Aushänge, Mail, IntraNet
	Bei Vorliegen positiver Erfahrungen: Darstellung von Referenzfällen	Mail, IntraNet
	Bei geringer Resonanz: beispielhafte Beschreibung eines Praxisfalls mit einer ausgesuchten Interventionsstrategie (zweckmäßig: Mediation)	Mail, IntraNet

Zeitpunkt	Informationen/Materialien	Bereitstellung
nach ca. 6 Monaten	Rückblick, Zwischenbilanz	Mail

Die Bereitstellung der vorgenannten Informationen im verwaltungsinternen Kommunikationsnetz (IntraNet) dürfte gleich aus mehreren Gründen empfehlenswert sein: so können sich Verwaltungsneulinge beim Verwaltungseintritt gleich umfassend informieren, zudem muss bei allen damit gerechnet werden, dass die ursprünglich ausgehändigten Informationen mit der Zeit verloren gehen oder im Konfliktfall nicht schnell aufgefunden werden können.

Gut zu wissen

Konfliktmanagement als Imagefaktor

Im Zusammenhang mit der zunehmend schwieriger werdenden Gewinnung von Nachwuchskräften bzw. externen Bewerbern kann der Verweis auf ein modernes und leistungsfähiges Betriebliches Konfliktmanagementsystem einen durchaus beachtenswerten Image-Faktor darstellen. In diesem Zusammenhang ist zu erwägen, die Grundinhalte des Regelwerks und das verwaltungsinterne Verständnis zum Umgang mit Konflikten in einer attraktiv aufbereiteten Broschüre zu dokumentieren und interessierten Personen zur Verfügung zu stellen.

Für nähere Informationen zur Bedeutung solcher attraktivitätsfördernder Maßnahmen kann auf den ebenfalls in der PöS-Reihe erschienenen Band zum Personalmarketing im öffentlichen Sektor (Behrens & Zempel, 2012) verwiesen werden.

3.3.4 Ablaufplan Einführungsprozess

Die Einführung eines betrieblichen Konfliktmanagementsystems stellt sich als komplexer Prozess dar. Ein allgemeiner Ablaufplan zur Gestaltung des Einführungsprozesses mit einer verwaltungsinternen Projektgruppe ist in der Checkliste: „Vom Konzept zur Umsetzung" dargestellt und online abrufbar.

Q04083
Download Checkliste – Vom Konzept zur Umsetzung

3.4 Wie kann das Regelwerk gestaltet werden? – Entwurf einer Dienstvereinbarung zum Betrieblichen Konfliktmanagementsystem

3.4.1 Grundgedanke

In den vorangegangenen Abschnitten haben wir uns ausführlich mit der Konzeption, Gestaltung und Einführung eines Betrieblichen Konfliktmanagementsystems befasst. Damit sind zwar reichlich „Bausteine" zur Erarbeitung eines Regelwerks für die eigene Verwaltung vorhanden, aber manchmal fehlt es dann doch an der letzten Idee, wie man diese Bausteine in der Praxis zusammenfügen kann.

Der heutzutage naheliegende Ansatz, durch eine beherzte Internetrecherche weitere Informationen und Anregungen zu erhalten, führt letztlich nur zu einem eher unbefriedigenden Ergebnis: Zwar lassen sich zahlreiche betriebliche Regelungen finden, die bereits im Praxiseinsatz sind – allerdings erfahren wir in der Regel nicht, wie diese Regelungen zustande gekommen sind und von welchen Überlegungen und Rahmenbedingen man sich hat leiten lassen. Zudem hatten wir ja bereits mehrfach thematisiert, dass die naive Übernahme der Konzepte aus anderen Organisationen im Zweifelsfall zu Regelungen führen kann, die nur eingeschränkt mit den eigenen Zielvorstellungen oder den Rahmenbedingungen in der eigenen Verwaltung im Einklang stehen.

Was tun?

Kommentierter Entwurf schafft Transparenz.

Die überzeugendste Lösung dieses Dilemmas dürfte in einer – nach ausführlicher Sichtung vorhandener Regelwerke zum Betrieblichen Konfliktmanagement erarbeiteten – Musterdienstvereinbarung bestehen, die um eine mehr oder weniger umfangreiche Kommentierung ergänzt ist. Dabei dient die Kommentierung dazu, die Überlegungen und Entscheidungen, die bei der Erarbeitung des Regelwerks zum Tragen gekommen sind, zu dokumentieren und damit transparent zu machen. Durch diese Darstellungsform werden also nicht „vollendete Tatsachen" geschaffen, deren Hintergründe im Unklaren bleiben; vielmehr wird auf diese Weise die Möglichkeit eröffnet, den Erarbeitungsprozess ein Stück weit nachzuvollziehen und dabei zu fragen, ob und inwieweit die in der Dienstvereinbarung umgesetzten Ziele und Vorstellungen mit den eigenen Zielen und Vorstellungen sowie den örtlichen Rahmenbedingungen übereinstimmen.

Wichtig

Die Muster-Dienstvereinbarung nicht 1:1 übernehmen!

An dieser Stelle sei nochmals ausdrücklich betont, dass im folgenden Abschnitt keine Muster-Dienstvereinbarung vorgelegt wird, bei der es genügt, durch die Einfügung von zwei oder drei formalen Anpassungen (Verwaltungsbezeichnung, Datum des Inkrafttretens, Unterschriftszeile) ein auf die örtlichen Verhältnisse ausreichend angepasstes Regelwerk zu erzeugen – der Entwurf ist als Rohmaterial zur eigenen Gestaltung zu verstehen.

Bei der Anpassung an die örtlichen Verhältnisse sind die jeweils vor Ort gültigen personalrechtlichen Bestimmungen, insbesondere die Personalvertretungsgesetze angemessen zu berücksichtigen. In der Regel sind von der Einführung eines Betrieblichen Konfliktmanagements gleich mehrere Mitbestimmungstatbestände betroffen.

Beispielhaft kommen in Betracht:

- in Nordrhein-Westfalen: § 72 IV Nr. 9 LPersVG (Regelung der Ordnung in der Dienststelle und des Verhaltens der Beschäftigten), § 73 Nr. 1 LPersVG (Anordnungen für die innerdienstlichen, sozialen oder persönlichen Angelegenheiten der Beschäftigten),
- in Bayern: Art. 75 IV Nr. 8 BayPVG (Maßnahmen zur Verhütung von Gesundheitschädigungen), Art. 76 I Nr. 2 BayPVG (Regelung der Ordnung in der Dienststelle und des Verhaltens der Beschäftigten),
- in Baden-Württemberg: § 70 II Nr. 1 LPVG (Regelungen der Ordnung in der Dienststelle und des Verhaltens der Beschäftigten), § 70 II Nr. 7 (Maßnahmen zur Verhütung von Gesundheitsschädigungen).

Damit Sie mit der Muster-Dienstvereinbarung leichter weiter arbeiten können, finden Sie den nachfolgenden Text ohne Kommentierung als Online-Arbeitshilfe.

3.4.2 Kommentierter Entwurf

Q04083
Download Muster-Dienstvereinbarung

Präambel

I.
Konflikte sind etwas Natürliches im menschlichen Zusammenleben und gehören dementsprechend auch zum Berufsalltag. Sie sind von Natur aus weder „gut" noch „böse". Sie können durchaus hilfreich sein, Gewohntes, Alteingefahrenes oder Überkommenes kritisch zu hinterfragen und – letztlich im Sinne aller Beteiligten – nutzbringend weiterzuentwickeln.

Allerdings können dauerhaft ungelöste oder hoch eskalierte Konflikte erhebliche gesundheitliche Belastungen für die Beteiligten auslösen, das Betriebsklima beeinträchtigen und die Qualität der Arbeit vermindern.

II.
Mit der Einrichtung eines Konfliktmanagementsystems wird Führungskräften und Beschäftigten in Konfliktsituationen ein dauerhaftes und qualifiziertes Unterstützungsangebot zur Verfügung gestellt. Die Inanspruchnahme dieses Angebots steht Führungskräften und Beschäftigten jederzeit offen. Die Inanspruchnahme kann bei Konflikten zwischen Beschäftigten durch Führungskräfte angeordnet werden, ohne dass hierbei weitere inhaltliche Vorgaben gemacht werden dürfen.

III.
Einseitig schädigendes Verhalten, insbesondere

- sexuelle Belästigung am Arbeitsplatz,
- Mobbing,
- Diskriminierung aufgrund von Geschlecht, Behinderung, ethnischer Herkunft, sexueller Orientierung, Abstammung, Religion, Herkunft oder Nationalität,

wird nicht toleriert. Werden entsprechende Verhaltensweisen bekannt, sind die jeweils zuständigen Führungskräfte verpflichtet, diesen nachhaltig entgegenzutreten.

Der Umgang mit einseitig schädigendem Verhalten ist nicht Gegenstand dieser Dienstvereinbarung.

IV.
Das zentrale Ziel dieser Vereinbarung besteht darin, dass verwaltungsinterne Konflikte im partnerschaftlichen Miteinander eigenverantwortlich bearbeitet und zu einer für alle Beteiligten akzeptablen Lösung geführt werden (interessenbasierte Lösung). Andere Ansätze zur Konfliktentscheidung bzw. Konfliktbeendigung sind erst dann zu wählen, wenn eine interessenbasierte Lösung in angemessener Zeit nicht erreicht werden konnte oder sonstige wichtige Gründe eine andere Vorgehensweise erforderlich machen.

Anmerkungen

Die Präambel fällt recht umfangreich aus. Dies erscheint aber angebracht, da hier die Einbettung der nachfolgenden Regelungen in das Verwaltungsgeschehen vorgenommen wird. Damit ist eine klare Positionierung der Verwaltungsleitung zur verwaltungsinternen Konfliktkultur verbunden. Sehen wir uns diese im Einzelnen an:

Zu I.: Zunächst geht es darum, die eigene Bewertung von Konflikten vorzustellen. Konflikte werden dabei nicht generell als etwas Negatives – und damit zu Vermeidendes oder Unterdrückendes – eingestuft. Vielmehr soll lediglich problematischen Entwicklungen bzw. Begleiterscheinungen entgegengetreten werden.

Zu II.: Das Betriebliche Konfliktmanagementsystem wird als Angebot für Beschäftigte und Führungskräfte vorgestellt, dessen Nutzung grundsätzlich freiwillig erfolgt. Sofern Führungskräfte gegenüber Beschäftigten die Inanspruchnahme des Konfliktmanagementsystems anordnen, wird der Grundsatz der Freiwilligkeit zumindest hinsichtlich der inhaltlichen Ausgestaltung des weiteren Verfahrens aufrecht erhalten.

Zu III.: Der explizite Ausschluss einseitig schädigenden Verhaltens steht in bewusster Unterscheidung zu einer Vielzahl von Betriebs- und Dienstvereinbarungen, bei denen unter dem Titel „Betriebliches Konfliktmanagement" im wesentlichen der Umgang mit Mobbing, teilweise auch mit sexueller Belästigung und Diskriminierung, geregelt wird. Für die hier gewählte Vorgehensweise waren insbesondere folgende Gründe ausschlaggebend:

- *Die Herauslösung des schädigenden Verhaltens aus der Dienstvereinbarung verdeutlicht ausdrücklich, dass die genannten Verhaltensweisen nicht als Konflikt angesehen werden; dies zeigt sich bereits darin, dass die entsprechenden Verhaltensweisen – im Gegensatz zu Konflikten – mit einer eindeutig negativen Bewertung versehen werden. Entsprechende Verhaltensweisen werden nicht toleriert und sollen eine Handlungspflicht für Führungskräfte auslösen.*
- *Dem Arbeitgeber kommt bei Mobbing, sexueller Belästigung am Arbeitsplatz und Diskriminierung eine Garantenstellung zugunsten der betroffenen Personen zu. Wird der Arbeitgeber dieser Garantenstellung nicht gerecht, kann dies Sanktionen gegen den Arbeitgeber nach sich ziehen. Auf dieser Grundlage erscheint es sachgerecht, dem Arbeitgeber ein einseitiges Entscheidungsrecht zuzugestehen, wie er mit entsprechenden Angelegenheiten umgeht und ihn eben nicht auf die offene Verfahrensgestaltung im Rahmen des Konfliktmanagementsystems zu verweisen.*
- *Im Rahmen des Betrieblichen Konfliktmanagements wird der Beratung und Unterstützung, also eher „weichen Ansätzen", eine zentrale Rolle zugewiesen. Bezieht man Mobbing, sexuelle Belästigung und Diskriminierung in ein solchermaßen ausgerichtetes Betriebliches Konfliktmanagementsystem mit ein, kann der Eindruck der Verharmlosung entstehen.*

Die Aussagen zum einseitig schädigenden Verhalten können ebenfalls als Beitrag zur Festlegung der Konfliktkultur in der Verwaltung gesehen werden, da hierdurch eine Negativabgrenzung (das gehört eben nicht dazu) ermöglicht wird.

Zu IV.: Hier werden die konzeptionellen Überlegungen, die wir in Abschnitt 3.1 diskutiert hatten, aufgegriffen: Höchste Priorität kommt der interessenbasierten Konfliktbearbeitung zu; die anderen Strategien sollen erst dann zum Tragen kommen, wenn mit einer interessenbasierten Vorgehensweise absehbar keine Erfolge erzielt werden können.

§ 1 Geltungsbereich

(1) Diese Vereinbarung gilt für alle Angehörigen der Verwaltung. Die Verwaltungsleitung verpflichtet sich, diese Vereinbarung auch auf Personen anzuwenden, die nicht dem Zuständigkeitsbereich der Personalvertretung unterfallen. Drittfirmen, z. B. im Bereich der Reinigung, sind mit der Auftragserteilung auf diese Vereinbarung hinzuweisen; es soll darauf hingewirkt werden, dass bei Konflikten zwischen Verwaltungsangehörigen und Angehörigen der Drittfirmen diese Vereinbarung sinngemäß zur Anwendung kommt.

(2) Im Folgenden werden alle von dieser Dienstvereinbarung unmittelbar erfassten Personen unter dem Begriff „Verwaltungsangehörige" zusammengefasst. Personen ohne Personalverantwortung werden als „Beschäftigte", Personen mit Personalverantwortung als „Führungskräfte" bezeichnet. Die Aufgaben der Verwaltungsleitung werden verantwortlich von *<nach örtlichen Gegebenheiten>* wahrgenommen.

Anmerkungen

Zu (1)
Bedeutsam ist hier die Verpflichtung der Verwaltungsleitung zur Ausweitung auf Personen, die keine unmittelbaren Angehörigen der Verwaltung sind. Damit wird vor allem den Folgen des in der Vergangenheit recht umfangreichen Outsourcings Rechnung getragen, wonach Beschäftigte von Drittfirmen dauerhaft in den Räumen der Behörde tätig sind; dabei können sich durchaus auch Konflikte mit Verwaltungsangehörigen ergeben. Auch in diesen Fällen sollen die „weichen" Möglichkeiten des Betrieblichen Konfliktmanagements grundsätzlich verfügbar sein. Beispiel: Der Hausmeister des Verwaltungsgebäudes ist auch mit der Beaufsichtigung der externen Reinigungskräfte beauftragt. Dabei ergeben sich regelmäßig Konflikte bei der Zuteilung der zu reinigenden Reviere.

Die Verwaltungsleitung „exportiert" mit der Übertragung der hier vorgesehenen Regelungen auf ihre Vertragspartner ihre Konfliktkultur, was die Glaubwürdigkeit nach innen durchaus stützen kann.

Zu (2)
Die sprachlichen Festlegungen dienen lediglich der einfacheren Darstellung in den folgenden Passagen. Die Zuordnung, wer die Aufgaben der Verwaltungs-

leitung übernehmen soll, ist den örtlichen Verhältnissen anzupassen; gemeint ist damit in der Regel die Person, die die Behörde leitet oder die mit Personalmanagementaufgaben betraute Person. Unter Verwaltungsleitung ist ausdrücklich nicht die Gesamtheit aller Personen mit Personalverantwortung zu verstehen.

§ 2 Verpflichtung zur partnerschaftlichen Zusammenarbeit; Unterstützungsmaßnahmen

(1) Alle Verwaltungsangehörigen sind verpflichtet,

- anderen mit Respekt und Achtung zu begegnen,
- zu einer vertrauensvollen, konstruktiven und wertschätzenden Zusammenarbeit aktiv beizutragen,
- Mitverantwortung für ein positives innerbetriebliches Arbeitsklima zu übernehmen,
- im Rahmen der eigenen Möglichkeiten Mobbing, sexuellen Belästigungen und Diskriminierungen durch Dritte entgegenzutreten, sofern sie nicht als Führungskräfte zu besonderen Maßnahmen verpflichtet sind

sowie

- an der konstruktiven Bearbeitung innerbetrieblicher Konflikte mitzuarbeiten.

(2) Die Verwaltungsleitung unterstützt die Verwaltungsangehörigen bei der Umsetzung dieser Ziele durch

- allgemeine Weiterbildungsangebote (§ 3),
- spezielle Weiterbildungsangebote für Personen mit Personalverantwortung (§ 4),
- Anpassungen bei den Anforderungsprofilen für Stellen mit Personalverantwortung (§ 5),
- den Einsatz von Konfliktberatern (§ 6)

und

- die Bereitstellung von Ressourcen zur Unterstützung bei der eigenverantwortlichen Beilegung von Konflikten (§ 7).

Anmerkungen

Zu (1)
Mit der Verpflichtung aller Verwaltungsangehörigen (hierzu gehören auch die Führungskräfte, vgl. § 1 Absatz 2) auf die näher ausgeführten Grundsätze partnerschaftlicher Zusammenarbeit wird eine über die Bearbeitung konkreter

Konfliktsituationen hinausgehende inhaltliche Ausweitung vorgenommen. Dies erscheint aus mehreren Gründen gerechtfertigt:

- *Die Verwaltungsleitung positioniert sich leitbildartig zur Kultur verwaltungsinternen Umgangs miteinander, was – sofern diese Positionierung glaubhaft ist – erhebliche Auswirkungen auf die Konfliktkultur haben und damit die Beschäftigten in ihrem Konfliktverhalten beeinflussen kann (vergleiche unsere Überlegungen in den Abschnitten 1.4.4 und 1.5).*
- *Es erscheint wenig zweckmäßig, erst für den emotional oft „anstrengenden" Konfliktfall – etwa im Rahmen einer Mediation – einen von Respekt und Achtung bestimmten Umgang untereinander zu verlangen, wenn dies im „normalen Alltagsgeschäft" für wenig bedeutsam gehalten wird.*
- *Schließlich werden durch die Verpflichtung auf die genannten Grundsätze Dienstpflichten etabliert, deren Nichteinhaltung unter Umständen dienst- bzw. arbeitsrechtlich sanktioniert werden kann, wenngleich dies im Sinne der Zielsetzung der Dienstvereinbarung sicherlich nicht im Vordergrund steht.*

Die Formulierung „im Rahmen ihrer Möglichkeiten" berücksichtigt, dass Beschäftigte wegen der fehlenden Personalverantwortung in der Regel keine Maßnahmen durchsetzen können, um dem einseitig schädigenden Verhalten entgegenzutreten.

Zu (2)
Die unmittelbare Verknüpfung der in Absatz (1) formulierten Verpflichtungen mit den in Absatz (2) dargestellten Unterstützungsmaßnahmen dient vor allem der Glaubwürdigkeit: Es werden eben nicht nur Forderungen aufgestellt, vielmehr wird deren Umsetzung aktiv unterstützt.

§ 3 Allgemeine Weiterbildungsangebote

(1) Im Rahmen von bedarfsgerecht ausgerichteten Inhouse-Veranstaltungen erhalten alle Verwaltungsangehörigen die Möglichkeit, ihre Kenntnisse und Kompetenzen in den Bereichen Selbstmanagement, Kooperation, Kommunikation und Konfliktlösung zu erweitern und zu vertiefen. Durch die Führungskräfte ist sicherzustellen, dass dienstliche Belange einer angemessenen Teilnahme der Beschäftigten an entsprechenden Veranstaltungen nicht entgegenstehen.

(2) Sofern Verwaltungsangehörige ihren Verpflichtungen nach § 2 Abs. 1 dieser Dienstvereinbarung nicht nachgekommen sind, können sie von ihren jeweiligen Vorgesetzten zur Teilnahme an geeigneten Weiterbildungsangeboten verpflichtet werden.

(3) Sofern aus persönlichen oder sonstigen sachlichen Gründen eine besondere Vertiefung der im Rahmen des allgemeinen Weiterbildungsangebots vermittelten Kenntnisse und Kompetenzen erforder-

lich erscheint, kann dies im Wege eines Coachings erfolgen. Hierüber entscheidet die Verwaltungsleitung im Benehmen mit dem Personalrat.

Anmerkungen

Zahlreiche wertvolle Hinweise zur Gestaltung von Weiterbildungsmaßnahmen (Absatz 1) sowie zum Einsatz eines Coachings (Absatz 3) finden sich in den Arbeiten von Lendner und Scholer (2012) sowie Kniep-Taha (2013), die ebenfalls in der Reihe „PöS – Personalmanagement im öffentlichen Sektor" erschienen sind.

Zu (1)
Das allgemeine Weiterbildungsangebot fokussiert auf Kenntnisse und Kompetenzen, die sich aus den Verpflichtungen nach § 2 Abs. 1 ergeben. Es handelt sich dabei zugleich um Kernkompetenzen, die der Eskalation von Konfliktsituationen entgegenwirken und gleichzeitig – im Fall der Fälle – eine qualifizierte Konfliktlösung begünstigen. Das Weiterbildungsangebot sollte unbedingt auf den Bedarf in der konkreten Verwaltung ausgerichtet und kein beliebiges Standard-Angebot sein. Ansatzpunkte zur Schwerpunktbildung im Weiterbildungsangebot können unter Umständen aus einer evaluativen Konfliktanalyse (vgl. Abschnitt 1.6.3) abgeleitet werden.

Die Forderung nach Inhouse-Veranstaltungen ist nicht nur ökonomisch begründet (Ersparnis Seminarkosten, Vermeidung von Fahrtkosten, etc.), sondern dient auch dazu, den Beschäftigten ein einheitliches Angebot zu machen und im Rahmen dieses Angebotes miteinander zu lernen. Dies erlaubt eine wesentlich bessere Integration in die Praxis als die Teilnahme an Veranstaltungen unterschiedlicher Anbieter mit gegebenenfalls verschiedenen Schwerpunktsetzungen.

In der Praxis ist leider immer wieder festzustellen, dass Beschäftigte Angebote zur Fort- und Weiterbildung nicht wahrnehmen können, weil sie zu stark dienstlich eingebunden sind. Mit der Forderung, dass die Führungskräfte sicherzustellen haben, dass dienstliche Gründe der Fort- und Weiterbildung nicht entgegenstehen, werden wiederum mehrere Ziele verfolgt: Zum einen wird die Bedeutung der entsprechenden Fort- und Weiterbildung nochmals betont. Zum anderen müssen die Führungskräfte aktiv darauf hinwirken, dass eine Teilnahme möglich ist und können sich dementsprechend nicht mehr auf pauschale Aussagen zurückziehen, dass dienstliche Gründe einer Teilnahme entgegenstehen. Gleichwohl beschränkt sich die Forderung an die Führungskräfte nur auf allgemeine „dienstliche Belange"; dies bedeutet im Umkehrschluss, dass in besonderen Ausnahmesituationen die Teilnahme durchaus versagt werden kann.

Den Verwaltungangehörigen wird die „Möglichkeit" zur Teilnahme eingeräumt, was letztlich bedeutet, dass die Teilnahme freiwillig ist. Dies eröffnet einerseits eine gewisse zeitliche Flexibilität und erlaubt andererseits die bewusste Auswahl zwischen verschiedenen Angeboten nach selbstwahrgenommenen Bedarfen und Interessen.

Zu (2)
Es ist durchaus vorstellbar, dass einzelne Personen durch ihr konkretes Verhalten einen Weiterbildungsbedarf offenbaren, ohne selbstständig die entsprechenden Weiterbildungsangebote in Anspruch zu nehmen. Hier wird der Grundsatz der Freiwilligkeit aus übergeordneten Überlegungen heraus durchbrochen und der zuständigen Führungskraft ein Recht auf Anordnung zur Teilnahme eingeräumt.

Zu (3)
Können allgemeine Weiterbildungsangebote durchaus einen erheblichen Umfang der gewünschten Kenntnis- und Kompetenzvermittlung befriedigen, verbleiben in Einzelfällen doch bedeutsame Lücken, die es zu schließen gilt. Dies kann beispielsweise darauf zurückzuführen sein, dass eine Person einen sehr spezifischen Bildungsbedarf aufweist oder situative Umstände (z. B. ein bedeutsames Projekt, die Nachbearbeitung einer Krisensituation) eine spezielle Vertiefung nahelegen. In diesen Fällen erscheint ein an den speziellen Erfordernissen ausgerichtetes Coaching aufgrund der höheren Individualität eines solchen Angebotes angebracht.

§ 4 Spezielle Weiterbildungsangebote für Führungskräfte

(1) Für Führungskräfte werden über das allgemeine Weiterbildungsangebot nach § 3 hinausgehend zusätzliche Weiterbildungsmaßnahmen in den folgenden Bereichen angeboten:

- Interventionen bei Mobbing, sexueller Belästigung oder Diskriminierung
- Interventionsansätze bei Konflikten
- Konfliktanalyse

Die Teilnahme an einer Weiterbildungsmaßnahme je Bereich innerhalb der ersten drei Jahre nach Abschluss dieser Vereinbarung ist verpflichtend.

(2) Für Personen, die die Übernahme von Aufgaben mit Personalverantwortung anstreben, werden eigene Weiterbildungsangebote zu den in Absatz 1 angeführten Bereichen angeboten.

Anmerkungen

Zu (1)
Führungskräften kommt im Umgang mit verwaltungsinternen Konflikten eine besondere Bedeutung zu. Zum einen hat ihr Verhalten in Konfliktsituati-

onen mit Eigenbeteiligung Vorbildfunktion, zum anderen stehen ihnen aufgrund ihrer Personalverantwortung Möglichkeiten zur Konfliktintervention offen, die Personen ohne Personalverantwortung nicht zugänglich sind. Dementsprechend sind für Führungskräfte spezielle Weiterbildungsangebote vorzusehen.

Die verpflichtende Teilnahme an (mindestens) einer Weiterbildungsmaßnahme je Bereich dokumentiert die Bedeutung der dazu vermittelten Kenntnisse und Kompetenzen für die Wahrnehmung der Personalverantwortung.

Zu (2)
Im Hinblick auf die Festlegungen des § 5 ist es zwingend, dass potenzielle Führungskräfte bereits vor Übernahme der Personalverantwortung eine ausreichende Qualifikation in den in Absatz 1 genannten Bereichen nachweisen. Da bei der erstmaligen Übernahme einer entsprechenden Aufgabe ohnehin mit einigem Einarbeitungsaufwand gerechnet werden muss, erscheint die vorhergehende Weiterbildung in diesem Bereich entlastend. Gemeinsame Angebote mit Personen, die bereits Personalverantwortung wahrnehmen, erscheinen nicht zweckmäßig, da bei diesen bereits Erfahrungswissen vorliegt, auf das im Rahmen der Weiterbildung Bezug genommen werden kann, über das Personen ohne Personalverantwortung in der Regel nicht verfügen.

§ 5 Anpassung der Anforderungsprofile bei Stellen mit Personalverantwortung

(1) Sämtliche Anforderungsprofile bei Stellen mit Personalverantwortung sind innerhalb der nächsten zwölf Monate dahingehend zu überarbeiten, dass Kenntnisse und Kompetenzen in den in § 4 Absatz 1 genannten Bereichen vor der Aufgabenübertragung zwingend nachzuweisen sind.

(2) Bei externen Einstellungen sind – zur Vereinheitlichung des Kenntnis- und Kompetenzstandes – unverzüglich die nach § 4 Absatz 1 verpflichtenden Weiterbildungsangebote in Anspruch zu nehmen.

Anmerkungen

Zu (1)
Die Übernahme der in § 4 Absatz 1 angeführten Kenntnisse und Kompetenzen in die Anforderungsprofile dient deren Verankerung in allen Bereichen, in denen Personalverantwortung wahrgenommen wird.

Zu (2)
Durch die Verankerung von Kenntnissen und Kompetenzen nach § 4 Absatz 1 in den Anforderungsprofilen ist dem Grunde nach sichergestellt, dass auch bei

externen Einstellungen entsprechende Kenntnisse und Kompetenzen vorliegen müssen. Allerdings besteht zur Sicherstellung einer verwaltungseinheitlichen Vorgehensweise ein Bedarf zur Abstimmung des Kenntnis- und Kompetenzstandes; dies kann nur durch eine Einbeziehung in die eigene Weiterbildungskonzeption sichergestellt werden.

§ 6 Konfliktberater

(1) Zur Unterstützung aller Verwaltungsangehörigen bei konkreten Konflikten werden Verwaltungsangehörige aus unterschiedlichen Verwaltungsbereichen als Konfliktberater ausgebildet und eingesetzt. Sie müssen für diese Aufgabe persönlich geeignet sein und insbesondere eine vertrauliche und unparteiliche Wahrnehmung ihrer Aufgaben erwarten lassen. Die Aufgabenwahrnehmung erfolgt freiwillig. Die Auswahl der Konfliktberater erfolgt durch einvernehmliche Entscheidung der Verwaltungsleitung und des Personalrates.

(2) Die Konfliktberater sind Ansprechpersonen für alle Verwaltungsangehörigen, die an einem Konflikt unmittelbar oder mittelbar beteiligt sind. Sie führen auf der Grundlage der erhaltenen Informationen eine Konfliktanalyse durch und beraten über die Möglichkeiten zur weiteren Vorgehensweise. Die Konfliktberater untersuchen auch, inwieweit der Konflikt durch eine Veränderung der Arbeitsbedingungen oder andere organisatorische Maßnahmen beigelegt werden kann. Sofern entsprechende Maßnahmen Erfolg versprechen, bemüht sich der Konfliktberater darum, bei den zuständigen Führungskräften eine Veränderung zu erwirken; die Führungskräfte sind aufgefordert, entsprechenden Anliegen mit dem Ziel der konfliktauflösenden Abhilfe nachzugehen. Die Verwaltungsangehörigen sind in der Auswahl des Konfliktberaters frei.

(3) Wird der Konfliktberater von einer nicht unmittelbar am Konflikt beteiligten Person angesprochen und erscheint eine Unterstützung der Konfliktparteien erforderlich, nimmt er mit allen Konfliktparteien Kontakt auf, um in einem gemeinsamen Gespräch die Sachlage, mögliche Unterstützungsformen (Moderation, Mediation, Schlichtung) und die weitere Vorgehensweise zu erörtern. Dabei sind Verfahren, in denen die Konfliktparteien eigenständig eine interessenbasierte Konfliktlösung erarbeiten, zu bevorzugen. Lehnt mindestens eine der Konfliktparteien eine vom Konfliktberater für erforderlich gehaltene Unterstützungsleistung ab, informiert der Konfliktberater die allen Konfliktbeteiligten gemeinsam vorgesetzte Person, die über die weitere Vorgehensweise entscheidet.

(4) Sofern eine am Konflikt unmittelbar beteiligte Person eine Unterstützung in ihrem Konflikt wünscht, stellt der Konfliktberater den

Kontakt mit einer für eine als angemessen eingeschätzten Unterstützungsform zuständigen Person her, die das weitere Verfahren selbstständig abwickelt (verfahrenszuständige Person). Für Zwecke der Evaluation berichtet die verfahrenszuständige Person an den Konfliktberater das Ergebnis der Konfliktbegleitung nach standardisierten Kategorien (Konfliktlösung, Verfahrensabbruch, Machteingriff durch Vorgesetzte nach weiterer Eskalation, sonstige Konflikterledigung).

(5) Bevor Führungskräfte in einen Konflikt durch eigenständige Interventionsmaßnahmen eingreifen, sollen sie die Konfliktbeteiligten auf die Möglichkeiten zur Inanspruchnahme eines Konfliktberaters hinweisen.

(6) Eine Konfliktintervention durch Führungskräfte kommt dann in Betracht, wenn

- sie sich nach Absatz 2 selbst an einen Konfliktberater gewandt haben und dort kein Ansatz für eine eigenverantwortliche Konfliktbearbeitung durch die Konfliktparteien gesehen wird,
- die Konfliktparteien eine nach Absatz 3 für erforderlich gehaltene Unterstützung abgelehnt haben,
- eines der Verfahren nach Absatz 3 erfolglos beendet wurde oder
- aufgrund der aktuellen Konfliktlage (Eskalationsstufe, bedeutsame Beeinträchtigungen für andere Beschäftigte oder Externe, mögliche oder tatsächliche Schäden) ein Zuwarten auf eine eigenständige Konfliktbearbeitung durch die Konfliktparteien nicht angebracht ist.

(7) Konfliktberater sind zur Wahrnehmung ihrer Aufgaben einschließlich einer regelmäßigen Weiterbildung von ihren sonstigen dienstlichen Aufgaben freizustellen. Aus ihrer Tätigkeit darf ihnen – weder während der Tätigkeit noch im Nachgang – ein Nachteil oder eine Bevorzugung erwachsen.

(8) Konfliktberater sind zur Verschwiegenheit verpflichtet; sie haben für den eigenen Gebrauch angefertigte Aufzeichnungen sorgfältig vor dem Zugriff Dritter zu sichern und unverzüglich nach Abschluss ihrer Unterstützungsleistung in einem konkreten Konfliktfall zu vernichten. Die Verwaltungsleitung ist nicht berechtigt, über die im Rahmen der Evaluation vorzulegenden Angaben sowie die nach Absatz 6 erforderlichen Feststellungen hinausgehende Informationen zu verlangen.

Anmerkungen

Zu (1)
Konfliktberater sind selbst Verwaltungsangehörige, was sowohl Vor- als auch Nachteile mit sich bringt. Damit keine Personen in diese Aufgabe hineingezwungen werden, kommt dem Grundsatz der Freiwilligkeit eine herausgehobene Bedeutung zu.

Zu (2)
Hinzuweisen ist hier darauf, dass die Konfliktberater nicht nur den unmittelbar Konfliktbeteiligten als Ansprechpersonen zur Verfügung stehen, sondern auch nur mittelbar Beteiligten. Dies dient dazu, eine breitere Informationsbasis über möglicherweise bestehende Konflikte zu erhalten, denn manches, was von Kolleginnen und Kollegen als Konflikt angesehen wird oder gar ertragen werden muss, möchten die Konfliktbeteiligten lieber „unter sich" ausmachen. In Betracht kommt aber auch eine Ansprache eines Konfliktberaters durch Führungskräfte.

Eine Besonderheit besteht in der Umgangsweise mit Konflikten, die durch eine Veränderung der Arbeitsbedingungen oder durch sonstige organisatorische Maßnahmen beigelegt werden können. Hier werden die nicht unmittelbar am Konflikt beteiligten Führungskräfte in besonderer Weise in die Verantwortung genommen, ihre Möglichkeiten zu konfliktauflösenden Veränderungen zu prüfen und zu nutzen. Diese Vorgehensweise kann beispielsweise bei Strategie- oder Verteilungskonflikten oft zu einer deutlichen Entlastung der Konfliktparteien führen, da diese nicht mehr in „Stellvertreterkriege" verwickelt werden.

Zu (3)
Mit dieser Regelung wird den Konfliktbeteiligten eine eigenständige, interessenbasierte Konfliktbearbeitung nahegelegt; sollten sie sich hierauf nicht verständigen, wird die Angelegenheit an eine Führungskraft zur Entscheidung über die weitere Vorgehensweise weitergereicht. Hierdurch wird ein gewisser Entscheidungsdruck auf die Konfliktbeteiligten ausgeübt, der aber dadurch gerechtfertigt erscheint, dass ein entsprechendes Vorgehen nur dann erfolgt, wenn der Konfliktberater eine Intervention für erforderlich hält. Auf die Ausführungen in Abschnitt 2.2.3 – Kriterien für Interventionsentscheidungen – kann in diesem Zusammenhang verwiesen werden.

Zu (4)
Nach der vorgeschlagenen Regelung wählt der Konfliktberater eine aus seiner Sicht angemessene Form der weiteren Vorgehensweise aus und verweist die ratsuchende Person an eine dafür zuständige Person. Im Falle der Mediation wäre dies ein Mediator, der dann mit der gegenseitigen Konfliktpartei seinerseits zur Initiierung eines Mediationsverfahrens Kontakt aufnimmt.

Unter Umständen kommt als zuständige Person auch eine Führungskraft in Betracht, wenn der Konfliktberater eine Machtentscheidung für zwingend erforderlich hält.

In der Praxis finden sich immer wieder Regelungen, nach denen der Konfliktberater selbst Unterstützungsmaßnahmen durchführt. Dies erscheint insoweit naheliegend, als hier ja bereits erste Informationen über den Konflikt vorliegen und eine erste Konfliktanalyse zur Einschätzung der weiteren Vorgehensweise vorgenommen wurde. Allerdings ist zu beachten, dass in vielen Fällen lediglich eine Konfliktpartei den Erstkontakt sucht und der Konfliktberater damit unter Umständen einseitig informiert wird und gegebenenfalls voreingenommen ist. Die für eine erfolgreiche Unterstützungsmaßnahme erforderliche Neutralität wäre dann im Zweifelsfall nicht mehr anzunehmen. Im Rahmen des hier vorgeschlagenen zweistufigen Verfahrens kann das Gespräch zur Erstinformation sehr ausführlich sein, ohne dass sich dies im Rahmen einer nachfolgenden Unterstützungsmaßnahme negativ auswirken könnte.

Zu (5)
Diese Regelung führt zu einer deutlichen Reihung der Vorgehensweise: Vor einer Intervention durch Führungskräfte soll zumindest die Möglichkeit zur vorherigen eigenständigen Konfliktbearbeitung eröffnet werden. Die Regelung ist als „Soll-Bestimmung" ausgeformt, damit insbesondere in den Fällen, in denen ein dringender Handlungsbedarf besteht, unmittelbar eingegriffen werden kann.

Zu (6)
Diese Regelung dient als „Auffangnorm" für den Fall, dass eine erfolgreiche Konfliktbearbeitung durch die Konfliktparteien nicht erwartet werden kann. Dies ist beispielsweise dann anzunehmen, wenn der Konflikt bereits im Vorhinein keine Perspektiven für eine einvernehmliche Lösung bietet, etwa weil eine Konfliktpartei sich jeder Kommunikation entzieht (1. Alternative) oder eine eigenständige Konfliktbearbeitung explizit abgelehnt wird (2. Alternative) oder nachweisbar gescheitert ist (3. Alternative). Schließlich sind Fälle vorstellbar, in denen der mit der eigenständigen Konfliktbearbeitung verbundene Zeitaufwand nicht hingenommen werden kann (4. Alternative). In allen Fällen gehen die Aufrechterhaltung der Ordnungsmäßigkeit der Verwaltung und der Schutz von Menschen den bei eigenständigen Konfliktlösungen intendierten positiven Effekten (Nachhaltigkeit der Lösung, Lerneffekt für die Konfliktbeteiligten) eindeutig vor.

Zu (7)
Eine Tätigkeit als Konfliktberater kann mit erheblichen psychischen Belastungen verbunden sein, sodass entsprechende „Erholungszeiten" bei der Freistellung von sonstigen Tätigkeiten unbedingt berücksichtigt werden müssen.

Da eine gesetzliche Regelung zum Benachteiligungsverbot im Gegensatz etwa zur Personalratstätigkeit nicht besteht, ist eine Absicherung über die Dienst-

vereinbarung erforderlich; eine entsprechende Ergänzung des Arbeitsvertrags bei Beschäftigten erscheint empfehlenswert.

Zu (8)
Schließlich wird die sehr bedeutsame Verschwiegenheitspflicht ausgeformt, die als wesentliche Voraussetzung dafür anzusehen ist, dass sich überhaupt Verwaltungsangehörige an die Konfliktberater wenden und um Unterstützung nachsuchen.

§ 7 Bereitstellung von Unterstützungsleistungen

(1) Die Verwaltungsleitung entscheidet darüber, inwieweit verwaltungsinterne Personen für eine unterstützende Tätigkeit in den Bereichen Moderation, Mediation und Schlichtung ausgebildet und eingesetzt werden oder ob auf Externe zurückgegriffen werden soll.

(2) Sofern verwaltungsinterne Personen eingesetzt werden, sind Regelungen zu treffen, die sicherstellen, dass die Aufgaben angemessen wahrgenommen werden können. Hierbei sind insbesondere Regelungen

- zur Freistellung von sonstigen Tätigkeiten,
- zur Verschwiegenheit,
- zur neutralen Aufgabenwahrnehmung sowie
- zur Vermeidung einer Benachteiligung aufgrund der Tätigkeit

vorzusehen.

(3) Sofern externe Personen eingesetzt werden, sind mit diesen standardisierte und mit der Personalvertretung abgestimmte Vereinbarungen zu treffen, in denen insbesondere die Verpflichtung zur Verschwiegenheit und zur Neutralität aufzunehmen sind. Die Kosten für die Inanspruchnahme der externen Leistungen trägt die Verwaltung.

Anmerkungen

Die konkrete Durchführung von Unterstützungsmaßnahmen erfordert eine qualifizierte Ausbildung und – je nach Konflikt – erhebliche Erfahrung. Sie ist zudem mit Kosten verbunden. Nach der vorgeschlagenen Regelung kann die Verwaltungsleitung nach eigenem Dafürhalten entscheiden, in welcher Weise die zur Durchführung der Unterstützungsmaßnahmen erforderlichen personellen Ressourcen zur Verfügung gestellt werden; Mischformen (teilweise mit eigenen Kräften, teilweise mit Externen) sind auch denkbar.

§ 8 Information

Die Verwaltungsleitung informiert unmittelbar nach Abschluss der Dienstvereinbarung alle Verwaltungsangehörigen ausführlich über Inhalt und Ziele der Dienstvereinbarung. Hierbei ist insbesondere darzustellen, dass eine interessenbasierte Konfliktlösung einer recht- oder machtbasierten Konfliktentscheidung vorzuziehen ist.

Ein Verzeichnis der Konfliktberater ist den Verwaltungsangehörigen über das Intranet, per Aushang oder – sofern diese nicht zugänglich sind – als Papierausdruck zur Verfügung zu stellen. Auf gleichem Weg sind Kurzbeschreibungen von Moderation, Mediation und Schlichtung unter Darstellung der zentralen Vor- und Nachteile bereitzustellen.

Nach näherer Abstimmung zwischen Verwaltungsleitung und Personalvertretung sollte über die Erfahrungen mit dieser Dienstvereinbarung mindestens alle zwei Jahre in einer Personalversammlung berichtet werden.

Anmerkungen

Eine nachhaltige Beeinflussung der verwaltungsinternen Konfliktkultur und des Verhaltens der Beschäftigten kann am ehesten erreicht werden, wenn über die Dienstvereinbarung, deren Ziele und Inhalte ausführlich und regelmäßig informiert wird.

Hierzu sollten verschiedene Medien und Foren genutzt werden. Auf die Vorschläge zur Kommunikation in Abschnitt 3.3.3 kann verwiesen werden.

§ 9 Evaluation

(1) Zum Jahresende berichten die Konfliktberater in einem gemeinsamen Bericht gegenüber Verwaltungsleitung und Personalvertretung in allgemeiner Form über die im Jahresverlauf aufgetretenen Konfliktsituationen. Dabei ist auch darauf einzugehen, ob Konflikthäufungen (nach Verwaltungsbereichen oder thematischer Art) festzustellen sind.

(2) Verwaltungsleitung, Personalvertretung und Konfliktberater erörtern jeweils zum Jahresbeginn den Bericht der Konfliktberater und die sonstigen mit dieser Dienstvereinbarung gesammelten Erfahrungen. Auf dieser Grundlage ist zu prüfen, ob und inwieweit die Dienstvereinbarung anzupassen ist sowie wie mit eventuell festgestellten Konflikthäufungen umgegangen werden soll.

(3) Alle drei Jahre ist eine Mitarbeiterbefragung bei den Verwaltungsangehörigen durchzuführen, um deren Zufriedenheit mit dieser

Dienstvereinbarung und deren Umsetzung zu ermitteln. Das Ergebnis der Mitarbeiterbefragung ist in die nächste Erörterung nach § 9 Absatz 2 einzubeziehen.

Anmerkungen

Betriebliches Konfliktmanagement ist kein Selbstzweck. Dementsprechend kommt der Evaluation, ob und inwieweit die mit der Einführung eines betrieblichen Konfliktmanagements verbundenen Ziele und Erwartungen tatsächlich erfüllt worden sind, eine besondere Bedeutung zu.

Wesentliche Basisinformationen für die Evaluation können die Konfliktberater liefern; allerdings ist zu beachten, dass diese zur Verschwiegenheit verpflichtet sind und dementsprechend nur in allgemeiner Form berichten können. Ein Zwiespalt zwischen den Erfordernissen der Evaluation und der Verschwiegenheitspflicht kann sich dann ergeben, wenn eine personenbedingte Konflikthäufung festzustellen ist, also wenn einzelne Personen immer wieder in Konflikte verwickelt werden, ohne dass hierfür Ursachen in den Arbeitsbedingungen oder organisatorischen Festlegungen ausgemacht werden können. In der Praxis dürfte sich dies aber eher selten als nachhaltiges Problem darstellen, da entsprechende Personen sehr schnell verwaltungsbekannt sind.

§ 10 Inkrafttreten, Kündigung

(1) Diese Dienstvereinbarung tritt zum ... in Kraft.

(2) Die Dienstvereinbarung kann mit einer Frist von sechs Monaten zum Jahresende des Folgejahres gekündigt werden.

(3) Dienststelle und Personalrat verpflichten sich, nach einer Kündigung ergebnisoffene Verhandlungen zum Abschluss einer neuen Dienstvereinbarung aufzunehmen, die spätestens mit Ablauf dieser Dienstvereinbarung in Kraft treten soll.

(4) Diese Dienstvereinbarung entfaltet keine Nachwirkung.

Anmerkungen

Die recht lange Kündigungsfrist von mindestens achtzehn Monaten soll einerseits einen ausreichenden Zeitraum für die sorgfältige Diskussion einer Nachfolgeregelung eröffnen und andererseits – für den Fall einer Nichteinigung – einen ausreichenden Vorlauf für die Suche nach einer Nachfolgebeschäftigung für die im Rahmen des Betrieblichen Konfliktmanagementsystems tätigen Personen eröffnen.

Sollte eine verwaltungsinterne Einigung über das betriebliche Konfliktmanagement nicht möglich sein, fehlt es offenkundig an der erforderlichen verwaltungsweiten Unterstützung. Ist diese nicht gegeben, erscheint auch die for-

male Aufrechterhaltung des Systems wenig zweckmäßig. Der Ausschluss der Nachwirkung ist die logische Konsequenz.

3.4.3 Modifikationen für kleinere Verwaltungen

Die Einrichtung eines Betrieblichen Konfliktmanagementsystems in dem Umfang, wie er von der im vorangegangenen Abschnitt vorgestellten Dienstvereinbarung impliziert wird, dürfte die personellen und finanziellen Möglichkeiten zahlreicher Verwaltungen übersteigen. In diesen Fällen stellt sich die Frage, welche Schlussfolgerungen zu ziehen sind: Bedeutet dies, dass gar kein Betriebliches Konfliktmanagementsystem installiert werden kann oder ist es vorstellbar, mit einem – den örtlichen Verhältnissen angepassten – „Mini-System" an den Start zu gehen?

Keine dogmatische Vorgehensweise be. „Programmkürzungen".

Wir könnten versuchen, diese Frage dogmatisch zu beantworten, etwa unter Rückgriff auf unsere Definition aus Abschnitt 3.1.2, wonach ein Betriebliches Konfliktmanagementsystem als ein aus mehreren Komponenten zusammengesetztes Gesamtsystem zu verstehen ist; eine solche Vorgehensweise erscheint jedoch wenig sinnvoll, da hierbei die mit der Einrichtung eines Betrieblichen Konfliktmanagementsystems üblicherweise verfolgte Zielsetzung, nämlich Schädigungen aus einem unangemessenen Umgang mit Konflikten zu verhindern, allzu sehr in den Hintergrund tritt. Machen wir uns also an dieser Stelle ganz pragmatisch den Grundsatz zu eigen: „Gut ist, was hilft!" Von diesem Grundsatz ausgehend erscheinen unter Umständen auch umfangreiche Reduzierungen gegenüber einem idealtypischen Betrieblichen Konfliktmanagementsystem eher angeraten als ein gänzlicher Verzicht, sofern einige wichtige Aspekte beachtet werden:

- Zunächst sollte der Grundsatz „Gut ist, was hilft!" nicht als Einladung zur Beliebigkeit verstanden werden, mit dem beliebige Abstriche begründet werden können. Ein komplettes Betriebliches Konfliktmanagementsystem ist immer besser als ein reduziertes System. Dementsprechend sollte der Weg des *downsizing* nur beschritten werden, wenn dies zwingend erforderlich ist.
- Des Weiteren ist darauf zu achten, dass eine Anpassung an die örtlichen Verhältnisse nicht dazu führen darf, dass das Ergebnis innerhalb der Verwaltung als halbherziges „pro-forma-Konfliktmanagementsystem" missverstanden wird. Sofern die Verwaltungsleitung nicht wirklich von der Sinnhaftigkeit eines (reduzierten) Konfliktmanagementsystems überzeugt ist, sollte sie lieber ganz davon Abstand nehmen; lediglich halbherzige Umsetzungsanstrengungen

nutzen niemandem, vielmehr werden hierdurch Enttäuschungen verursacht, die sich bei einem späteren ernsthaften Versuch zur Einrichtung eines Betriebliches Konfliktmanagementsystem in misstrauischer Ablehnung äußern können.

- Vor einem Verzicht auf einzelne Komponenten des in der Muster-Dienstanweisung vorgestellten Systems sollte geprüft werden, ob ein „ungekürztes" Betriebliches Konfliktmanagementsystem gemeinsam mit anderen Verwaltungen oder mit verbundenen Unternehmen betrieben werden kann. Zwar kommt es hierbei zu etwas höherem Abstimmungsaufwand, dieser dürfte aber durch die mit einem umfassenden System verbundenen Qualitätsgewinne deutlich übertroffen werden.
  Beispiel: Wenn's „Klick" macht
  Ein interessantes Beispiel für eine gelungene Zusammenarbeit zwischen Behörden ist in dem informellen Netzwerk für „Konstruktive Lösungswege in Konflikten" in Berliner Verwaltungen zu sehen. Hierbei unterstützen sich die Mitglieder gegenseitig bei der Weiterentwicklung ihrer jeweiligen Konfliktmanagementsysteme; alle Beteiligten profitieren vom Austausch über unterschiedliche Rahmenbedingungen und Entwicklungsfortschritte und nutzen die vielfältigen und unterschiedlichen Qualifikationen der Netzwerkmitglieder (vgl. Glöckner, Guther-Burchard & Wenzel, 2013).
- Sind trotz aller Bemühungen Einschränkungen im Systemdesign unumgänglich, sollte eine Schwerpunktsetzung erfolgen und keine Reduzierung nach dem „Rasenmäherprinzip". Wird versucht, bei insgesamt nicht ausreichenden Ressourcen ein möglichst umfassendes Gesamtsystem zu etablieren, muss damit gerechnet werden, dass die jeweils reduzierten Einzelkomponenten nicht die erhoffte Wirkung entfalten können. Bei der Konzentration auf wenige ausgewählte Komponenten können diese jeweils umfassend ausgebaut und wirksam eingesetzt werden.
- Sofern eine Verwaltung auf die zuletzt genannte Schwerpunktsetzung verwiesen werden muss, kommt der Zusammenstellung der eingesetzten Komponenten eine besondere Bedeutung zu. Dabei ist zu beachten, dass einige Komponenten andere mehr oder weniger zwingend voraussetzen. So erfordert beispielsweise der Einsatz von Konfliktberatern die Bereitstellung von Unterstützungsleistungen zum Umgang mit Konflikten, zwischen denen auf der Grundlage einer qualifizierten Konfliktanalyse ausgewählt werden kann.

Nach den vorstehenden, eher allgemeinen Ausführungen wollen wir uns abschließend noch mit der Frage beschäftigen, welche Komponenten in einer Verwaltung auf jeden Fall zum Einsatz kommen sollten, wenn ein umfangreiches Konfliktmanagementsystem aufgrund fehlender Ressourcen nicht realisiert werden kann. Die Beantwortung dieser Frage führt uns zum inhaltlichen Kern der ersten Konzeptionierungen Betrieblicher Konfliktmanagementsysteme zurück: der Verbreitung und Popularisierung der Mediation (vgl. Kirchhoff, 2012).

Verwaltungen, in denen die Einrichtung eines umfassenden Betrieblichen Konfliktmanagementsystems nicht möglich ist, können sich bei der Einrichtung eines vereinfachten Konfliktmanagementsystems an folgenden Ausbaustufen orientieren:

Ausbaustufen eines vereinfachten Konfliktmanagementsystems

Ausbaustufe	Erläuterungen
Stufe 1 – Minimalpaket	
▪ Vorstellung der Mediation als Verfahren zur interessenbasierten Konfliktbearbeitung im Rahmen einer umfangreichen Informationsveranstaltung oder Schulungsmaßnahme ▪ Auswahl eines externen Mediators ▪ verwaltungsinterne Kommunikation, dass bei Konflikten der Mediator in Anspruch genommen werden kann ▪ Koordination der Inanspruchnahme erfolgt im Rahmen der üblichen Organisation (z. B. durch Personalamt) ▪ Bereitstellung allgemeiner schriftlicher Informationen über den Ablauf eines Mediationsverfahrens sowie zu den Prinzipien der Mediation	Mit nebenstehenden Maßnahmen kann die Mediation als für zahlreiche Verwaltungsangehörige neues Verfahren zur Konfliktbearbeitung eingeführt werden. Schulungsmaßnahme und schriftliche Information dienen dazu, die Mediation, ihren Nutzen und ihre Einsatzbereiche bekannt zu machen. Da zunächst nicht absehbar ist, inwieweit das Angebot zur Mediation durch verwaltungsinterne Konfliktparteien überhaupt angenommen wird, erscheint die Ausbildung interner Mediatoren unangebracht.
Stufe 2 – Erweiterung Prävention	
▪ Bereitstellung von Coaching- und Moderationsangeboten; begleitende Einführungsmaßnahmen wie bei Stufe 1	Das Coaching erlaubt eine auf Einzelpersonen bezogene, bedarfsorientierte Weiterentwicklung der Persönlichkeitseigenschaften und des persönlichen Konfliktverhaltens; die Moderation kann präventiv in schwierigen Kommunikationssituationen angeboten werden.

Ausbaustufe	Erläuterungen
Stufe 3 – Verbesserung Konfliktkompetenzen	
▪ Zur Verbesserung der Konfliktkompetenzen kommen insbesondere Schulungsmaßnahmen zu den Themenbereichen ▪ Basiswissen Konflikte und Konfliktentstehung ▪ Kommunikation ▪ Kreativitätstechniken ▪ Selbstmanagement ▪ Verhandlungstechniken in Betracht. ▪ Für Führungskräfte sollten ergänzend dazu Schulungen zum sachgerechten Umgang mit Mobbing, sexueller Belästigung und Diskriminierung eingeplant werden. Hierzu ergänzend kann ein verwaltungsinternes Leitbild zum Umgang mit Konflikten entwickelt werden, um hiermit die Konfliktkultur weiter zu beeinflussen.	Die hier vorgeschlagenen Maßnahmen sind der allgemeinen Konfliktprävention zuzuordnen. Schulungsmaßnahmen können auch bei begrenzten personellen und finanziellen Ressourcen noch recht gut durchgeführt werden; gegebenenfalls sind die Maßnahmen über einen längeren Zeitraum zu verteilen.

Mit diesen Maßnahmen, die grundsätzlich in jeder Verwaltung umsetzbar sein dürften, können – auch bei begrenzten Ressourcen – zweifellos erste Erfolge im verwaltungsinternen Umgang mit Konfliktsituationen erreicht werden.

4 Nachwort – Eine Ermutigung

Wenn Sie dieses Buch durchgearbeitet haben, haben Sie sich umfangreiches Wissen über Konflikte und Betriebliche Konfliktmanagementsysteme angeeignet. Dieses Wissen versetzt Sie unter anderem in die Lage, selbstständig die Rahmenbedingungen für ein funktionstüchtiges und auf die Bedürfnisse Ihrer Verwaltung zugeschnittenes Betriebliches Konfliktmanagementsystem zu entwickeln.

Aber: Sie haben keine Garantie dafür, dass dieses hinterher auch so funktioniert, wie Sie es sich vorgestellt oder erhofft haben. Menschliches Verhalten ist oft irrational und nicht zu verstehen; in Konflikten gilt diese Feststellung noch verstärkt. Dies bedeutet, dass alle, die sich mit Konflikten befassen oder in Konfliktsituationen regeln, beraten, unterstützen oder sonstwie gestalten wollen, immer mit Überraschungen rechnen müssen. Allerdings gibt es auch erfreuliche Überraschungen, etwa wenn auch für schwerste Zerwürfnisse plötzlich eine überzeugende Lösung gefunden werden kann. Konfliktmanagement erfordert in diesem Sinne stetiges Mühen und Bemühen, ohne dass der erhoffte Erfolg garantiert ist. Jeder Schritt im Umgang mit Konflikten ist mit Chancen und Risiken verbunden.

Bitte setzen Sie sich – egal, in welcher Weise Sie im Konfliktmanagement engagiert sind – keine unrealistischen Ziele, überfordern Sie sich nicht selbst, genießen Sie auch kleine Erfolge. Insbesondere sollten sie berücksichtigen, dass bei jahrelang eingefahrene Verhaltensweisen, die oft auch im privaten Bereich weiter „eingeübt" werden, nicht sofort und ohne Weiteres bedeutsame Veränderungen erwartet werden können; hier ist ein „langer Atem" wichtiger als hektische Betriebsamkeit.

Allen Schwierigkeiten und möglichen Rückschlägen sollte ein energisches „TROTZDEM" entgegengestellt werden: Jeder Konflikt, der deeskaliert und jede Auseinandersetzung, für die eine einvernehmliche und interessengerechte Lösung gefunden werden konnte, jede Versöhnung zwischen ursprünglich zerstrittenen Konfliktparteien, jedes wiedergefundene Verständnis und Vertrauen ist ein gelungenes Stück Konfliktmanagement und befreit die Konfliktparteien oftmals von erheblichen emotionalen Belastungen.

Konfliktmanagement ist immer eine **Arbeit für Menschen** und damit, so finde ich, eine gute und wichtige Arbeit.

Alle Online-Arbeitshilfen zum Buch auf einen Blick

Mit dem Quick-Link Q04083 sind auf poes.rehmnetz.de folgende Arbeitshilfen abrufbar:

- **Checkliste – Konfliktsymptome**
  (Abb. 1.1 zu Abschnitt 1.2 „Was ist ein Konflikt? – Definition und Abgrenzung“, S. 32)
- **Leitfragen – Handlungsorientierte Konfliktanalyse**
  (Abb. 1.6 zu Abschnitt 1.6.2 „Die Handlungsorientierte Konfliktanalyse“, S. 97)
- **Trainingsanleitung – Handlungsorientierte Konfliktanalyse** (S. 109)
- **Selbsttraining – Handlungsorientierte Konfliktanalyse**
  (zusätzliche Online-Arbeitshilfe zu Seite 109)
- **Checkliste – Bereitstellung von Informationen**
  (Abb. 3.3 zu Abschnitt 3.3.3 „Start der inhaltlichen Arbeit“, S. 190)
- **Checkliste – Vom Konzept zur Umsetzung**
  (zusätzliche Online-Arbeitshilfe zu Abschnitt 3.3.4 „Ablaufplan Umsetzungsprozess“, S. 191)
- **Muster – Dienstvereinbarung**
  (Online-Arbeitshilfe zu Abschnitt 3.4.2 „Kommentierter Entwurf“, S. 193)

Quellenverzeichnis

Aula, P. & Siira, K. (2010). Organizational communication and conflict management systems – A social complexity approach. *Nordicom Review*. 125–141.

Bastine, R. (2004). Konflikte klären, Probleme lösen – die Psychologie der Mediation. In J. M. Haynes, A. Mecke, R. Bastine & L. S. Fong (Hrsg.) *Mediation – Vom Konflikt zur Lösung*. Stuttgart: Klett-Cotta.

Behrens, I. & Zempel, C. (2012). Personalmarketing im öffentlichen Sektor – Was man vom Angler, Köder und Fisch lernen kann. In A. Gourmelon (Hrsg.), *PöS – Personalmanagement im öffentlichen Sektor* (Band 2). Heidelberg: Rehm.

Berkel, K. (2005). *Konflikttraining* (8. Auflage). Frankfurt/Main: Verlag Recht und Wirtschaft.

Conbere, John P. (2001). Theory building for conflict management system design. *Conflict resolution quarterly*, 215–236.

De Dreu, C. K. & Gelfand, M. J. (2008). Conflict in the workplace: Sources, functions, and dynamics across multiple levels of analysis. In C. K. De Dreu & M. J. Gelfand (Eds.), *The psychology of conflict and conflict management in organizations* (pp. 3–54). New York: Erlbaum.

Duss-von Werdt, J. (2005). *Homo mediator – Geschichte und Menschenbild der Mediation.* Stuttgart: Klett-Cotta

Duve, C., Eidenmüller, H. & Hacke, A. (2011). *Mediation in der Wirtschaft* (2., neu bearbeitete Auflage). Köln: Otto Schmidt.

Gelbrich, K. & Müller, S. (2009). Menschenbild und Konfliktstil in Organisationen: Eine kulturvergleichende Perspektive. In N. Goldschmidt & H. Nutzinger (Hrsg.) *Vom homo oeconomicus zum homo culturalis* (S. 281–312). Berlin: Lit Verlag.

Glasl, F. (2013). Eskalationsdynamik sozialer Konflikte. In: T. Trenczek, D. Berning & C. Lenz (Hrsg.) *Mediation und Konfliktmanagement*. Baden-Baden: Nomos.

Glasl, F. (2014). Der heimliche Krieg – Wie können wir mit der Dynamik kalter Konflikte konstruktiv umgehen? *Konfliktdynamik*, 101–109.

Gläßer, U. & Kirchhoff, L. (2011). Schlussfolgerungen und Handlungsempfehlungen. In PriceWaterhouseCoopers AG Wirtschaftsprüfungsgesellschaft & Europa-Universität Viadrina Frankfurt/Oder (Hrsg.) *Konfliktmanagement – Von den Elementen zum System* (S. 69–75). Online verfügbar: http://www.europa-uni.de/de/forschung/institut/institut_ikm/publikationen/EUV_PwC_Studie_Konfliktmanagement-Systeme_2011_DRUCK-V15.pdf; zuletzt abgerufen: 01.03.2014.

Glöckner, D., Guther-Burchard, S. & Wenzel, K. (2013). KLiK – Das Geräusch eines guten Gedankens: Ein informelles Netzwerk für Konstruktive Lösungswege in Konflikten in Berliner Verwaltungen. *Konfliktdynamik*, 234–237.

Gramm, H. (2011). Innerbetriebliche Mediatoren und Mediatorenpools. In PriceWaterhouseCoopers AG Wirtschaftsprüfungsgesellschaft & Europa-Universität Viadrina Frankfurt/Oder (Hrsg.) *Konfliktmanagement – Von den Elementen zum System* (S. 34–44). Online verfügbar: http://www.europa-uni.de/de/forschung/institut/institut_ikm/publikationen/EUV_PwC_Studie_Konfliktmanagement-Systeme_2011_DRUCK-V15.pdf; zuletzt abgerufen: 01.03.2014.

Grosser, M. (2012). *Konfliktlotsen in Dienstleistungsunternehmen*. Wiesbaden: Gabler.

Haynes, J. (2004). Das Aushandeln von Grenzen: Mediation bei einem Fall von sexueller Belästigung am Arbeitsplatz. In J. M. Haynes, A. Mecke, R. Bastine & L. S. Fong (Hrsg.) *Mediation – Vom Konflikt zur Lösung*. Stuttgart: Klett-Cotta.

Insam, A., Reimann, A. & Achterholt, U. (2009). KPMG: Konfliktkostenstudie – Die Kosten von Reibungsverlusten in Industrieunternehmen. Online verfügbar: http://themen.consolutions.de/sites/default/files/fachartikel/konfliktkosten_studie_kpmg.pdf; zuletzt abgerufen: 15.01.2014.

Jiranek, H. & Edmüller, A. (2007). *Konfliktmanagement – Konflikten vorbeugen, sie erkennen und lösen* (2. Aufl.). Planegg: Haufe.

Kirchhoff, L. (2012). Konfliktmanagement(-systeme) 2.0 – Das Komponentenmodell in der Praxis. *Konfliktdynamik*, 4–14.

Kirchhoff, L. & Gläßer, U. (2013). Die Praxis der Konfliktbearbeitung in (Groß-) Unternehmen. In Trenczek, T., Berning, D. & Lenz, C. (Hrsg.), *Mediation und Konfliktmanagement*, S. 533–539. Baden-Baden: Nomos.

Kniep-Taha, D. (2013). Coaching – Praktische Erfahrungen mit passgenauer Personalentwicklung. In A. Gourmelon (Hrsg.), *PöS – Personalmanagement im öffentlichen Sektor* (Band 6). Heidelberg: Rehm.

Krysmanski, H. J. (1971). *Soziologie des Konflikts – Materialien und Modelle*. Reinsbeck: Rowohlt.

Lendner, A. & Scholer, S. (2012). Wirksam weiterbilden – Praxishilfen für ein Bildungscontrolling im öffentlichen Sektor. In A. Gourmelon (Hrsg.),

PöS – Personalmanagement im öffentlichen Sektor (Band 5). Heidelberg: Rehm.

Lippmann, E. (2003). Umgang mit Konflikten als Führungsaufgabe. In T. Steiger & E. Lippmann (Hrsg.), *Handbuch Angewandte Psychologie für Führungskräfte*, Band 2 (2. Aufl.), (S. 339–369). Berlin: Springer.

Lytle, A. L., Brett, J. M. & Shapiro, D. L. (1999). The strategic use oft interests, rights, and power to resolve disputes. *Negotiation Journal*, 31–51.

Montada, L. & Kals, E. (2007). *Mediation – Ein Lehrbuch auf psychologischer Grundlage*. Weinheim: Beltz PVU.

Montada, L. (2013). Was ist fair, was ist gerecht? Das Gerechtigkeitsthema in der Mediation. In Trenczek, T., Berning, D. & Lenz, C. (Hrsg.), *Mediation und Konfliktmanagement*, S. 134–143. Baden-Baden: Nomos.

Myers, D. (2008). *Psychologie* (2., erw. und akt. Aufl.). Berlin: Springer.

Olekalns, M., Putnam, L. L., Weingart, L. R. & Metcalf, L. (2008). Communication processes and conflict management. In C. K. W. De Dreu & M. J. Gelfand (Ed.), *The psychology of conflict and conflict management in organizations* (S. 81–114). New York: Erlbaum.

Ortmann, J. (2011). Unternehmens-Ombudspersonen für Konflikte am Arbeitsplatz. In PriceWaterhouseCoopers AG Wirtschaftsprüfungsgesellschaft & Europa-Universität Viadrina Frankfurt/Oder (Hrsg.) *Konfliktmanagement – Von den Elementen zum System* (S. 25–33). Online verfügbar: http://www.europa-uni.de/de/forschung/institut/institut_ikm/publikationen/EUV_PwC_Studie_Konfliktmanagement-Systeme_2011_DRUCK-V15.pdf; zuletzt abgerufen: 01.03.2014.

Ponschab, R. & Schweizer, A. (2004). *Die Streitzeit ist vorbei – Wie Sie mit Wirtschaftsmediation schnell, effizient & kostengünstig Konflikte lösen*. Paderborn: Junfermann.

Proksch, S. (2010). *Konfliktmanagement in Unternehmen*. Berlin: Springer.

Pruitt, D. G. (2008). Conflict escalation in organizations. In C. K. W. De Dreu & M. J. Gelfand (Ed.), *The psychology of conflict and conflict management in organizations* (S. 245–288). New York: Erlbaum.

Regnet, E. (2007). *Konflikt und Kooperation*. Göttingen: Hogrefe.

Robbins, S. P. (1978), „Conflict management" and „conflict resolution" are not synonymous terms. *California Management Review*, 67–75.

Roche, W. & Teague, P. (2012). Do conflict management systems matter? *Human Resource Management*, 231–258.

Rüttinger, B. & Sauer, J. (2000). *Konflikt und Konfliktlösen – Kritische Situationen erkennen und bewältigen* (3. Aufl.). Leonberg: Rosenberger.

Schiersmann, C. & Thiel, H.-U. (2009). *Organisationsentwicklung – Prinzipien und Strategien von Veränderungsprozessen*. Wiesbaden: VS Verlag.

Schneewind, K. A. (2001). Persönlichkeit. In G. Wenninger (Hrsg.), *Lexikon der Psychologie*, Band 3 (S. 237–240). Heidelberg: Spektrum Akademischer Verlag.

Schwarz, G. (2010). *Konfliktmanagement* (8. Aufl.). Wiesbaden: Gabler.

Slaikeu, K. & Hasson, R. (1998). *Controlling the Costs of Conflict.* San Francisco: Jossey Bass.

Solga, M. (2011). Konflikte in Organisationen. In F. W. Nerdinger, G. Blickle & N. Schaper (Hrsg.), *Arbeits- und Organisationspsychologie* (2. Auflage, S. 111–124). Berlin: Springer.

Spisak, M. (2003). Konflikte in Organisationen. In T. Steiger & E. Lippmann (Hrsg.), *Handbuch Angewandte Psychologie für Führungskräfte*, Band 2 (2. Aufl., S. 319–338). Berlin: Springer.

Sturm, A., Opterbeck, I. & Gurt, J. (2011). *Organisationspsychologie*. Wiesbaden: VS Verlag.

Trenczek, T. (2013). Außergerichtliche Konfliktregelung (ADR) – Verfahren, Prinzipien und Modelle. In Trenczek, T., Berning, D. & Lenz, C. (Hrsg.), *Mediation und Konfliktmanagement*, S. 23–51. Baden-Baden: Nomos.

Tries, J. & Reinhardt, R. (2008). *Konflikt- und Verhandlungsmanagement. Konflikte konstruktiv nutzen*. Berlin: Springer.

Ury, W. L., Brett, J. M. & Goldberg, S. B. (1988). *Getting disputes resolved.* San Francisco: Jossey Bass.

Van de Vliert, E. & Janssen, O. (2001). Description, explanation, and prescription of intragroup conflict behaviors. In M. E. Turner (Ed.), *Groups at work: Theory and research* (pp. 267–297). Mahwah: Erlbaum.

Wenninger, G. (1999). Konfliktmanagement. In. C. Hoyos & D. Frey (Hrsg.), *Arbeits- und Organisationspsychologie*. Beltz: Weinheim.

Werkmann-Karcher, B. (2010). Human Resource Management im Konfliktmanagement. In B. Werkmann-Karcher & J. Rietiker (Hrsg.), *Angewandte Psychologie für das Human Resource Management – Konzepte und Instrumente für ein wirkungsvolles Personalmanagement* (S. 375–393). Berlin: Springer.

Stichwortverzeichnis

A

B

C

D

E

F

G

H

I

K

L

M

N

O

P

S

T

V

W

Z